人民当家作主的伟大实践

人民代表大会制度创建和发展述要

王振民　胡　健　著

江苏人民出版社

图书在版编目(CIP)数据

人民当家作主的伟大实践：人民代表大会制度创建和发展述要 / 王振民, 胡健著. -- 南京：江苏人民出版社, 2024.5. -- ISBN 978-7-214-29430-2

Ⅰ.D621

中国国家版本馆 CIP 数据核字第 2024PV6219 号

书　　　名	人民当家作主的伟大实践:人民代表大会制度创建和发展述要
著　　　者	王振民　胡　健
责 任 编 辑	朱　超
装 帧 设 计	刘　俊
责 任 监 制	王　娟
出 版 发 行	江苏人民出版社
地　　　址	南京市湖南路1号A楼,邮编:210009
照　　　排	江苏凤凰制版有限公司
印　　　刷	南京爱德印刷有限公司
开　　　本	890毫米×1 240毫米　1/32
印　　　张	9　插页5
字　　　数	201千字
版　　　次	2024年9月第1版
印　　　次	2024年9月第1次印刷
标 准 书 号	ISBN 978-7-214-29430-2
定　　　价	58.00元

(江苏人民出版社图书凡印装错误可向承印厂调换)

前 言

习近平总书记指出,在中国实行人民代表大会制度,是中国人民在人类政治制度史上的伟大创造,是深刻总结近代以后中国政治生活惨痛教训得出的基本结论,是中国社会100多年激越变革、激荡发展的历史结果,是中国人民翻身作主、掌握自己命运的必然选择。2018年,是我国改革开放40周年。2019年,是中华人民共和国成立70周年,是全面建成小康社会关键之年。2019年,还是全国人民代表大会成立65周年、县级以上地方各级人大设立常委会40周年、赋予省级人大常委会地方立法权40周年。2021年,是中国共产党建党100周年。2022年,是党的二十大召开之年,也是踏上全面建设社会主义现代化国家、向第二个百年奋斗目标进军新征程的重要一年。2024年,党的二十届三中全会对进一步全面深化改革、推进中国式现代化作了全面部署,强调要健全全过程人民民主制度体系,坚持和完善我国根本政治制度、基本政治制度、重要政治制度,丰富各层级民主形式,把人民当家作主具体、现实体现到国家政治生活和社会生活各方面。我们即将迎来中华人民共和国成立75周年和全国人民代表大会成立70周年。结合这几个重要的时间节点,特别是全国人民代表大会成立70周年,回顾中国共产党带领中国人民探索、选择、实践人民代表大会制度的历史进程,具有重要意义。

2021年10月13日至14日,中央人大工作会议在北京召开,习近平总书记发表重要讲话,全面阐述全过程人民民主的重大理念,深刻阐明当代中国民主的鲜明特色,对马克思主义民主政治理论作出原创性贡献,极大地丰富和发展了社会主义民主政治理论。习近平总书记的重要讲话,为新时代坚持和完善人民代表大会制度、加强和改进人大工作、不断发展全过程人民民主提供了根本遵循和行动指南。

本书切实贯彻习近平总书记关于坚持和完善人民代表大会制度的重要思想,紧扣中国共产党领导人民创建和发展人民代表大会制度过程中的重要节点、重大事件,立足人大及其常委会的产生、组成、运作,以翔实的资料和理性的分析,力争反映全过程人民民主的伟大进程特别是党的十八大以来人民代表大会制度的新发展新成就,凸显中国特色社会主义民主政治的鲜明特色和独特优势。

在篇章结构布局上,本书没有拘泥于阐释人民代表大会制度的传统体例,而是按照人民民主的实现方式和运作模式,用十个主题词来标记人民代表大会制度创建和发展的伟大历程。第一章主题词是"源头",即宪法作为根本法确立和巩固了人民代表大会制度的基本制度、原则和核心内容。第二章主题词是"选举",即人民代表大会运作的主体人大代表如何通过公开、透明、民主的选举程序而产生。第三章主题词是"代表",即人民代表大会运作的基础就是人大代表工作受到重视并逐步规范。第四章主题词是"保障",即人民代表大会运作的关键就是人大代表职务保障不断健全。第五章主题词是"机构",只有选举产生人大代表并确保人大代表权利得到保障和充分发挥作用,才能选举产生国家机构,搭建起国家政权的"四梁八柱",为国家治理体系和治理能力打下基础。第六章主题词是"立法",这是人大及其常委会最重要的职权之一,也是全面依法治国的前提和基础,其最突出的成就就是中国特色社会主义法律体系的形成和完善。第七章主题词是"监督",这也是人大及其常委会的重要职权,对于确保宪法法律有效实施,支持和帮助"一府一委两院"改进工作具有重要意义。第八章主题词是"基层",加强和改进地方人大工作,充实和完善地方人大职权,对于增强人民代表大会制度的活力、夯实人民代表大会制度的根基意义重大。第九章主题词是"港澳",特别行政区制度的落实和发展,与全国人大及其常委会各项职权的运作息息相关,是人民代表大会制度运作过程中最鲜活、也是最富有挑战性的领域。第十章主题词是"捍卫",坚持和完善人民代表大会制度,离不开宪法这个"源头",同时也有赖于宪法实施和监督。宪法实施是否全面,宪法监督是否有力,直接决定了人民代表大会制度的权威能否得到捍卫、运作是否顺畅有序。因此,以上十个章节的主题,从制度设计或权力运作上看尽管不属于同一种类型、同一个范畴,但却有着密切的内在联系和自洽的逻辑结构。希望篇章结构的创新和内容素材的选择,能够帮助读者从不同维度深入认识、加深理解、增强认同我国的根本政治制度——人民代表大会制度。

人民代表大会制度的内容博大精深,内涵极为丰富,特别是与我国宪法和宪法学有着密切的联系。因此,作为宪法学人,我们有责任也有义务讲好中国宪法故事,讲好中国人大故事,展现国家根本政治制度的优势、特点和功效。由于作者水平有限,尽管下了不少工夫,但对人民代表大会制度的理解和认识难免存在不准确或不全面之处,恳请读者批评指正。为了保证本书质量,江苏人民出版社和作者特邀原甘肃省人大常委会《人大研究》杂志社编审、现西北师范大学教授曾庆辉审读了书稿,并根据审读意见作了修改完善,在此一并表示感谢。

王振民　胡健

2022 年 10 月 1 日初稿

2024 年 9 月 1 日修订

目 录

001 | 绪论：人民代表大会制度的发展历程
002 | 一、从清朝末年到中华民国多个政治方案以失败告终
006 | 二、革命时期中国共产党的长期探索和实践
010 | 三、新中国成立后人民代表大会制度的建立
014 | 四、新中国成立后人民代表大会制度的施行和挫折
017 | 五、新时期人民代表大会制度的恢复、发展和完善
019 | 六、新时代人民代表大会制度焕发新的生机和活力

029 | 第一章　宪法确立和巩固发展国家根本政治制度
032 | 一、民主集中制还是"三权鼎立"？
034 | 二、单一制还是联邦制？
036 | 三、"一院制"还是"两院制"？
038 | 四、四项基本原则要不要写入宪法？
040 | 五、"公民的基本权利和义务"与"国家机构"孰前孰后？

041 | 六、如何完善人民代表大会自身建设？
047 | 七、如何改革行政管理体制？
049 | 八、要不要恢复设立国家主席？
050 | 九、要不要设立中央军事委员会？
051 | 十、如何改革乡镇政权？
052 | 十一、要不要确立基层群众自治制度？
053 | 十二、如何实行"一国两制"？

055 | **第二章　人大代表选举循序渐进发展**
058 | 一、坚持选举权普遍性原则
059 | 二、坚持选举权平等性原则
063 | 三、坚持直接选举与间接选举相结合
067 | 四、实行差额选举
069 | 五、实行无记名投票
070 | 六、确保选举的公平和公正

075 | **第三章　人大代表工作逐步规范**
077 | 一、代表工作的恢复和探索
080 | 二、代表工作的总结和规范
082 | 三、代表工作的加强和提高
086 | 四、代表工作的与时俱进、创新发展

091 | **第四章　人大代表职务保障不断健全**
092 | 一、西方国家议员人身特殊保护制度的起源、发展和现状
097 | 二、我国人大代表人身特殊保护制度的建立和发展

102 | 三、我国人大代表人身特殊保护制度的特点和优势
102 | 四、我国人大代表人身特殊保护制度实施中的问题
105 | 五、我国人大代表人身特殊保护制度的进一步完善

109 | **第五章　国家政权建设不断加强**
110 | 一、国家政权建设的发展历程
114 | 二、加强权力机关建设,确保权力始终掌握在人民手中
118 | 三、持续健全政府机构,转变政府职能
120 | 四、不断健全司法机构,深化司法体制改革
122 | 五、不断完善地方政权建设,充分发挥地方的积极性和主动性
128 | 六、设立监察委员会,构建集中统一、权威高效的国家监察体制

133 | **第六章　人大立法工作成效显著**
135 | 一、立法思路从"先改革,后立法"、"边改革,边立法"转向"凡属重大改革都要于法有据"
136 | 二、立法主体从全国人大及其常委会逐步扩大到所有设区的市
140 | 三、立法理念从"有比没有好,快搞比慢搞好"转向"以提高立法质量为中心"
141 | 四、立法重心从以经济立法为主转向注重各领域立法的均衡发展
142 | 五、立法内容从"宜粗不宜细"转向注重法律的"可执行性、可操作性"
144 | 六、立法形式从以制定法律为主转向立、改、废、释、编、授等

多种立法手段并重

147 | 七、立法过程从有限开放转向公开透明

151 | **第七章　人大监督工作不断推进**
154 | 一、听取和审议专项工作报告
156 | 二、计划和预算监督
158 | 三、法律法规实施情况的检查
160 | 四、规范性文件备案审查
162 | 五、询问和质询
167 | 六、特定问题调查
172 | 七、罢免和撤职

175 | **第八章　地方人大工作逐步夯实**
176 | 一、县级以上地方人大设立常委会
179 | 二、赋予设区的市地方立法权
185 | 三、加强县乡人大工作和建设

193 | **第九章　特别行政区制度有效落实**
196 | 一、激活"合宪性审查"为宪法实施和监督积累宝贵经验
198 | 二、宪法作为国家根本大法在特别行政区的适用
201 | 三、五次释法确保香港基本法全面准确实施
212 | 四、有关全国性法律在特别行政区的实施
217 | 五、为特别行政区制定其他法律或作出决定

231 | **第十章　宪法实施和监督稳步发展**
232 | 一、"是不是搞一个有权威的机构来监督宪法的实施"

235 | 二、1982年宪法对保障和监督宪法实施发出明确信号
236 | 三、1982年宪法颁布后宪法实施和监督并非"按兵不动"
237 | 四、20世纪90年代开始起草的监督法曾多次专题研究宪法监督问题
240 | 五、地方法院的"越权"行为凸显加强宪法监督的紧迫性
244 | 六、"齐玉苓案"提出能不能搞"宪法司法化"的重大问题
247 | 七、"孙志刚案"成为激活宪法监督制度的重要契机
250 | 八、制定监督法、设立法规备案审查室回应各方面的期待和呼吁
254 | 九、党的十八大以来我国宪法实施取得新成就、迈出新步伐
256 | 十、十三届全国人大设立宪法和法律委员会，继续推进宪法实施和监督
258 | 十一、推进新时代法治中国建设，要大力加强宪法实施和监督

263 | **参考文献**

绪论
人民代表大会制度的发展历程

习近平总书记指出，在中国实行人民代表大会制度，是中国人民在人类政治制度史上的伟大创造，是深刻总结近代以后中国政治生活惨痛教训得出的基本结论，是中国社会100多年激越变革、激荡发展的历史结果，是中国人民翻身作主、掌握自己命运的必然选择。政治制度是用来调整政治关系、建立政治秩序、维护国家稳定的，不可能脱离特定社会政治条件和历史文化传统。回顾中国共产党带领中国人民探索、选择、实践人民代表大会制度的历史进程，我们更加深切地认识到，制度稳则国家稳，制度强则国家强，制度优势是一个国家的最大优势。

一、从清朝末年到中华民国多个政治方案以失败告终

中国是一个有着五千多年历史的文明古国，创造了世界四大古老文明中唯一没有中断的悠久灿烂的中华文明，为人类作出了卓越贡献。但1840年鸦片战争以后，亡国的阴影如噩梦般笼罩着中华民族，国破山河碎、风雨漫天愁，列强侵略、战乱不止、社会动荡、人民流离失所。"世间无物抵春愁，合向苍冥一哭休。四万万人齐下泪，天涯何处是神州"，就是当时中国人民悲惨命运的写照。特别是1895年中日甲午战争以中国战败、北洋水师全军覆没告终，清政府迫于日本军事压力签订了丧权辱国

的不平等条约《马关条约》，割地赔款，主权沦丧，给中华民族带来空前严重的民族危机，人民处于苦难与屈辱之中，大大加深了中国社会半殖民地化程度。

为挽救民族危机、实现民族振兴，中国人民和无数仁人志士孜孜不倦寻找着适合国情的制度模式，各阶级、各阶层围绕在中国建立什么样的政治制度和政权组织形式提出了种种主张，展开了激烈斗争。辛亥革命之前，太平天国运动、洋务运动、戊戌变法、义和团运动、清末新政等，都未能取得成功。辛亥革命之后，中国尝试过君主立宪制、帝制复辟、议会制、多党制、总统制等，也都以失败告终。

清朝末年戊戌变法，光绪皇帝颁布"明定国是"诏书，提出设立议院、召开国会、制定宪法等变法主张，想用资产阶级的君主立宪制取代封建主义的君主专制制度，遭到以慈禧太后为首的守旧派的强烈抵制与反对，他们于 1898 年 9 月 21 日发动政变，慈禧太后以"训政"的名义重新"垂帘听政"，光绪皇帝被囚，维新派的康有为、梁启超流亡海外，戊戌变法六君子谭嗣同、康广仁、林旭、杨深秀、杨锐、刘光第被杀，历时 103 天的变法以失败告终。戊戌变法失败后不久，1900 年发生了八国联军入侵中国的战争，首都被占领，清王朝被逼上了绝境。迫于内忧外患的严峻形势，清政府妄图用君主立宪制挽救灭亡的命运。1906 年慈禧下诏宣布实行所谓的"预备仿行立宪"，同意成立国会、组织内阁，国家设立资政院，地方设立省谘议局，二者相当于中央和地方的临时议会。当时许多人对西方的国会制度十分崇拜，认为开国会是救亡图存的灵丹妙药，在立宪派的号召下，一时间全国掀起了要求速开国会的请愿高潮。1908 年 8 月 27 日，清政府被迫正式颁布《钦定宪法大纲》，明确规定国家实行君主立宪制，并在辛亥革命爆发前被迫组织责任内阁,历史上第一次设内阁总理大臣。奄奄一息的清王朝直到垮台前夕,还把君主立宪制作为救命稻草,但辛亥革命的爆发和中华民国的成立,宣告了在中国君主立宪制这条路走不通。

辛亥革命推翻清朝封建统治,结束了两千多年的君主专制制度,1912年3月孙中山先生亲自公布《中华民国临时约法》,试图以资产阶级"三权分立"为原则建立资产阶级民主共和国。但以孙中山先生为代表的资产阶级革命派比起改良派,虽有进步,同样没有跳出西方制度模式。他提出"直接民权"的"政权"和"五权分立"的"治权",这在西方政权模式基础上加入了中国古代政治思想成分。他说,"我们要把中国弄成一个庄严华丽的国家,我们有什么法子可以使它实现呢？我想亦有法子,而且并不为难,只要实行五权宪法就是了",很是肯定。但面对北洋军阀等封建残余势力,内部有意见分歧,也碰得头破血流,革命胜利的果实不久之后就被袁世凯所篡夺。孙中山曾寄希望于《中华民国临时约法》,希望通过责任内阁制度制约袁世凯,建立"议会政治"和"政党内阁",分享袁世凯的权力。当时,中国政治舞台上出现了"组党"热潮。一时间,形形色色的大小政党或者政治性组织达300多个。在大党中,以国民党为代表的民主共和派同主张君主立宪以及代表封建贵族政治势力的政党进行了激烈的竞争。以资产阶级革命家宋教仁为主要代表的国民党参加竞选,得到了议会392席,他们幻想在中国也搞"多党制",限制袁世凯的独裁统治。但不久宋教仁被暗杀,其他议员被迫屈服。这样,中国第一次实行西方多党议会民主的尝试也以失败告终。

袁世凯当上临时大总统后,在北京建立了北洋军阀政府。为了实现集权专制,袁世凯一步步破坏民主共和制度,最后冒天下之大不韪，公然恢复帝制，在举国上下的反对声中，只当了83天"洪宪"皇帝，就一命呜呼了。北洋军阀政府搞伪宪制，因共和制、君主制的国体之争，总统制、责任内阁制的政体之争，多次引发政治纷争乃至政权更迭，混乱的民国国会也是丑闻迭出、闹剧不断，先后换了8个总统、45任内阁。1925年7月1日，国民政府在广州成立。1927年4月12日，蒋介石公开叛变革命，实行反动专制统治，甚至在1937年至1945年的全面抗战时期，也没有放弃对革命根据地人民民主政权的"围剿"。蒋介石以加强中央统治为名，长期实施"军政"、"训政"，排除异己，实行独裁。1946年11月，国民党拒不履行国共两党经过艰苦谈判签订的"双十协定"，搞所谓"国民大会"，炮制了一部"宪法"，还搞了一场"改组政府"的闹剧，组织了一个所谓"多党政府"，实质上是反动独裁统治，最终被人民所唾弃。

对这段历史，梁启超先生有一段经典的点评："忽而满洲立宪，忽而五族共和；忽而临时总统，忽而正式总统；忽而制定约法，忽而修改约法；忽而召集国会，忽而解散国会；忽而内阁制，忽而总统制；忽而任期总统，忽而终身总统；忽而以约法代替宪法，忽而催促制定宪法"，①林林总总，频繁更迭，使全国人民彷徨迷惑，无所适从，"政府威信，扫地尽矣"。历史证明，这些政治势力都不能代表最广大人民的根本利益，不能代表先进生产力，不具有彻底改造中国的科学理论，不具有团结各阶层、各民族的宽大胸怀和牺牲精神，无法形成推动国家进步的领导阶级，凝聚不成引领中国社会的核心力量。这些政治势力不去触动旧的社会根基，从根子上说，还是没有找到正确道路。在不具备社会政

---

① 《近代中国史稿》编写组：《近代中国史稿》下册，人民出版社1976年版，第933页。

治基础的条件下,依靠模仿西方宪政去救亡图存,只能是幻想。在中国,照搬西方政治制度是一条走不通的路。正如习近平总书记所深刻指出的:"事实证明,不触动旧的社会根基的自强运动,各种名目的改良主义,旧式农民战争,资产阶级革命派领导的民主主义革命,照搬西方政治制度模式的各种方案,都不能完成中华民族救亡图存和反帝反封建的历史任务,都不能让中国的政局和社会稳定下来,也都谈不上为中国实现国家富强、人民幸福提供制度保障。"

二、革命时期中国共产党的长期探索和实践

十月革命一声炮响,给中国送来了马克思主义。1919年五四运动之后,中国无产阶级迅速登上政治舞台,组织成立自己的政党。自从有了中国共产党,灾难深重的中国人民才有了可以信赖的组织者,中国革命才有了坚强的领导力量,古老中国才迎来凤凰涅槃、浴火重生。

中国人民从长期的探索和奋斗中深刻认识到,在中国,要实现民族独立、人民解放和国家富强、人民幸福,就必须建立全新的人民民主的政治制度,真正做到由人民当家作主。中国共产党从成立之日起,就以实现人民当家作主为己任,在带领人民为推翻"三座大山"浴血奋战的同时,对建立新型人民民主政权及其组织形式进行了长期探索和实践。这些探索和实践的意义在于:一是同以往中国的封建专制政权和资产阶级统治相比有本质区别,确立了人民的主人翁地位,国家权力不是由王侯将相和资本家专有;二是开辟了人民当家作主的途径和形式,实践证明是可行的有效的,可以牢牢掌握国家民族的前途命运。

1921年中国共产党成立之初，就领导开展了轰轰烈烈的工人运动和农民运动，在运动中创造性地建立了农民协会和工人代表大会。当时，农民协会是东南各省农村革命斗争的主要组织形式。尽管农民协会只是农民群众自愿组成的群众组织，但由于实行"一切权力归农会"的原则，已初步具有政权组织形式的特征。同一时期，城市的工人阶级组建的领导罢工的工人代表大会，也履行了革命政权的某些职能。因此，农民协会和工人代表大会都具备了人民代表大会制度的萌芽形态。

大革命失败后，中国共产党担负起领导中国人民继续革命的重任，开始武装夺取政权的艰苦斗争。在红色革命根据地政权建设上，学习苏联，建立苏维埃政权。1927年9月，毛泽东主持的中共湖南省委向中央提出，在政权建设中实行工农兵代表会议制度，着手建立苏维埃式政府。同年10月，彭湃在广东的海陆丰领导武装起义成功后，立即召开海陆丰工农兵代表大会，选举产生了海陆丰工农兵政府。为统一各革命根据地的工农民主政权，1931年11月7日，中国共产党在江西瑞金召开中华苏维埃第一次全国代表大会，宣告成立中华苏维埃共和国，建立了中国历史上第一个红色国家政权。大会通过了《中华苏维埃共和国宪法大纲》、《苏维埃地方政府暂行组织条例》，明确规定国家的最高政权为全国工农兵苏维埃代表大会；闭会期间，全国苏维埃中央执行委员会为最高政权机关，由中央执行委员会组织人民委员会，处理日常政务，发布一切法令和决议案。1934年1月，又召开了第二次代表大会。工农兵苏维埃代表大会制度可以说是人民代表大会制度的雏形。

1937年7月7日卢沟桥事变爆发后，中日民族矛盾上升为中国社会的最主要矛盾，国内阶级关系发生重大变动，抗日民族统一战线逐步形成。为适应国内政治形势和阶级关系的变化，中国共产党取消了中华苏维埃共和国国号，将陕甘宁边区的工农民主专政性质的政权转变为抗日民族统一战线性质的工农民主专政政权。与此相适应，在政权形式上实行参议会制度。第一届陕甘宁边区参议会通过了宪法性文件《陕甘宁边区抗战时期施政纲领》，明确规定根据地的各级参议会主要由人民直接选举的议员组成，由它选出的同级政府对它负责并报告工作。1937年10月起，陕甘宁边区开始在所属各县、区、乡组织普选，参照国民党地方政权的咨询机构，召开各级参议会。这一时期，抗日民主政权仍然继承了工农兵代表大会制度的基本原则，在一些方面还有所发展，主要表现在：适应当时抗日民主统一战线政权的性质和抗日斗争的现实需要，扩大了政权的基础。除反共分子和汉奸亲日派以外，所有抗日爱国的阶层和人士，不分阶级、种族、经济地位、出身成分等，都有选举权和被选举权；在参议会的人员构成上，实行共产党员、党外进步分子和中间分子各占三分之一的"三三制"原则。1940年3月，中共中央发出通知，要求其他革命根据地也按照"三三制"原则建立各级参议会，此后，参议会制度成为中国共产党领导的各个抗日革命根据地的政权组织形式。

中国共产党深刻总结了中国近代政治发展的历程和建立新型人民民主政权的实践，得出一个重要结论，这就是：新民主主义革命胜利后建立的政权，只能是工人阶级领导的、以工农联盟为基础的人民民主专政；同这一国体相适应的政权组织形式，只能是民主集中制的人民代表大会制度。以毛泽东为代表的中国共产党人，总结建党以来建立人民民主政权的实践经验，创造性地把马克思主义国家学说同中国的具体实际相结合，提出了比较完整的新民主主义国家政权理论。1940年1月,毛泽东同志在《新民主主义论》中明确提出,中国"可以采取全国人民代表大会、省人民代表大会、县人民代表大会、区人民代表大会直到乡人民代表大会的系统,并由各级代表大会选举政府"。1945年他在《论联合政府》中进一步指出:"新民主主义的政权组织,应该采取民主集中制,由各级人民代表大会决定大政方针,选举政府。"①"只有这个制度,才既能表现广泛的民主,使各级人民代表大会有高度的权力;又能集中处理国事,使各级政府能集中地处理被各级人民代表大会所委托的一切事务,并保障人民的一切必要的民主活动。"②这就为新中国建立后实行人民代表大会制度奠定了理论基础。

抗战胜利后,国民党撕毁和平协定,全面发动内战,中国共产党领导人民开始了伟大的解放战争。随着解放区的扩大和土地革命的深入,解放区的政权组织形式逐步由参议会制度转变为各界人民代表会议制度。1947年后,东北、内蒙古、华北、晋绥等相继解放,陆续召开了各界人民代表会议。北平和平解放后,1949年8月9日,在中山公园中山堂隆重举行了北平市第一届各界人民代表会议。社会学家费孝通教授描述了这次盛会的场景和他的切身感受:"我踏进会场,就看见很多人,穿制服的、穿工装的、穿短衫的、穿旗袍的、穿西服的、穿长袍的,还有戴瓜皮帽的——这许多一望而知不同的人物,会在一个会场里一起讨论问题,在我说是生平第一次。这是什么意思呢?我望着会场前挂着大大的'代表'二字,不免点起头来。代表性啊!北

---

① 《毛泽东选集》第三卷,人民出版社1991年版,第1057页。
② 《毛泽东选集》第三卷,人民出版社1991年版,第1057页。

平住着的就是这许多形形色色的人物。如果全是一个样子的人在这里开会,那还能说是代表会吗?"①各界人民代表会议的召开,有力地巩固了新生的人民民主政权。

三、新中国成立后人民代表大会制度的建立

随着解放战争的节节胜利,建立全国统一的人民民主政权,摆到了中国共产党的议事日程上。1948年4月30日,中共中央发布"五一"口号,提出召开政治协商会议,讨论并实现召集人民代表大会,成立民主联合政府的建议,得到了各民主党派和爱国民主人士的积极响应。比如,1948年5月5日,李济深、何香凝、沈钧儒、章伯钧、马叙伦、王绍鏊、陈其尤、彭泽民、李章达、蔡廷锴、谭平山、郭沫若等联名发出《响应中共"五一"号召致毛泽东电》和《响应中共"五一"号召的通电》,指出:"乃读中国共产党五一劳动节第五项号召","适合人民时势之要求,尤符同人等本旨。除电达中共表示同意外,事关国家民族前途,至为重要。全国人士自宜迅速集中意志,研讨办法,以期根绝反动,实现民主。"又如,1948年6月25日,中国国民党革命委员会发布响应中共"五一"口号的声明,指出:"民国十三年,孙中山先生领导讨伐北洋军阀曹锟、吴佩孚,曹吴既倒,孙先生随即提出'召集国民会议以谋中国之统一与建设'的建议;并主张于国民会议召集之前,先举行包括'现代实业集团、商会、教育会、大学、各省学生联合会、工会、农会,共同反对曹吴各军、各政党'的预备会议,以'决定国民会议之基本条件及召集日期、选举办法等事'。"在人

---

① 费孝通:《我这一年》,生活·读书·新知三联书店1950年版。

民武力接近胜利的时刻,中国共产党的"五一"口号,"诚为推翻卖国独裁的反动统治和建立独立民主幸福的新中国所应循的途径。这一建议完全符合二十四年前孙先生所提出的预备会议和国民会议的精神,亦为本会行为纲领所明白规定的。"1948年8月1日,中共中央主席毛泽东电复各民主党派和民主人士:"诸先生赞同鄙党五月一日关于召集新的政治协商会议,讨论并实现召集人民代表大会,建立民主联合政府一项主张,并热心促其实现,极为敬佩。为此目的,实有召集各民主党派,各人民团体民主党派民主人士的代表们共同协商的必要。关于召集此项会议的时机、地点、何人召集、参加会议者的范围以及会议应讨论的问题等项,希望诸先生及全国各界人士共同研讨,并以卓见见示,曷胜感荷。"

经过一年多的准备,中国人民政治协商会议第一届全体会议于1949年9月21日在北平隆重召开。毛泽东主席在开幕词《中国人民从此站起来了》中指出:"现在的中国人民政治协商会议是在完全新的基础之上召开的,它具有代表全国人民的性质,它获得全国人民的信任和拥护。因此,中国人民政治协商会议宣布自己执行全国人民代表大会的职权。"正是因为具有坚实的民意基础和广泛的群众支持,会议通过了具有临时宪法性质的《中国人民政治协商会议共同纲领》。《共同纲领》规定:"中华人民共和国的国家政权属于人民,人民行使国家政权的机关为各级人民代表大会和各级人民政府。各级人民代表大会由人民用普选方法产生之,各级人民代表大会选举各级人民政府。"这一规定标志着人民代表大会制度被正式确立下来。但是,由于当时一些地方的军事行动还未结束,在全国范围内组织普选的条件还不具备,《共同纲领》又规定:"在普选的全国人民代表大会召开以前,由中国人民政治协商会议的全体会议执行全国人民代表大会的职权","在普选的地方人民代表大会召开以前,由地方各界人民代表会议逐步地代行人民代表大会的职权。"

新中国成立初期,党中央在恢复经济生产、开展社会主义建设、推进国家统一的同时,高度重视政权建设,积极探索和实践人民代表大会制度。关于人民代表大会制度的地位和作用,毛泽东同志曾作过一个形象的比喻:"我们的主席、总理,都是由全国人民代表大会产生出来的,一定要服从全国人民代表大会,不能跳出如来佛的手掌。"现在把人民代表大会制度称为"根本政治制度"的提法,最早就是彭真同志在这个历史时期提出来的。1951年10月在北京召开的华北县长会议上,彭真同志作了《开好人民代表会议,改善党对政权的领导》的讲话,系统论述了代行人民代表大会职能的人民代表会议在国家政治生活中的地位和作用,并首次把人民代表大会制度称为国家的根本政治制度。他说:"代行人民代表大会职能的人民代表会议,现在是全国人民的基本组织形式。所谓基本组织形式,就是说只有通过它才能把四万万七千五百万人民组织起来,离开它人民组织不起来。人民代表会议又是我们在政权工作中走群众路线的最好的、最有效的、最重要的形式。总之,人民代表会议是全国人民管理国家的基本组织形式,是政权工作从群众中来到群众中去的基本组织形式。老百姓管理政府是靠这一条,政府把老百姓动员起来做事情也是靠这一条。因此,我们把人民代表会议定成我们国家的根本政治制度。"董必武同志在这次会议上的讲话中也指出:"一、我们国家有很多制度,如婚姻制度,税收制度,司法制度,军制,学制等等,但这些制度都只能表示我们政治生活的一面,只有人民代表会议或人民代表大会制度才能代表我们政治生活的全面,才能表示我们政治力量的源泉,因此人民代表会议或人民代表大会制度是我们国家的基本制度。二、我国人民代表会议或人民代表大会是由人民革命直接创造出来的,不是依靠从前任何法律规定而产生的。人民代表会议或人民代表大会一经宣告成立,它就可以相应地制定各种制度和法律,而其他任何制度则必须经过人民代表会议或人民代表大会批准,或由它所授权的机关批准,才能生效。"这里,董必武同志虽然把人民代表大会制度称为国家的基本制度,但实际上也深刻阐明了人民代表大会制度是我国的根本政治制度。

经过新中国成立初期三年多的努力,大陆的军事行动已经结束,土地改革基本完成,各界人民已经组织起来,召开普选的人民代表大会条件已经成熟。1953年2月,中央人民政府委员会审议通过了选举法。3月,中央选举委员会发出了《关于基层选举工作的指示》。从1953年下半年开始,在全国范围内进行了我国历史上第一次规模空前的普选工作。据1953年6月30日进行的普查,全国人口总数6.01亿人,其中登记选民为3.23亿人,占选举地区18周岁以上人口总数的97.18%。普选中,参加投票的选民达2.78亿人,占登记选民总数的85.88%。到1954年8月,各地共选出地方人大代表566.9万名。这次普选,极大地焕发了广大人民群众翻身解放、当家作主的热情,增进了人民的民主意识,把中国的民主生活向前推进了一大步。

1954年6月至7月,全国各县、区级全部召开了人民代表大会。7月底至8月中旬,各省、自治区、直辖市先后召开了人民代表大会会议。经由各省、自治区、直辖市和较大的市人民代表大会以及中国人民解放军、华侨等方面选举,产生了第一届全国人民代表大会的代表1226名。1954年9月15日,第一届全国人民代表大会第一次会议在北京隆重举行。会议通过了宪法以及全国人大组织法、国务院组织法、人民法院组织法、人民检察院组织法、地方组织法等有关国家机构的基本法律,批准了政府工作报告,选举和决定了国家领导人员。第一届全国人民代表大会第一次会议的圆满召开,标志着人民代表大会制度的正式建立。

1954年宪法继承了《共同纲领》对人民代表大会制度的规定,同时在有些方面又作了发展。宪法规定:中华人民共和国是工人阶级领导的、以工农联盟为基础的人民民主国家。国家的一切权力属于人民。人民行使权力的机关是全国人民代表大会和地方各级人民代表大会。全国人民代表大会是最高国家权力机关。全国人民代表大会设立常务委员会,作为它的常设机关,在全国人大闭会期间,由常务委员会依照宪法的规定行使最高国家权力机关的部分职能。刘少奇同志在关于1954年宪法草案的报告中指出:"人民代表大会制度所以能够成为我国的适宜的政治制度,就是因为它能够便利人民行使自己的权力,能够便利人民群众经常经过这样的政治组织参加国家的管理,从而得以充分发挥人民群众的积极性和主动性。""人民代表大会制既规定为国家的根本政治制度,一切重大问题就应当经过人民代表大会讨论,并作出决定。"

四、新中国成立后人民代表大会制度的施行和挫折

正是由于毛泽东等开国元勋的深思熟虑和长远谋划,正是由于全国各族人民对人民当家作主的热切期盼和积极参与,正是由于《共同纲领》和1954年宪法奠定的坚实法制基础,人民代

表大会制度建立后,焕发出勃勃生机。到1957年底,一届全国人大及其常委会先后召开4次全国代表大会会议、89次常委会会议,通过了80多个法律、法令等有关法律问题的决定,审查批准和决定了"一五"计划、年度经济计划和财政预算、综合治理黄河方案等一批重大问题,有力地促进了"三大改造"和"一五"计划的提前完成。地方各级人大也围绕党和国家的中心任务,积极开展工作,推动了社会主义事业健康发展。这一段时期,党中央还对人大及其常委会的几项主要职能进行了有益的探索。

一是对行使立法权进行探索。1954年宪法规定全国人大是行使国家立法权的唯一机关。按照这种高度集中统一的立法体制,全国人大常委会无权制定法律,而唯一行使国家立法权的全国人大一年只开一次会议,因而难以适应社会主义建设和社会主义改造急需立法的要求。1955年7月,一届全国人大二次会议通过决议,授权全国人大常委会在全国人大闭会期间制定"部分性质的法律",即单行法规。这一授权为发挥人大常委会在立法中的经常性作用提供了依据。

二是对行使监督权进行探索。1954年宪法规定,全国人大常委会"监督国务院、最高人民法院和最高人民检察院的工作。"对于如何开展监督工作,当时进行了积极的探索。第一,将听取和审议"一府两院"工作报告作为主要监督方式。第二,建立了有关部门负责人到会听取意见制度。第三,形成了"会议简报"这一反映全国人大代表和常委会组成人员意见的固定形式。这些监督方式和形式具有开创性,并沿用至今。

三是对行使重大事项决定权进行探索。1955年7月,一届全国人大二次会议在全国人大历史上第一次审议和批准重大建设项目。当时,对于黄河综合规划是不是需要提请全国人大审查批准,曾有不同意见。有些同志认为,"一五"计划和李富春副总理关于"一五"计划的报告中都有关于黄河根治和综合开发的内容,没有必要再向全国人大做专题报告。在当年5月召开的中央政治局会议上,刘少奇同志指出:根治黄河是一件大事,应提交全国人民代表大会讨论,作出决议。这个意见事后得到毛泽东主席的赞成。邓子恢副总理在向大会的报告中,回答了为什么要向全国人大专题报告黄河规划的问题,他说:"因为这一规划所涉及的不止五年,它的第一期工程就需要到1967年才能完成,所以需要作为第一个五年计划以外的单独问题来讨论。"同时,"黄河问题是全国人民所关心的","实现这一规划,不仅需要政府的努力,还需要全国人民的努力"。

四是对加强人大自身建设进行探索。关于决定全国人大常委会办公厅的组织机构,在各省市设立全国人大代表办事处,为代表履职提供津贴,组织代表开展工作,发挥人大代表作用,研究全国人大与国务院设立专门委员会,提出全国人大设立8个常设委员会的方案等,党中央做了许多开创性工作。

但是,1957年下半年全国开展反右斗争,由于"左"倾思想日益严重,反右斗争严重扩大化,民主集中制遭到破坏,宪法规定的人大职权行使受到严重影响。1958年后,全国人大已不能按期开会,常委会也不像以前那样经常开会了,立法工作一度停顿下来,国家的一些重大问题,如"二五"计划,1958年国家建设搞"大跃进",大规模调整国民经济计划和变更财政预算,以及成立人民公社改变宪法规定的农村政权体制等,都没有提交全国人大及其常委会讨论。

1966年5月,"文化大革命"爆发。7月,三届全国人大常委会第三十三次会议决定,三届全国人大二次会议改期召开,具体日期另行决定。这一改期就是8年。在此期间,全国人大及其常委会虽在名义上保留,实际上已经瘫痪,再也没有开过会、议过事,完全丧失了最高国家权力机关的作用。1968年,地方各级人民代表大会和人民委员会被砸烂,由集党、政、军、法于一身的革命委员会所取代。1975年1月13日,四届全国人大一次会议召开,选举产生了全国人大常委会和国务院,制定了1975年宪法。人民代表大会制度在形式上似乎恢复了,实际上仍然不起作用。

五、新时期人民代表大会制度的恢复、发展和完善

1976年10月,党中央一举粉碎"四人帮",结束了"文化大革命",国家和人民从"文革"的深重灾难中走出来。1978年2月26日,五届全国人大一次会议在北京举行,会议全面修改了宪法,选举和决定了国家机关领导人。随后,各级人大会议也陆续召开,人民代表大会制度开始全面恢复。

1978年底,党的十一届三中全会召开。邓小平同志深刻地指出:"必须使民主制度化、法律化,使这种制度和法律不因领导人的改变而改变,不因领导人的看法和注意力的改变而改变。"会议总结新中国成立以来正反两方面的历史经验,特别是十年动乱的沉痛教训,明确提出了发展社会主义民主、健全社会主义法制的任务。会议强调:"为了保障人民民主,必须加强社会主义法制,使民主制度化、法律化,使这种制度和法律具有稳定性、连续性和极大的权威,做到有法可依,有法必依,执法必严,违法必究。"会议提出:"从现在起,应当把立法工作摆到全国人民代表大会及其常务委员会的重要议程上来。"这次会议在我国的发

展历史上具有划时代的意义,也标志着我国民主法制建设和人民代表大会制度进入一个崭新的发展时期。

从1979年7月五届全国人大二次会议通过《关于修正〈中华人民共和国宪法〉若干规定的决议》,到1982年12月五届全国人大五次会议通过新宪法,再到2010年形成中国特色社会主义法律体系,进一步完善了人民代表大会制度。主要表现在:

一是完善了选举制度。包括:将人大代表的直接选举从乡级扩大到县级;人大代表、人大常委会委员、地方国家机关领导人员实行差额选举;对各级人大代表名额进行规范,实行城乡按相同人口比例选举人大代表;完善推荐、介绍候选人办法和选举程序等方面的规定;等等。

二是完善了国家机构的组织和职能。包括:将原来属于全国人大的一部分职权交由它的常委会行使,扩大全国人大常委会的职权和加强它的组织;全国人大设立专门委员会,在全国人大和它的常委会领导下,研究、审议和拟定有关的议案;县级以上地方各级人大设立常委会,作为本级人大的常设机关,并赋予省级人大及其常委会制定地方性法规的权力;恢复设立国家主席、副主席;国家设立中央军事委员会,领导全国武装力量;改变过去农村人民公社的政社合一体制,恢复设立乡政权;乡镇人大设主席、副主席;实行任期制,取消实际上存在的国家领导职务终身制;等等。

三是完善了各级人大及其常委会行使职权的制度和机制。包括:明确规定各级人大每年至少召开一次会议,人大常委会每两个月召开一次会议,以避免再次发生"文革"中人大长期不开会那种不正常的情况;完善立法制度,加强立法工作,通过了立法法,对我国立法权限的划分、立法程序、立法监督机制等作了全面规定;完善监督制度,加强监督工作,通过了监督法,对监督的原则、形式和程序作了系统规定;完善代表制度,充分发挥代表作用,通过了代表法,对代表的性质、工作、权利和义务等内容作了明确规定;完善议事程序,通过全国人大及其常委会议事规则,地方人大及其常委会也制定了相关规定,使人大工作不断加强,取得新进展。

六、新时代人民代表大会制度焕发新的生机和活力

党的十八大以来,以习近平同志为核心的党中央不断推进人民代表大会制度理论与实践创新。习近平总书记就坚持和完善人民代表大会制度、发展社会主义民主政治发表一系列重要讲话、作出一系列重要论述,拓展了人民代表大会制度的科学内涵、基本特征和本质要求。党的十八大和十八届三中、四中、五中、六中全会都对坚持和完善人民代表大会制度、加强和改进人大工作作出重大部署、提出明确要求。党的十九大报告强调要加强人民当家作主制度保障,长期坚持、不断完善人民代表大会制度。2021年10月13日,党中央召开了中央人大工作会议,出台了一系列关于人大工作的重要指导性文件。这些重要讲话、重要论述和重大部署,丰富发展了人民代表大会制度的理论和实践,形成了习近平总书记关于坚持和完善人民代表大会制度的重要思想,标志着我们党对人民代表大会制度的规律性认识达到了一个新的高度。这一重要思想还在随着实践发展而不断丰富发展、与时俱进。其主要内容包括:坚持中国共产党的领导;坚持走中国特色社会主义政治发展道路;坚持和完善人民代表大会制度;坚持人民当家作主;坚持全面依法治国;坚持民主

集中制;坚持全面贯彻实施宪法;坚持以良法促进发展、保障善治;坚持正确监督、有效监督;坚持民有所呼、我有所应。

习近平总书记关于坚持和完善人民代表大会制度的重要思想,是习近平新时代中国特色社会主义思想的重要组成部分,科学阐述了国家根本政治制度的历史必然、特点优势、实践要求,明确提出了做好新时代人大工作的重大原则、思路举措、重点任务,为坚持好完善好发展好人民代表大会制度指明了方向、提供了遵循。人民代表大会制度随着新时代中国特色社会主义政治发展实践不断完善、与时俱进,步伐快、创新多,取得了历史性成就。

一是推进现行宪法与时俱进。在以习近平同志为核心的党中央坚强领导下,按照中共中央关于修改宪法的建议,2018年3月11日,十三届全国人大一次会议高票通过宪法修正案,完成了宪法修改的崇高任务。这次宪法修正案共21条,重点包括以下六个方面:确立习近平新时代中国特色社会主义思想在国家政治和社会生活中的指导地位;充实坚持和加强中国共产党全面领导的内容;调整充实中国特色社会主义事业总体布局和第二个百年奋斗目标的内容;完善依法治国和宪法实施举措;修改国家主席任职方面的有关规定;增加有关监察委员会的各项规定。通过这次宪法修改,我国宪法更好体现了人民意志,更好体现了中国特色社会主义制度优势,更好适应了提高党的长期执政能力、推进全面依法治国、推进国家治理体系和治理能力现代化的要求,为新时代坚持和发展人民代表大会制度提供了有力宪法保障。

二是健全宪法实施和监督制度。设立国家宪法日,加强宪法宣传教育,大力弘扬宪法精神。建立宪法宣誓制度,规定国家工作人员就职时公开进行宪法宣誓，庄严承诺忠于宪法、忠于祖国、忠于人民。实施宪法规定的特赦制度，在中国人民抗日战争暨世界反法西斯战争胜利70周年之际，作出对部分服刑罪犯实行特赦的决定。制定国家勋章和国家荣誉称号法，落实宪法规定的国家功勋荣誉表彰制度。制定国歌法，同此前已经施行的国旗法、国徽法一道，维护宪法确立的国家重要象征和标志的尊严。作出有关决定，明确由宪法和法律委员会承担有关法律规定的原法律委员会的职责，同时赋予推动宪法实施、开展宪法解释、推进合宪性审查、加强宪法监督、配合宪法宣传等工作职责。

三是完善选举制度。湖南衡阳破坏选举案和辽宁拉票贿选案涉及党员干部和人大代表人数多，性质严重，负面影响很大，需要从法律制度上有针对性地作出规定。2015年修改选举法，为进一步把好代表"入口关"，保证当选代表的政治素质，提供了有效的法律支撑。第一，增加了对接受境外资助的禁止性规定，并明确了法律后果。公民参加各级人大代表的选举，不得直接或者间接接受境外机构、组织、个人提供的与选举有关的任何形式的资助；违反规定的，不列入代表候选人名单；已经列入代表候选人名单的，应当从名单中除名；已经当选的，其当选无效。第二，参照全国人大组织法等法律的相关规定，对代表资格审查委员会的职责和审查程序进一步予以补充和完善。对补选产生的人大代表，也要依法进行资格审查。

四是完善代表制度。2015年修改代表法，从法律上、制度上着力解决基层人大代表依法履行职责、发挥作用以及代表选举工作中存在的突出问题，包括：增加规定县级人大代表列席专门委员会会议；乡镇人大代表根据乡镇人大主席团的安排开展视察、调研等活动，乡镇人大代表参加视察、专题调研活动形成的报告,由乡镇人大主席团转交有关机关、组织研究处理;增加规定代表建议、批评和意见办理情况的报告应当予以公开;增加规定县级人大常委会和乡镇人大主席团应当定期组织本级代表向原选区选民报告履职情况。

五是完善人大组织制度和工作制度。2015年修改地方组织法,加强县乡人大工作和建设。第一,明确乡镇人大主席团在闭会期间的职责。增加规定乡镇人大主席团每年选择若干关系本地区群众切身利益、群众普遍关注的问题,有计划地安排代表听取和讨论本级人民政府的专项工作报告,对法律、法规实施情况进行检查,开展视察、调研等活动;听取和反映代表和群众对本级人民政府工作的建议、批评和意见。第二,明确人大常委会在街道设立工作机构。增加规定市辖区、不设区的市的人大常委会可以在街道设立工作机构,负责联系辖区内的人大代表,组织代表开展活动,反映代表和群众的建议、批评和意见,办理本级人大常委会交办的监督、选举以及其他工作。2021年3月11日,十三届全国人大四次会议表决通过有关决定,修改全国人民代表大会组织法和全国人民代表大会议事规则。修改后的全国人大组织法,增加规定全国人大及其常委会的性质、地位、行使职权的指导思想、组织和活动原则等,完善全国人民代表大会主席团和全国人大常委会委员长会议职权相关规定,完善全国人大专门委员会相关规定,适应监察体制改革需要增加相关内容,健全全国人大常委会人事任免权,加强代表工作、密切与代表的联系。修改后的全国人大议事规则,明确会议召开的相关准备工作,严明会议纪律,适当精简会议程序,提高议事质量和效率,加强会议公开和信息化建设,完善法律案等议案审议程序,规范规划纲要的审查批准和调整程序,健全完善大会通过事项的公布程序。2022年3月11日,十三届全国人大五次会议表决通过有关决定,修改地方组织法,明确坚持党的领导和地方人大、地方政府工作的指导思想和原则;完善地方人大及其常委会的职权;健全地方人大及其常委会的议事制度;加强地方人大及其常委会自身建设;加强和改进代表工作,充分发挥人大代表作用;完善地方各级人民政府的组织和工作制度;贯彻国家区域协调发展战略,健全协作机制;明确地方人大与地方监察委员会关系的相关制度;充实铸牢中华民族共同体意识的内容。2022年6月24日,全国人大常委会审议通过有关决定,修改全国人大常委会议事规则,充实"总则"内容,增加贯彻落实全过程人民民主,提高议事质量和效率等内容;根据实践需要适当增加会议频次和创新会议形式;优化会议组织安排,提高议事质量和效率;增加改进会风会纪有关内容;完善议案审议程序;增加规定常委会听取的报告和相关程序;增加规定专题询问;完善发言和表决制度;增设"公布"一章,明确常委会表决通过的事项以特定的方式予以公布;体现机构改革成果,增加"国家监察委员会"有关提出议案、接受询问等方面的职权职责,将"法律委员会"改为"宪法和法律委员会"。全国人大组织法、全国人大议事规则、全国人大常委会议事规则、地方组织法的修改,进一步完善了人大组织制度和工作程序方面的制度规范,是坚持党的领导、加强人大政治建设的必然要求;是贯彻落实党中央决策部署,推进国家治理体系和治理能力现代化的法律保障;是总结实践经验,坚持和完善人民代表大会制度的重要举措;是深化党和国家机构改革、健全人大组织和工作程序的现实需要。

六是完善立法制度。为了贯彻落实党的十八大和十八届三中、四中全会精神,适应立法工作新形势新任务新要求,针对立法工作中存在的突出问题,2015年3月十二届全国人大三次会议修改了立法法。第一,进一步明确全国人大及其常委会的专属立法权事项。立法法第八条规定十个方面的事项只能由全国人大及其常委会制定法律,也就是专属立法权。这次修改,将原来第八项有关税收的规定,单独作为一项列举出来,按照党的十八届三中、四中全会决定的要求,落实税收法定原则,将有关税收的基本制度具体化,列为专属立法权事项。即"税种的设立、税率的确定和税收征收管理等基本制度"只能由法律规定。从位置上看,提前到第六项,放在涉及公民政治权利和人身权利立法事项之后,显示出对公民财产权的高度重视。将涉及公民政治权利、人身权利、财产权利的事项作为专属立法权事项,体现了国家对公民基本权利保护的立法理念。专属立法事项还有一处修改,即原立法法第八条第六项规定的"对非国有财产的征收"只能制定法律,这次修改加上了"征用",实际是把宪法关于加强对私有财产保护的规定在立法制度上予以体现。第二,从法律上解决立法和改革决策相衔接的问题。在总则第一条中,把"发挥立法的引领推动作用"作为立法法的宗旨作了规定;把"立法应当适应经济社会发展和全面深化改革的要求"作为一项立法原则确定下来;增加了"全国人大及其常委会可以根据改革发展的需要,决定就行政管理等领域的特定事项授权在一定期限内在部分地方暂时调整或者暂时停止适用法律的部分规定",近年来全国人大常委会先后通过了多个调整或暂停部分法律规定实施的授权决定,仅2019年就有涉及司法体制、农村集体土地使用权制度、药品上市许可持有人制度、股票上市发行制度改革等授权决定;针对原来对授权的原则规定,以至于有些授权的范围过于笼统,也没有时限要求,立法法修改对此进一步作出规范,要求授权决定不仅应当明确授权的目的、范围,还要明确授权的事项、期限和被授权机关实施授权决定应当遵循的原则等,授权的期限一般不得超过5年,被授权机关应当在授权期限届满的6个月以前,向授权机关报告授权决定实施的情况等。第三,赋予所有设区市地方立法权。立法法修改前,全国设区的市是284个,按照原来立法法的规定,享有地方立法权的一共49个,分别是27个省会城市、18个经国务院批准的较大的市、4个经济特区所在地的市。党的十八届三中全会决定提出,"逐步增加有地方立法权的较大的市数量。"十八届四中全会进一步提出,"依法赋予设区的市地方立法权。"修改后的立法法,赋予所有设区的市地方立法权,明确设区的市人大及其常委会在不同宪法、法律、行政法规和本省、自治区的地方性法规相抵触的前提下,可以对城乡建设与管理、环境保护、历史文化保护等方面的事项制定地方性法规,报省、自治区人大常委会批准后施行。这是我国立法体制的重大发展,也是我国政治体制改革的重大进展,是人民代表大会制度的进一步发展和完善。2018年3月,十三届全国人大一次会议通过的宪法修正案,增加了有关设区的市制定地方性法规的规定,为设区的市开展地方立法工作提供了宪法依据。第四,发挥人大及其常委会在立法中的主导作用。全国人大及其常委会通过制定立法规划、年度立法计划等形式,加强对立法工作的统筹安排,这两项工作都是由人大来主导;加强和改进法律起草机制,规定综合性、全局性、基础性的重要法律草案,可以由有关的专门委员会或者常务委员会工作机构组织起草;发挥在立法决策中的主导作用,在法律草案审议过程中,对法律草案具有较强专业性的,或者需要进行可行性评价的,要求组织召开论证会;法律草案存在重大意见分歧或涉及重大利益关系调整的,应当召开听证会;更多地发挥人大代表在参与起草和修改法律中的作用。

七是完善监督制度。第一,加强和改进听取审议工作报告制度。2014年修订的环境保护法规定,县级以上人民政府应当每年向本级人大常委会报告环境状况和环境保护目标完成情况。自2016年起全国人大常委会每年都安排听取审议国务院相关专项工作报告。2017年,党中央出台关于建立国务院向全国人大常委会报告国有资产管理情况制度的意见,自2018年起,全国人大常委会每年安排听取审议国务院关于国有资产管理情况的报告。2019年4月12日,十三届全国人大常委会第28次委员长会议通过了《十三届全国人大常委会贯彻落实〈中共中央关于建立国务院向全国人大常委会报告国有资产管理情况制度的意见〉五年规划(2018—2022)》,明确提出,经过5年努力,全面摸清国有资产家底,理清国有资产管理体制机制,建立健全国有资产管理情况报告和监督制度,为向全国人民交出国有资产"明白账""放心账"奠定坚实基础。2018年制定的监察法,规定各级人大常委会听取审议本级监察委员会的专项工作报告。第二,加强和改进计划、预算监督制度。2014年修改预算法,进一步增强了人大审查批准预算的权威性和严肃性,规定代表大会审查预算的重点内容8个方面、常委会审查决算的重点内容12个方面等。在修改预算法后,又着力创新完善预算决算审查监督工作机制,提出和制定了关于改进审计查出突出问题整改情况向全国人大常委会报告机制的意见、建立预算审查前听取人大代表和社会各界意见建议的机制的意见、人大预算审查监督重点向支出预算和政策拓展的指导意见等；在总结地方人大实践经验基础上，推进人大预算联网监督，实现对预算决算的全口径审查和对预算执行全过程的实时在线监督，向着构建完整、规范、透明的预算制度迈出了坚实步伐。第三，加强和改进规范性文件备案审查制度。2015年修改立法法，增加规定全国人大有关专门委员会和常委会工作机构对规范性文件的主动审查；审查、研究情况的反馈和公开等。在有关工作制度上，2015年中央办公厅出台工作指导性文件，建立规范性文件备案审查衔接联动机制，实现有件必备、有备必审、有错必纠；全国人大常委会法工委制定了法规、司法解释备案审查工作规程（试行），对提出审查建议的公民、组织进行反馈的工作办法等。在2017年全国人大常委会首次听取审议备案审查工作情况报告基础上，2018年在全国人大常委会工作要点和立法工作计划中明确，按年度听取审议备案审查工作情况报告将制度化、常态化。第四，加强和改进专题询问工作。2010年，十一届全国人大常委会结合听取审议中央决算报告和审计工作报告开展专题询问。之后，专题询问从尝试探索到全面展开，从逐步完善到形成机制，结合审议执法检查报告、专项工作报告开展专题询问成为常态，提升了人大监督工作实效。2015年，十二届全国人大常委会在总结经验的基础上，研究提出关于改进完善专题询问工作的若干意见，进一步增强了专题询问的针对性、互动性和实效性。2022年6月修改全国人大常委会议事规则，总结近年来开展专题询问这一常委会开展监督工作的创新制度，增加有关规定，为更好开展专题询问工作提供法律保障。

回顾这段波澜壮阔的历史，我们深切感受到，人民代表大会制度是近代以来中国人民在追求国家独立、民族解放和民主自由的斗争中探索和建立起来的,是在中国共产党成立100多年、中华人民共和国成立70多年、特别是改革开放40多年的持续探索和伟大实践中巩固和发展起来的,是中国共产党带领全国各族人民长期奋斗的重要成果,反映了全国各族人民的共同利益和共同愿望,是中国特色社会主义政治发展道路的重要组成部分。中华人民共和国成立70多年特别是改革开放40多年来,在党中央坚强领导下,人民代表大会制度与时俱进、完善发展,保证了党领导人民有效治理国家,支持和保证了人民当家作主,推动法治中国建设取得巨大成就,在中国特色社会主义的伟大实践中,在推动国家发展、人民幸福、民族复兴的伟大历史进程中,焕发出蓬勃生机和活力,展现出巨大优势和功效。正如习近平总书记所指出的:"人民代表大会制度不断得到巩固和发展,展现出蓬勃生机活力。""实践充分证明,人民代表大会制度是符合中国国情和实际、体现社会主义国家性质、保证人民当家作主、保障实现中华民族伟大复兴的好制度。"

第一章
宪法确立和巩固发展国家根本政治制度

人民代表大会制度是国家根本政治制度,宪法是治国安邦的总章程,两者之间存在密切的关系。首先,宪法的一个重要功能,就是规定国家政治制度并为之提供根本性的法律依据。人民代表大会制度是我国的政体,其基本内容是体现和规范人民与国家的关系、人民与国家权力机关的关系、国家权力机关与其他国家机关的关系、中央和地方的关系。对此,我国宪法第2条、第3条等条文作了明确规定,为确立人民代表大会制度的根本政治制度地位提供了根本法保障。其次,全国人民代表大会及其常委会的职权和运作,是人民代表大会制度的核心内容,对于宪法的制定、修改、解释、实施和监督意义重大、影响深远。根据我国现行宪法的规定,全国人民代表大会行使修改宪法、监督宪法的实施等职权;全国人大常委会行使解释宪法、监督宪法的实施等职权。中华人民共和国历史上第一部宪法,即1954年宪法,是第一届全国人民代表大会第一次会议审议通过的。我国现行宪法,即1982年宪法,是第五届全国人大第五次会议审议通过的。此外,全国人大及其常委会制定法律和修改法律、监督"一府一委两院"执行法律,对于宪法的实施和监督也具有重要的促进作用。因此,讲人民代表大会制度的坚持、发展和完善,必须首先从我国宪法的制定修改和发展完善讲起。

1949年,中国共产党发起召开了中国人民政治协商会议第一届全体会议,通过《中国人民政治协商会议共同纲领》,实际上起到临时宪法的作用。1953年,党中央决定制定中华人民共和国宪法,毛泽东同志亲自主持起草宪法草案。1954年9月,第一届全国人民代表大会第一次会议通过了宪法,标志着人民代表大会制度在全国范围内正式建立起来,开创了我国人民民主的全新阶段,为巩固社会主义政权和进行社会主义建设发挥了重要保障和推动作用。在这之后,我国宪法建设走了一些弯路,特别是"文化大革命"期间宪法形同虚设,这个教训极为深刻。1975年全面修改宪法,受到"四人帮"干扰破坏,比1954年宪法大大倒退。1978年再次全面修改宪法,因历史条件限制,还来不及对"文化大革命"的惨痛教训进行全面总结、对"左"的错误进行彻底清理,虽然恢复了1954年宪法的部分条文,但仍然以1975年宪法为基础。1979年7月和1980年9月又两次进行宪法部分条文的修改,仍不能满足形势发展要求。1978年12月,党的十一届三中全会实现历史性转折,拨乱反正,开启了改革开放历史新时期,并确立了发展社会主义民主、健全社会主义法制的基本方针。我国现行宪法即1982年宪法就是在这个历史背景下产生的。1982年宪法公布施行后,在党中央领导下,全国人大于1988年、1993年、1999年、2004年、2018年先后五次对这部宪法的个别条款和部分内容作出了必要的也是十分重要的修正,共通过了52条宪法修正案,有力推动和保障了党和国家事业的发展。

习近平总书记指出,现行宪法是在继承1949年《共同纲领》和1954年宪法基本精神和主要内容的基础上制定的。这部宪法确立的许多重要制度和原则,都源于1949年《共同纲领》和1954年宪法,是在新的历史条件下对它们的继承、完善和发展。

现行宪法之所以是一部好宪法，首先是因为1954年宪法是一部好宪法。从1954年宪法到1982年宪法，人民民主专政作为国体没有变化，人民代表大会制度作为政体没有变化；同时，国家政治制度经历了创建、实践、探索、波折，不断与时俱进、发展完善，更加符合国情和实际。执政党和人民对国家政治制度中一些核心问题的认识也不断深化，推动了人民代表大会制度的巩固、完善和发展。

一、民主集中制还是"三权鼎立"？

西方一些资本主义国家实行行政、立法、司法"三权鼎立"的政治体制，三者之间相互制约、相互掣肘。"三权鼎立"是资产阶级思想家针对封建君主集各种权力于一身、限制和约束资本主义发展的状况提出来的。在资产阶级反对封建君主的斗争中，"三权鼎立"的思想和制度曾经起过积极作用。"三权"归根到底都是资产阶级的统治权，"三权鼎立"有利于调节资产阶级不同集团之间的关系，缓解它们之间的矛盾，维护资产阶级的共同利益。但分立的"三权"之间也经常产生矛盾，造成议而不决、决而不行，效率低下。但它给人以民主的外观，而把资产阶级专政的实质巧妙地掩盖起来，便于欺骗广大劳动群众特别是选民。

马克思主义认为，国家权力是统一的、不可分割的，不能分成三种权力，同时认为权力必须按照民主原则获得授权，权力的行使必须受到制约和监督，以避免权力被滥用和产生腐败。列宁创造性地发展了马克思主义的国家学说，提出了民主集中制原则。中国共产党领导人民从自己的实践中深刻认识到民主与集中缺一不可，必须两者兼顾，实现两者有机统一。早在1937

年毛主席就讲过:"民主和集中之间,并没有不可越过的深沟,对于中国,二者都是必需的。"1945年毛主席在《论联合政府》中指出:"新民主主义的政权组织,应该采取民主集中制原则,由各级人民代表大会决定大政方针,选举政府。它是民主的,又是集中的,就是说,在民主基础上的集中,在集中指导下的民主。"①

新中国成立后,我国先后颁布过四部宪法:1954年宪法、1975年宪法、1978年宪法、1982年宪法即现行宪法。四部宪法都规定,国家的一切权力属于人民,人民行使国家权力的机关是各级人大,贯穿了民主集中制的根本原则。1954年宪法草案初稿在总纲第二条只写了国家权力机关实行民主集中制。讨论中认为,应把管理机关也实行民主集中制写上。宪法起草委员会副秘书长田家英说,民主集中制的根是一切权力属于人民。宪法起草委员会委员、秘书长李维汉说,民主集中制最基本的东西是一切权力属于人民。原来只写了权力机关实行民主集中制是一个缺点。我们的民主集中制是很广泛的,管理机关也实行民主集中制。民主集中制是政体,是制度,也是工作方法。最后通过的1954年宪法在第二条增加了其他机关也实行民主集中制的内容。

1982年宪法以1954年宪法为基础,总结我国30多年来政权建设的基本经验,第一次全面、明确地揭示了我国人民民主政权所体现的民主集中制原则的制度内涵:一是各级人大都由民主选举产生,对人民负责,受人民监督;二是国家行政机关、审判机关、检察机关都由人大产生,对它负责,受它监督;三是中央和地方的国家机构职权划分,遵循在中央的统一领导下,充分发挥

---

① 《毛泽东选集》第三卷,人民出版社1991年版,第1057页。

地方的主动性、积极性的原则。

从1954年宪法到1982年宪法的发展演变,我们可以得出这样一个结论:我国的人民代表大会制度就是按照民主集中制原则组织和运作的国家政权制度,它由各级人民代表大会代表人民统一行使国家权力,"一府一委两院"由本级人大产生,对本级人大负责,受本级人大监督。各国家机关虽然分工不同、职责不同,但目标是完全一致的,都由中国共产党统一领导,在各自职权范围内贯彻落实党的路线方针政策和宪法法律,围绕党和国家工作大局开展工作,共同为建设中国特色社会主义服务。我们国家的这样一种政权制度,充分体现了民主与集中的统一,既十分有利于维护和保证人民当家作主,充分调动广大人民建设国家的积极性,又十分有利于国家机关对经济、政治、文化、社会事务的高效管理,具有很强的科学性、合理性,只要切实加以贯彻实施,是有很大优势的。正如邓小平同志所指出的:"我们必须进行政治体制改革,而这种改革又不能搬用西方那一套所谓的民主,不能搬用他们的'三权鼎立',不能搬用他们的资本主义制度,而要搞社会主义民主……要保持自己的优势,避免资本主义社会的毛病和弊端。"①

二、单一制还是联邦制?

在筹建新中国的过程中,我们党对国家结构形式问题进行了审慎探索和深入研究。1947年5月,乌兰夫根据中共中央的指示精神,团结当地各族人民成立内蒙古自治区政府,创建了党

---

① 《邓小平文选》第三卷,人民出版社1993年版,第240—241页。

领导的第一个省级民族自治区。1949年人民政协筹备期间,毛泽东主席曾就国家结构形式问题征求时任中央统战部部长李维汉的意见。李维汉对这个问题作过深入研究,他认为中国同苏联国情不同,中国各民族在中国共产党领导下,由平等联合进行革命,到平等联合建立统一的人民共和国,并没有经过民族分离,不宜实行联邦制。因此,单一制的国家结构形式,更加符合中国的实际,在统一的国家内实行民族区域自治,更有利于民族平等原则的实现。中央采纳了这个意见。1949年9月,周恩来在向政协代表所作的《关于人民政协的几个问题》的报告中提出:"关于国家制度方面,还有一个问题就是我们的国家是不是多民族联邦制。现在可以把起草时的想法提出来,请大家考虑。"在分析我国民族构成情况和近代统治当局的民族政策之后,周恩来明确指出:"今天帝国主义者又想分裂我们的西藏、台湾甚至新疆,在这种情况下,我们希望各民族不要听帝国主义者的挑拨。为了这一点,我们国家的名称,叫中华人民共和国,而不叫联邦。今天到会的许多人是民族代表,我们特地向大家解释,同时也希望大家能同意这个意见。我们虽然不是联邦,但却主张民族区域自治,行使民族自治的权力。"这个意见得到了政协代表的广泛赞同。1982年宪法在第三章第六节中对民族自治地方的自治机关作出规定。

中央集中统一管理的体制,好处是有利于维护国家团结统一,但也有弊端,就是不利于调动发挥地方的积极性。毛主席早就注意到这个问题,1956年他在《论十大关系》中专门讲了"中央与地方关系"。他说:"目前要注意的是,应当在巩固中央统一领导的前提下,扩大一点地方的权力,给地方更多的独立性,让地方办更多的事情。这对我们建设强大的社会主义国家比较有利。我们的国家这样大,人口这样多,情况这样复杂,有中央和地方两个积极性,比只有一个积极性好得多。"但在毛主席有生之年,这个问题并没有真正得到很好解决。党的十一届三中全会以后所进行的改革,一个重要内容就是给地方放权。在宪法中如何准确表述中央与地方的关系,经过研究,最后在总纲第三条中规定:"中央和地方的国家机构职权的划分,遵循在中央统一的领导下,充分发挥地方的主动性、积极性的原则。"

三、"一院制"还是"两院制"?

鉴于过去的经验教训,特别是"文化大革命"的惨痛教训,在1982年宪法起草修改过程中,大家都认为在国家权力的配置上,应当要有制约和监督机制,在坚持国家权力由人民代表大会统一行使的前提下,行政、审判、检察三机关之间应当分工负责,各司其职。在这个问题上,大家意见相对比较统一。

意见分歧主要在全国人民代表大会的设置上。当时有一种意见主张搞"两院制",主张设"地方院"和"社会院"两个院。"地方院"由各省、自治区、直辖市和各少数民族的代表组成。"社会院"由各界和各行业的代表组成。"两院"人数相等(每院600人),任期相同,享有平等权力,共同行使立法和其他属于全国人大的职权。"两院"不仅能对政府起监督、制约作用,而且"两院"也可互相制衡,使通过的法律和决议更为严谨、准确,实行的监督更为有效。另一种意见认为,我国的人民代表大会历来只有"一院制"的传统,干部和群众已经比较习惯了,为了便于讨论问题,提高工作效率,可以减少代表人数,改进代表构成,还是实行"一院制"好。

是实行"一院制",还是实行"两院制"?当时收集研究了33个国家的宪法,发现资本主义国家有实行"一院制"的,社会主义国家也有实行"两院制"的。比如,苏联就是"两院制",东欧社会主义国家也有一些实行"两院制"。是实行"一院制",还是实行"两院制",归根结底要从本国国情和实际出发,适合"一院制"就实行"一院制",适合"两院制"就实行"两院制",而不能从本本出发。

对这个问题,彭真同志认为,还是按1954年宪法规定比较好,不要搞"两院制"。叶剑英同志(1982年宪法修改委员会主任)对修宪中的其他问题没有发表什么意见,但这次他讲话了,他说:可不能搞"两院制"。邓小平同志的意见是:还是不要搞"两院制",如果两家意见不一致,协调起来非常麻烦,运作困难。他说:我们还是搞"一院制",就是人民代表大会制,全国人大是最高国家权力机关,这样,国家机构运作比较顺当。最后,宪法修改草案没有采纳"两院制"的方案,采取了扩大全国人大常委会职权和加强它的组织的措施,来加强人民代表大会制度建设和人大工作。

与此有关的一个问题是,1982年修宪时有人提出把政协作为上院的意见。这个意见早在1954年制定宪法时就已经有人提出过。当时毛泽东主席对这个问题表明了见解并作了解释。1954年9月,毛主席在全国政协二届一次会议召开前同党内外人士座谈时说:"政协的性质有别于国家权力机关——全国人民代表大会,它也不是国家的行政机关。有人说,政协全国委员会的职权要相等或大体相等于国家机关,才说明它是被重视的。如果这样说,那末共产党没有制宪之权,不能制定法律,不能下命令,只能提建议,是否也就不重要了呢?不能这样看。如果把政协全国委员会也搞成国家机关,那就会一国二公,是不行的。要区别各有各的职权。"

1982年修改宪法,又有人提出政协作为上院的问题,最后没有采纳这个意见。关于政协,邓小平同志有过几次批示和讲话。1980年9月,邓小平在为全国政协章程修改委员会第一次会议准备的一个文件上批示:"在修改章程中,不要把政协搞成一个权力机构。政协可以讨论,提出批评和建议,但无权对政府进行质询和监督。它不同于人大,此点请注意。"11月又在某件信上批示:"原来讲的长期共存、互相监督,是指共产党和民主党派的关系而言。对政府实施监督权,有其固定的含义,政协不应拥有这种权限"。1982年宪法修改,在"序言"中写了中国人民政治协商会议是有广泛代表性的统一战线组织,过去发挥了重要的历史作用,今后在国家政治生活、社会生活和对外友好活动中,在进行社会主义现代化建设、维护国家的统一和团结的斗争中,将进一步发挥它的重要作用。宪法这样规定,既充分肯定了政协的地位和作用,又没有将它同国家权力机关相混淆。1993年在对宪法进行部分修改时,又增加了"中国共产党领导的多党合作和政治协商制度将长期存在和发展"。

四、四项基本原则要不要写入宪法?

新中国成立前夕制定的《共同纲领》和新中国成立后制定的1954年宪法,都没有把马克思列宁主义、毛泽东思想和中国共产党领导明确写入宪法,世界上也没有哪个国家在宪法中明确规定某某政党是执政党。针对当时人们在经历了"文化大革命"这样一段惨痛历史后思想比较混乱的状况,从开始研究修宪,邓小平同志就明确提出,一定要把四项基本原则写入宪法。怎样写入宪法？当时研究有两个方案:一个是写入宪法条文;一个是写入宪法序言。具体主持宪法修改工作的彭真同志,经过反复考虑提出:要把四项基本原则写入宪法"序言",从叙述中国近代历史发展的事实,来说明坚持四项基本原则是历史的选择、人民的选择。他指出:20世纪以来,中国发生了四件翻天覆地的大事:一是辛亥革命;二是推翻三座大山,建立中华人民共和国;三是完成了社会主义改造;四是基本上建成了独立的、比较完整的工业体系。在这四件大事中,除辛亥革命是孙中山领导的外,其余三件都是在中国共产党领导下,在马列主义、毛泽东思想指引下取得的。我们要从叙述20世纪以来中国革命和建设的实践,说明四项基本原则既反映了不以人们意志为转移的客观规律,又是我国亿万人民在长期革命斗争中作出的历史性选择。最后在"序言"中,在叙述上述历史事实的基础上,进而规定:"中国各族人民将继续在中国共产党领导下,在马克思列宁主义、毛泽东思想指引下,坚持人民民主专政,坚持社会主义道路……把我国建设成为富强、民主、文明的社会主义国家。"经过1999年和2004年两次修宪,在序言这一段中又增加了"邓小平理论和'三个代表'重要思想"。2018年修宪,确立了科学发展观、习近平新时代中国特色社会主义思想在国家政治和社会生活中的指导地位。

宪法序言是宪法的重要组成部分,是宪法精神的集中体现,是具有法律效力的。实践证明,把坚持中国共产党的领导等四项基本原则用宪法记载确立下来是完全必要的。这是全国各族人民团结前进的共同政治基础,是实现国家长治久安、比较能够经得起各种风险、顺利推进改革开放和社会主义现代化建设的根本政治保证。

五、"公民的基本权利和义务"与"国家机构"孰前孰后？

1982年宪法不仅充实了国家一切权力属于人民的内容，而且在结构安排上突出体现了这一点。1954年宪法的结构除"序言"外，有四章。在第一章"总纲"之后，依次是"国家机构"、"公民的基本权利和义务"这两章。以后的1975年、1978年两部宪法都沿用了这个结构。1982年宪法修改过程中，有人提出，应把"公民的基本权利和义务"放在"国家机构"之前。当时研究，是先有公民的权利，然后根据公民的授权产生国家机构，还是先有国家机构来规定公民的权利和义务？特别是联系到前三部宪法，都是把"国家机构"放在前面，因而这就成了一个难以决断的问题。为此，当时请示邓小平同志。邓小平同志认为，还是要把"公民的基本权利和义务"摆在"国家机构"前面。

我们国家的一切权力属于人民，国家机构是根据人民的授权建立的。没有人民的授权，国家机构就失去了权力的基础和来源。在宪法体例设计上，先规定"公民的基本权利和义务"，再规定"国家机构"，能比较充分地体现国家的一切权力属于人民的性质，表明公民权利是第一位的，国家权力是第二位的。国家机构是由人民产生的，它的权力是人民赋予的，必须为人民来行使，而不能成为少数人谋取私利的手段。

同时，"公民的基本权利和义务"一章与第一章"总纲"有密切联系，公民权利是总纲规定的国家的一切权力属于人民的延伸，紧接着总纲写，在逻辑上也比较顺。当时查了一些国家的宪法，多数国家都是把对公民的权利和义务的规定列在对国家机构的规定之前的。

宪法结构的这一变动，不是简单的技术问题，而是对公民权利与国家权力关系的认识的深化，也是对"文化大革命"不尊重公民权利、肆意践踏公民权利的深刻反思，表明我们国家对保障公民享有宪法规定的公民权利的高度重视。2004年修宪，又增加规定"国家尊重和保护人权"。

六、如何完善人民代表大会自身建设？

人民代表大会制度是我们国家的根本政治制度，全国人民代表大会和地方各级人民代表大会在整个国家政权机关运作中处于中心地位，既是人民行使当家作主权利的根本途径和形式，也是党将其主张上升为国家意志从而实现对国家事务进行领导的根本途径和形式。没有人民代表大会或者它的自身建设不健全、不完善，国家政权就不能有效运转。因此，1982年宪法修改从一开始，大家就把关注的焦点放在如何加强和改善人民代表大会制度、发挥国家权力机关的作用的问题上。最后通过的宪法，对人民代表大会自身作了一系列发展和完善。

1. 扩大全国人大常委会的职权

党的十一届三中全会后，中央提出要使各级人大及其常委会成为有权威的国家权力机关。如何做到这一点？当时有意见主张，应减少全国人大代表人数，使它能够经常开会，讨论决定国家的重大问题。但考虑到我们国家大、人口多，有10多亿人，56个民族、30个省、自治区、直辖市，2000多个县（市、区），各阶级、各阶层、各民族、各地方、各方面、各政党在全国人大中都需要有适当数量的代表,人数少了不行。但代表人数多了,又不便经常工作、行使职权。怎么办?经过反复研究,最后确定还是从扩大全国人大常委会职权和加强它的组织两方面来更好地发挥最高国家权力机关的作用。

全国人大常委会是全国人大的常设机关,是最高国家权力机关的组成部分。它的组成人员是由全国人大从它的代表中选举产生的,可以说是常务代表,是代表各方面的,人数又比较少,便于经常开会讨论决定问题。因此,1982年宪法将1954年宪法规定由全国人大行使的一部分职权交由它的常委会行使,扩大了全国人大常委会的职权:一是全国人大常委会可以行使国家立法权,可以制定除基本法律以外的所有法律;二是全国人大常委会与全国人大共同监督宪法的实施,并解释宪法;三是全国人大常委会有权审查、批准国民经济和社会发展计划、预算在执行过程中所必须作的部分调整方案;四是全国人大常委会在全国人大闭会期间,根据国务院总理的提名,有权决定国务院部长、委员会主任、审计长、秘书长的人选。

这里,重点说一下扩大全国人大常委会立法权问题。1954年宪法规定,全国人大是行使国家立法权的唯一机关,只有全国人大才能制定法律,全国人大常委会只能制定法令。宪法实施后,很快就发现这样规定有问题。全国人大一年才开一次会,每次会开半个月左右,怎么能够适应立法工作的需要。所以,1955年全国人大就通过了一个决议,授权全国人大常委会根据实际需要,适时地制定部分性质的法律,即单行法规。1982年宪法规定,全国人大和全国人大常委会共同行使国家立法权。刑事、民事、国家机构的和其他的基本法律,由全国人大制定;其他法律,全国人大常委会都可以制定,对全国人大制定的法律,全国人大常委会可以进行部分补充和修改。这是我国立法体制的一个重大改革。实践证明,扩大全国人大常委会的立法权,把大量的立法工作放在全国人大常委会,对于加快立法步伐、提高立法质量起到了重大作用。这部宪法实施以来,我国制定的法律80%以上是由全国人大常委会审议通过的。即使是全国人大审议通过的法律,事先也都经过全国人大常委会审议,有的还经过多次审议,在各方面意见比较一致、比较成熟后才提交全国人大审议通过。

1982年宪法关于立法体制的改革,除赋予全国人大常委会行使国家立法权外,还赋予国务院可以根据宪法和法律,制定行政法规;赋予省、自治区、直辖市人大及其常委会在不同宪法、法律和行政法规相抵触的前提下,可以制定地方性法规,报全国人大常委会和国务院备案。

实践证明,如果没有1982年宪法对我国立法体制所作的上述重大改革,我国的立法工作就不可能取得如此显著的成绩,就不可能有今天中国特色社会主义法律体系的形成,也不可能适应改革开放和社会主义现代化建设的需要。

2. 加强全国人大及其常委会的组织

为适应新形势对全国人大及其常委会工作提出的新要求,1982年宪法对全国人大及其常委会的组织方面,作出许多新的规定。主要有三项:一是规定全国人大增设专门委员会,在全国人大及其常委会领导下,负责研究、审议和拟订有关议案;二是规定常委会的组成人员不得担任行政机关、审判机关、检察机关的职务,这样规定的目的是为了加强常委会对上述三机关的监督,也有利于逐步做到多数常委会组成人员是专职的;三是规定委员长、副委员长、秘书长组成委员长会议,处理常委会的重要日常工作。实践证明，这些措施大大充实和加强了最高国家权力机关的经常性工作。

这里着重介绍设立专门委员会的问题。设立专门委员会是加强全国人大及其常委会工作的一项重要组织措施。人大及其常委会要审议各项议案，如果没有专门委员会来研究，就很困难。外国议会一般都设有各种委员会，包括常设委员会、临时委员会和特别委员会等，议会许多工作都是先在委员会研究讨论，然后交付议会全体会议审议通过。所以，这种委员会被称为"行动中的议会"。

1982年修改宪法时，各方面提出要设的专门委员会有二十几个。当时研究考虑，由于我们对专门委员会如何工作还缺乏经验，开始时不要设得太多，以后还可以根据需要增加。这样，1982年宪法规定，全国人大设立民族委员会、法律委员会、财政经济委员会、教育科学文化卫生委员会、外事委员会、华侨委员会和其他需要设立的专门委员会。新宪法实施后成立的六届全国人大就设立了宪法明文规定的六个专门委员会，之后根据需要，七届增设了内务司法委员会，八届增设了环境与资源保护委员会，九届又增设了农业与农村委员会。十届、十一届、十二届没有再增加新的专门委员会。十三届增设了社会建设委员会，将原"法律委员会"、"内务司法委员会"分别更名为"宪法和法律委员会"、"监察和司法委员会"。这样，现在全国人大一共设立十个专门委员会。

专门委员会是人大经常开展工作的专门机构，可以做的事情很多。在人大会议期间，专门委员会主要管两件事：一是管议案，对有关国家机关和代表提出的议案进行研究、审议，或者拟订有关的议案；二是管质询案，审议对国务院及各部、委和最高人民法院、最高人民检察院提出的质询案。经过这一道工作程序，大会主席团对有关问题可以考虑得更周到些，使大会作出的决定更切实可行。在人大会议闭会期间，专门委员会开展经常性工作，研究、审议和拟订有关议案，协助人大常委会开展立法和监督工作。专门委员会人数较少，便于分门别类地讨论问题，而且它的组成人员对有关问题比较熟悉，研究问题可以考虑得更长远更深入更周到些。专门委员会的工作归纳起来就是"研究、审议、拟订"六个字，没有最后的决定权。专门委员会审议后，向大会主席团或者人大常委会提出审议结果报告，由大会主席团或者人大常委会作出决定。

3. 县级以上地方各级人大设立常委会

按照1954年宪法规定，只有全国人大设立常委会，地方各级人大都不设常委会，而是选举产生人民委员会。人民委员会既是本级人大的执行机关（即行政机关），又是本级人大的常设机关。因此，当时的人民委员会是"议行合一"的机关。但1954年宪法实施不久，地方人大不设常委会的弊端很快就显现出来。一是地方人大开会困难，需要由人大讨论决定的事项，往往不能及时召开人大会议讨论决定，而由政府自行决定，使人大作用不能得到充分发挥；二是人大闭会期间，地方政府、法院必要的人事变动难以进行；三是对政府、法院的工作无法进行经常性的监督。1957年就曾提出地方各级人大设立常委会的建议，将原来属于人民委员会的部分职权划归给同级人大常委会，并提出可以授予省级人大制定地方性法规权。但后来随着反右斗争的开始，国家民主政治逐渐遭受破坏，这一建议被搁置了下来。1965年，中共中央和全国人大常委会再次考虑县级以上地方各级人大设立常委会的问题，但不久便爆发了"文化大革命"，这一考虑再次流产。

党的十一届三中全会后,随着人民代表大会制度的恢复,地方人大设立常委会的问题再次提了出来。1979年7月五届全国人大二次会议通过的《关于修正宪法若干规定的决议》和地方组织法,明确规定县级以上地方各级人大设立常委会。1982年宪法确认并完善了县级以上地方各级人大设立常委会的规定。

地方人大常委会设立后,一些地方人大常委会提出,要明确全国人大常委会和地方人大常委会是领导关系或者是指导关系。彭真同志指出,按照宪法规定,各级地方人大都是向选民或选举单位负责,不是向上级人大负责,并且都在同级党委领导下进行工作。因此,全国人大同地方人大之间不能有领导关系。比如,省级人大选举、罢免或者决定任免省级国家机关领导人员,全国人大不能过问,也无法过问。只是在法律监督方面,全国人大常委会同地方人大常委会有工作上的联系,可以有某些指导关系,因为全国人大常委会有监督宪法和法律实施的职责。此外,彭真同志还提出,要规定省级人大常委会主任或者一位副主任列席全国人大常委会会议,以反映地方的情况和意见,使全国人大常委会制定的法律和通过的决定能够更好地符合实际。地方人大的同志也可以更好地了解全国人大常委会制定的法律和决定,便于贯彻执行,同时也可以参照全国人大常委会的工作,加强地方人大常委会的建设。这个办法从1980年五届全国人大常委会第十四次会议开始执行,并载入全国人大组织法和全国人大常委会议事规则,是一项行之有效的制度。实践证明,在县级以上地方各级人大设立常委会,对于加强地方人大建设、发展社会主义民主,具有极其重要的意义。

七、如何改革行政管理体制？

为适应新时期改革开放和社会主义现代化建设的需要，1982年宪法对我国行政管理体制进行许多重大改革。主要改革有三项：

一是全面实行"议行分开"体制。"议行合一"，即决定权和执行权由同一个国家机关行使，是马克思、恩格斯的思想，当时法国巴黎公社就是实行议行合一的体制。但实践证明，在一个比较大型的国家，议行合一实行起来存在许多困难和弊端，因此，苏联也不是议行合一。我们过去地方实行议行合一，不仅人大作用发挥不好，政府也不能提高效率。经过反复研究，1982年宪法决定全面实行议行分开，大事由人大讨论决定，政府负责具体实施。

二是第一次明确了行政机关实行首长负责制。1982年宪法明确规定，国务院实行总理负责制，各部、各委员会实行部长、主任负责制。这是宪法第一次作出这样的规定，是为了加强行政机关建设和提高行政工作效率所采取的一项重要措施。这样规定，是不是不要民主集中制，所有问题都由个人说了算？不是。1982年宪法同时规定，国务院有全体会议和常务会议，国务院工作中的重大问题，必须经过国务院常务会议或者全体会议讨论决定。国务院实行行政首长负责制，相应的省、市、县、乡（镇）也都是实行行政首长负责制。彭真同志在关于宪法修改草案的报告中指出，我们的国家机构的设置和职责权限的规定，要体现这样的精神：在法律的制定和重大问题的决策上，必须由国家权力机关，即全国人大和地方各级人大，充分讨论，民主决定，以求真正集中和代表人民的意志和利益；而在它们的贯彻执行上，必须实行严格的责任制，以求提高工作效率。这种责任制对于发展社会主义民主，保证人民行使国家权力，是不可缺少的。人民通过国家权力机关作出决定后，只有这些决定得到行政机关的迅速有效的执行，人民的意志才能得到实现。所以，人大实行集体负责制，行政机关实行首长负责制，两者对于国家机构的合理、高效运转都是必要的。

三是设立相对独立的审计机关。审计机关是专门负责对国家预算执行情况进行监督的机关。目前，世界上大多数国家都有这样的机构。如美国的审计署、日本的会计检查院。我们党在领导根据地政权中就设有审计机关，但新中国成立后一直没有设立过这样的机关。1982年修改宪法时，有人提出设立审计机关，隶属于人大，对国家预算的执行和财政收支进行监督。后来研究，认为按照"议行分开"的原则，如果审计机关归人大领导，各级人大要设一大批专职审计人员，查出的问题又只能交由政府处理，关系不顺，最后决定把它设在政府，同时又保持相对独立性。为此，宪法专门规定审计机关在国务院总理领导下，依照法律独立行使审计监督权，不受行政机关、社会团体和个人的干涉。同时规定，县级以上地方各级政府设立审计机关，依法独立行使审计监督权，对本级政府和上一级审计机关负责。当时据33个国家的材料，有的国家的审计机关设在议会，有的设在政府，有的是既不属于议会又不属于政府的独立机构。但不管哪种方式，审计机关每年都要向议会提出审计报告。宪法实施后，从1996年起，审计机关每年都要向全国人大常委会作一次审计工作报告，由常委会组成人员进行审议，这对增强审计监督起到了重要作用。

八、要不要恢复设立国家主席？

1954年宪法规定设国家主席，1975年宪法和1978年宪法取消了国家主席的职务。在发生林彪事件和"文化大革命"刚结束不久的大背景下，设不设国家主席是一个敏感的问题。因为当时认为设国家主席是林彪的反党纲领，所以修改宪法时，对设国家主席很有争议。在征求意见中，多数同志认为，可以参照1954年宪法的规定，设国家主席，这样不仅可以对外代表国家，便于国际交往，而且一些问题也好处理，如1978年宪法规定的武装力量由党中央主席统帅、国务院总理由党中央提名等事项，也可以得到顺利解决。另一种意见，不赞成设国家主席，主张由全国人大常委会委员长行使国家主席的职权。

当时，就是否设国家主席问题，专门向中央写了报告，陈述了主张设与不主张设双方的理由，同时大体照搬了1954年宪法设国家主席的条文。中央政治局讨论时，确定还是设国家主席。小平同志说，我们这样大的一个国家，还是需要设国家主席。国家主席对外代表国家。但他提出国家主席的职权要规定得"虚"一点，不管具体事务，不作具体决定，不干涉政府的行政事务。最后按照这个思路对国家主席的职权作了规定。当时也研究过要不要规定国家主席对全国人大及其常委会通过的法律可以退回人大重新讨论决定。有些国家的国家元首有权把议会通过的法律退回议会重新讨论决定。我国宪法最后没有作这样的规定。全国人大及其常委会通过的法律和决定需要由国家主席签署颁布的，就由国家主席签署颁布，没有授予国家主席退回的权力。

九、要不要设立中央军事委员会？

1954年宪法规定国家主席统帅武装力量，担任国防委员会主席。1975年和1978年宪法取消了国家主席的设置，规定党中央主席统帅全国武装力量。这就发生一个问题：没有规定军队和国家的关系。1982年修改宪法，要不要规定国家主席统帅全国武装力量呢？当时研究了许多国家宪法的有关规定，有兼任也有不兼任的。邓小平同志提出，可以是国家主席兼任中央军委主席，也可以不兼任。

那么宪法条文怎么写？经过研究，在"国家机构"一章中增加一节，对军委作出规定。邓小平同志提出，这一节就写两条：一条是中央军委领导全国武装力量，军委实行主席负责制；另一条是中央军委主席对全国人大及其常委会负责。宪法中这一节是邓小平同志亲自拟订的。邓小平同志的语言很简洁，他改过的条文给军委的工作留下了较大的空间，灵活性较大。关于中央军委的名称，最初有一个方案叫国家军事委员会。杨尚昆同志说，最好还是和中共中央的军事委员会名称一致起来，也称中央军事委员会。

宪法规定国家设立中央军事委员会领导全国武装力量，并规定中央军事委员会主席由全国人大选举，中央军事委员会其他组成人员由全国人大和全国人大常委会根据中央军事委员会主席提名决定任命，军委主席向全国人大及其常委会负责，这就从法律上明确了军队是国家的军队。

与1954年宪法规定国家主席"统帅"全国武装力量不同，1982年宪法规定的是中央军委"领导"全国武装力量。这是考虑：第一，"领导"是中央军委，不是军委主席一个人领导；第二，中央军委"领导"全国武装力量，打起仗来谁作统帅，要根据当时的实际情况决定。二战时，苏联在三个月内换了四个统帅，换了两个统帅后，第三次是斯大林亲自担任统帅，但他很快发现忙不过来，又换成朱可夫。

我们的军队是党领导的军队，这是肯定的，不可动摇的。宪法规定全国人大选举、任命中央军委组成人员，中央军委主席对全国人大及其常委会负责，军委既是国家的军委，又是党的军委，实际上是一套人马两块牌子。所以，不会影响党对军队的领导，而且明确了军队同国家的关系，用国家的中央军委名义进行工作，对军队的工作是有好处的。当时军队有些同志担心，设立国家的中央军事委员会以后，会不会影响党对军队的领导，而且这个意见还比较多。为了解除这个担心，配合宪法修改，中央专门发了一个通知，说明为什么宪法规定要设立中央军事委员会以及宪法规定国家设立中央军委不会影响党对军队的领导。还有的同志一再提出，要专门写一条党对军队的领导。就此专门请示了邓小平同志。邓小平同志说，不必再写了，"序言"中已写了党的领导，当然包括军队在内。

十、如何改革乡镇政权？

1954年宪法规定乡级设人民代表大会和人民委员会，作为基层政权组织。后来成立人民公社，改变了农村基层政权体制。实践证明，办人民公社是失败的，政社合一不利于基层政权建设。1982年修宪一开始，在征求意见时，多数同志主张政社分开，设立乡级政权。也有主张谨慎从事，先行试点，逐步推广，暂时不宜急于作这样大的变动。

彭真同志对农村基层政权建设非常重视。他认为,基层政权是整个人民民主专政的国家政权的基层组织,也可以说是细胞,是党和国家各项工作的落脚点和联系群众的纽带。必须把基层政权搞好,由人民直接选举、监督,并有权罢免。

加强基层政权建设,就要解决政社分开,恢复设立乡级人民代表大会和乡级人民政府的问题。为此,在给中央的报告中专门汇报实行政社分开的问题,认为这样做的好处很多,既有利于加强基层政权建设,也有利于集体经济的发展。

当时对人民公社要不要保留,有不同意见。有人主张按照1978年宪法规定写上"三级所有、队为基础";有人不赞成,认为保留1978年宪法的这个规定,就是要保留人民公社,这显然是有问题的。但宪法也不好规定取消人民公社,因为人民公社当时还是普遍存在的,一下子取消了,可能会在农村引起混乱。要取消也需要有过渡期。为此,当时中央专门发了一个通知,说明设乡级人民代表大会和政府,就是要政社分开。人民公社原有的一套机构,还有它的财产包括公社的企业、生产资料、生产秩序,都不能动。这个通知就是为了保证这个变动能稳定有秩序地进行。后来随着政社分开和逐步实行"大包干",人民公社也就自然废除了。因此,1993年修改宪法时就把"农村人民公社"删去了。

十一、要不要确立基层群众自治制度?

修宪时对城市居民委员会和农村村民委员会的规定,争论很大。核心是两个问题:第一个问题是性质,是作为基层政权的派出机构,让它成为基层政权的一个"腿",还是实行群众自治?第二个问题是它们与基层政权即乡镇政府的关系,是领导关系,还是指导关系?彭真同志对这个问题非常重视,他说,十亿人民行使民主权利,当家作主,基本的是两个方面:"一方面,十亿人民通过他们选出的代表组织全国人大和地方各级人大,行使管理国家的权力。""另一方面,在基层实行群众自治,群众的事情由群众自己依法办理,由群众自己直接行使民主权利。"他认为,"办好村民委员会,还有居民委员会,是国家政治体制的一项重大改革,对于扫除封建残余的影响,改变旧的传统习惯,实现人民当家作主,具有重大的、深远的意义"。最后,宪法坚持将居民委员会和村民委员会作为基层群众性自治组织,与此相应,乡镇政府与它们的关系是指导关系,而不是领导关系,不能把他们当作自己的"腿"。

十二、如何实行"一国两制"?

"一个国家,两种制度",是小平同志为解决国家统一问题而提出的伟大构想,最初是针对台湾问题的。用邓小平同志的话讲,是"要搞一个你不吃掉我、我也不吃掉你的办法"。后来,首先用于解决香港问题,接着是澳门问题。1982年修宪时,中英谈判正在进行,需要在宪法中为在香港实行"一国两制"提供依据,但又不具备条件作出具体规定,所以在第三十一条规定:"国家在必要时得设立特别行政区。在特别行政区内实行的制度按照具体情况由全国人民代表大会以法律规定。"后来,依据宪法,全国人大先后制定了香港、澳门两个特别行政区基本法。

以上我们重温了1954年宪法和1982年宪法在起草制定过程中对涉及国家政治制度特别是人民代表大会制度重大问题的讨论和考虑。1982年宪法实施后，1988年、1993年、1999年、2004年、2018年先后五次以宪法修正案的方式对其部分内容作了修改，反映了我国社会主义制度的自我完善和发展，反映了全党和全国人民对什么是社会主义、怎样建设社会主义这个根本问题认识的深化，在社会实践中实现了保持稳定和与时俱进的统一。习近平同志在纪念现行宪法公布施行30周年大会上的讲话中指出："历史总能给人以深刻启示。回顾我国宪法制度发展历程，我们愈加感到，我国宪法同党和人民进行的艰苦奋斗和创造的辉煌成就紧密相连，同党和人民开辟的前进道路和积累的宝贵经验紧密相连。"

第二章
人大代表选举循序渐进发展

习近平总书记指出："中国共产党的领导，就是支持和保证人民当家作主。"我国宪法规定，国家的一切权力属于人民，人民行使国家权力的机关是全国人民代表大会和地方各级人民代表大会，国家行政机关、监察机关、审判机关、检察机关都由人民代表大会产生，对它负责，受它监督。因此，民主选举人大代表是政权合法性、民主性的基础，是人民代表大会制度的组织基础。年满18周岁的中华人民共和国公民，除极少数被剥夺政治权利的外，不分民族、种族、性别、职业、家庭出身、宗教信仰、教育程度、财产状况、居住期限，都有选举权和被选举权。在选举过程中，县乡直接选举是最基础的，全体人民以此直接行使选举权，产生县乡人大代表，进而通过省、设区的市、县的间接选举，产生县以上各级人大代表，委托他们行使国家权力。

人大代表是国家权力机关的组成人员，使命崇高，责任重大。为此，需要一套民主、科学、严谨的程序和机制把能够代表人民利益、反映人民呼声、表达人民意志的人大代表选举出来，组成各级国家权力机关，行使国家权力。同时，这一过程，也是公民依法行使选举权与被选举权，充分表达利益诉求和对制定公共政策的意见，从而参与政治生活、管理国家的过程。因此，选举必须坚持普遍、平等、差额、无记名投票的原则。只有把人大代表选举好，才能使政权建设得到加强，使国家政权基础得到巩固。

新中国成立后于1953年制定了选举法。正是依照选举法的规定,我们进行了中国历史上第一次空前规模的普选,并以此为基础,自下而上逐级召开人民代表大会会议。在新中国约6亿人口中,进行基层选举地区的人口数约5.7亿,全国参加投票选举的选民达2.78亿人,这在中国历史乃至世界历史上都是绝无仅有的。到1954年9月,以第一届全国人民代表大会会议召开为标志,人民代表大会制度在全国范围内建立起来。

我国的选举制度也是随着改革开放与时俱进,不断发展完善的。选举法在1979年全面修订后,随着经济社会发展和社会主义民主法制建设的不断加强,我国于1982年、1986年、1995年、2004年、2010年、2015年对选举法进行了六次修改完善。从1979年至2018年,我国先后进行了11次乡级人大代表直接选举,10次县级人大代表直接选举,选民参选率一直保持在90％左右;8次设区的市、自治州以上人大代表间接选举,顺利完成了各级人大的历次换届,依法产生各级国家政权机关,充分保障了人民的选举权和被选举权。

随着普遍、平等、差额、无记名投票、直接选举与间接选举相结合等选举原则的确立和贯彻,我国社会主义民主政治循序渐进地不断发展和完善,人民当家作主具体地、现实地体现到了国家政治生活和社会生活之中。公民有序政治参与逐步扩大,人民依法享有和行使民主权利的内容更加丰富、渠道更加便捷、形式更加多样,人大作为主要民主渠道的作用得到更好发挥。

一、坚持选举权普遍性原则

选举权的普遍性原则是我国人大代表选举的一项基本原则。早在 1940 年,毛主席就在《新民主主义论》一文中指出:"中国现在可以采取全国人民代表大会、省人民代表大会、县人民代表大会、区人民代表大会直到乡人民代表大会的系统,并由各级代表大会选举政府。但必须实行无男女、信仰、财产、教育等差别的真正普遍平等的选举制,才能适合于各革命阶级在国家中的地位,适合于表现民意和指挥革命斗争,适合于新民主主义的精神。"[①]我国现行宪法规定:"中华人民共和国年满十八周岁的公民,不分民族、种族、性别、职业、家庭出身、宗教信仰、教育程度、财产状况、居住期限,都有选举权和被选举权;但是依照法律被剥夺政治权利的人除外。"选举法重申了宪法的规定。根据宪法,在我国,符合以下三个条件的公民,都有选举权和被选举权:一是具有中华人民共和国国籍,这是确认公民身份的法律依据;二是年满十八周岁,这是公民成年的标志,可以独立作出判断和选择,具有了行为能力;三是未被剥夺政治权利,剥夺政治权利是刑罚的一种,只能由司法机关根据犯罪性质、危害程度以及情节轻重,依照法定程序决定。凡具备以上三个条件的人,都享有选举权和被选举权,任何组织和个人都不得以任何其他理由予以剥夺。也就是说,我国公民的选举权不因公民天生的差别和后天的经济、教育等条件造成的差异而受到影响,这对于每个公民来说,体现了选举权的平等性;对于国家来说,体现了选举权

[①]《毛泽东选集》第二卷,人民出版社 1991 年版,第 677 页。

的普遍性,充分体现了我国公民享有选举权的广泛程度。

选举权的普遍性与选举结果的广泛代表性具有紧密联系,是我国社会主义民主政治制度的特点和优势。全国和地方各级人大,分别作为最高和地方国家权力机关,代表和反映人民的意愿和要求,应当具有广泛的代表性。2010年选举法修改,为了更好地体现选举的普遍性原则,对代表的广泛性提出了更加明确的要求:"全国人民代表大会和地方各级人民代表大会的代表应当具有广泛的代表性,应当有适当数量的基层代表,特别是工人、农民和知识分子代表;应当有适当数量的妇女代表,并逐步提高妇女代表的比例。"十一届全国人大五次会议审议通过的《关于第十二届全国人民代表大会代表名额和选举问题的决定》、十二届全国人大五次会议审议通过的《关于第十三届全国人民代表大会代表名额和选举问题的决定》均明确规定:"全国人民代表大会代表中,基层代表特别是一线工人、农民和专业技术人员代表的比例要比上届有所上升,农民工代表人数要比上届有较大幅度增加,党政领导干部代表的比例要比上届有所降低。"还明确规定,不断提高妇女代表的比例。

二、坚持选举权平等性原则

选举权的平等性原则,就是指每一选民在一次选举中只有一个投票权,并且每一张选票的效力相同,在候选人当选中的作用相同,即通常所说的"一人一票,效力等值"。

选举权平等首先是投票权的平等。我国的选举采取直接选举和间接选举相结合的办法,公民的选举权平等,在直接选举中表现得更为直接。主要体现在以下两个方面:(1)每一选民在直接选举本县(不设区的市、市辖区)、本乡镇的人大代表中,只能有一个投票权,不能同时参加两个或两个以上选区的投票选举。(2)所有有效选票都具有相等的效力。选票不因投票人的身份、地位、民族、种族、性别、年龄的不同而在效力上有所差别,既不允许任何选民有特权,也不允许对任何选民有任何限制和歧视。

选举权平等原则不仅要求投票权平等,而且要求每一代表所代表的人口数相同。新中国成立后,1953年我国制定第一部选举法时,就明确提出普遍、平等的选举原则。同时,考虑到解放初期,我国当时城镇化水平较低,城镇人口比重只有13.26%,而工人阶级主要集中在城市,为体现工人阶级的领导地位和国家工业化的发展方向,使全国各民族各阶层在各级人民代表大会中有与其地位相当的代表,当时选举法规定农村与城镇按不同人口比例选举人大代表。即:全国人大代表的选举,各省按每80万人选代表1人,中央直辖市和人口在50万以上的省辖工业市按每10万人选代表1人;对省、市、县人大代表的选举,也分别规定了城市与乡村的不同人口比例。这样规定,符合我国的国体和当时的实际情况,是必要的。邓小平同志在1953年"关于选举法(草案)的说明"中也指出:"这些在选举上不同比例的规定,就某种方面来说,是不完全平等的,但是只有这样规定,才能真实地反映我国的现实生活,才能使全国各民族各阶层在各级人民代表大会中有与其地位相当的代表","随着我国政治、经济、文化的发展,我们将来也一定要采用……更为完备的选举制度","过渡到更为平等和完全平等的选举"。

改革开放前,由于种种原因,我国的城市化进程基本徘徊不前,到1979年重新制定选举法时,城镇人口比例也才达到

18.96％。因此，选举法基本延续了1953年的规定，进一步明确农村与城镇每一代表所代表的人口数比例：全国为8∶1，省、自治区为5∶1，自治州、县、自治县为4∶1。改革开放后，我国经济社会快速发展，城镇化不断推进，城乡人口结构比例发生较大变化。1995年，全国人大常委会修改选举法，将全国和省、自治区农村与城镇每一代表所代表的人口数比例，与自治州、县一样，统一修改为4∶1。

党的十七大提出，逐步实行城乡按相同人口比例选举人大代表。为落实中央精神，全国人大及时启动了选举法修改工作。选举法修改调研征求意见过程中，各地、各方面一致拥护中央提出的建议，但对如何落实，具体来说是采取一步到位，还是分步到位，是有不同方案的。经过深入调查研究，根据绝大多数地方的意见，2010年修改选举法，采取一步到位的方案实行城乡按相同人口比例选举人大代表。主要考虑：一是一步到位，条件已经具备。1995年以来，我国的工业化、城镇化进一步加速，农村经济文化水平大幅提高，社会结构发生深刻变化。我国城镇人口比重已由1995年的29.04％上升为2009年的46.6％（据第六次人口普查数据，到2010年11月，城镇人口比重已达49.68％）。与此同时，我国各级人大经历了数次换届选举，积累了丰富的经验，社会主义民主政治建设和法制建设取得巨大成就，党领导的人民民主专政的阶级基础和群众基础不断巩固和扩大。修改选举法，实行城乡按相同人口比例选举人大代表的客观条件已经具备。二是一步到位，操作可行。近年来，江苏、上海等省市根据本地区的实际情况，试行了县、区、市城乡按相同人口比例或接近相同人口比例选举人大代表，效果是好的。三是一步到位，工作更加主动。实行城乡按相同人口比例选举人大代表，改变了按人口数分配代表名额时区分城乡的做法，是我国经济政治文化社会发展的客观要求，是统筹城乡发展、消除城乡二元结构的重要举措，更是选举权平等的一大历史性进步。

我国实行人民代表大会"一院"制，不搞"两院"制。人民代表大会的组成要有广泛的代表性，既能代表反映全体人民的意见和要求，又能代表反映不同地区的意见和要求，还要能反映不同民族的意见和要求。因此，2010年选举法修改在解决城乡同比的同时，还强调地区平等，保障各地方在国家权力机关有平等的参与权，各行政区域不论人口多少，都能选举一定数量的代表；还充分体现了民族平等，保障各民族都有适当数量的代表，人口再少的民族也要有一名代表。根据"三个平等"的要求，人民代表大会的组成要综合各种因素来分配代表名额，使人民代表大会具有广泛的代表性，能反映不同方面的诉求，保障人民当家作主。根据《关于第十二届全国人民代表大会代表名额和选举问题的决定》，第十二届全国人民代表大会代表名额中，按照人口数分配的代表名额为2000名，省、自治区、直辖市根据人口数计算的名额数，按城乡约每67万人分配1名；省、自治区、直辖市各分配相同的地区基本名额数为8名；第十二届全国人民代表大会代表中，少数民族代表的名额应占代表总名额的12％左右，人口特少的民族至少应有1名代表。根据《关于第十三届全国人民代表大会代表名额和选举问题的决定》，各省、自治区、直辖市应选第十三届全国人民代表大会代表的名额与第十二届全国人民代表大会代表的名额相同。

需要说明的是，各级人大代表名额的多少，应当按照便于召开会议、讨论问题和决定问题，并且使各民族、各地区、各方面都能有适当数量代表的原则来确定。因此，选举法规定，全国人大代表的名额不超过3000名；地方各级人大代表名额的确定原则是"基数加人口数"，并且不得超过选举法所规定的上限。这样规定，既有原则性，又有灵活性，有利于保持各级人大代表名额的稳定、合理、规范。比如说，这次修改选举法，就调整了乡、民族乡、镇的代表总名额上限。根据修改前选举法的规定，人口超过9万的乡、民族乡的代表总名额不得超过100名；人口超过13万的镇的代表总名额不得超过130名。考虑到近些年来许多地方进行了较大规模的乡镇合并，乡镇人口增加较多，有的人口多达十几万甚至二十几万，选举法将乡镇人大代表总额的上限从130名提到160名。

三、坚持直接选举与间接选举相结合

我国五级人大代表的选举，采取直接选举和间接选举相结合的办法。其中，我国县级（包括县、自治县、不设区的市和市辖区）、乡级（包括乡、民族乡和镇）两级人大代表由选民直接选举产生。具体做法是将县和乡两级行政区域划分为若干选区，由选区的选民直接投票选举产生县、乡两级人大代表。由于行使选举权利的主体是广大选民，因而把由选民直接投票选举代表的方式，通俗地称为"直接选举"。直接选举，特别是县一级的直接选举，具有特别重要的作用，不仅担负着产生该级国家权力机关的任务，而且为上级国家权力机关乃至最高国家权力机关的产生提供了基础。全国人大代表和省级（包括省、自治区、直辖市）、设区的市和自治州人大代表由间接选举产生，具体办法是由下一级人民代表大会开会选举产生上一级人大代表。这种选举方式，由于行使选举权的主体是县级以上的人大代表，选出的代表对应于选民，已经间隔了一层或几层，因而这种由人民代表大会选举产生上一级人大代表的方式，通俗地称为"间接选举"。根据选举法的规定，在直接选举中，代表候选人按选区提名产生；在间接选举中，代表候选人按选举单位提名产生。各政党、各人民团体，可以联合或者单独提名代表候选人。选民或者代表十人以上联名，也可以推荐代表候选人。代表候选人名额应当多于代表应选名额，实行差额选举。选举一律采用无记名投票的办法，选举人对于代表候选人可以投赞成票、反对票，可以另选他人，也可以弃权。代表候选人当选的总的要求是，直接选举时，选区全体选民的过半数参加投票，代表候选人获得参加投票的选民过半数赞成票，始得当选；间接选举时，代表候选人获得全体代表的过半数赞成票，始得当选。各级人大代表的资格还要经过审查和确认。

我国选举制度采取直接选举和间接选举相结合的原则是从我国1953年第一部选举法开始的。当时我国正处于新中国成立初期，国家的经济还很不发达，交通也不便利，人民群众的民主意识和文化水平还不高，实行较大范围的直接选举还有一定的困难，因此，1953年选举法规定："全国人民代表大会之代表，省、县和设区的市人民代表大会之代表，由其下一级人民代表大会选举之。乡、镇、市辖区和不设区的市人民代表大会之代表，由选民直接选举之。"1953年2月11日中央人民政府委员会第二十二次会议上，邓小平同志在草案说明中对采用直接选举与间接选举相结合的原则作了具体的解释。他指出，选举法草案规定了我们只在乡、镇、市辖区及不设区的市等基层政权单位实行直接选举，而在县以上则实行间接选举。这就说明，我们的选举还不是完全直接的。这是由我们国家目前的社会情况、人民还有很多缺乏选举经验以及文盲尚多等实际条件决定的。如果我们无视这些实际条件,现在就勉强地去规定一些形式上好像很完备而实际上行不通的选举方法,其结果是除了增加选举的困难和实际上限制许多公民的选举权利之外,没有任何好处。我国选举法的实质,是着眼于实际的民主。鉴于全国各地情况不一,而我们又系初次进行这样全国性的选举,无论领导方面或群众方面都还缺乏经验,所以有些条文只作了概括性的规定,这仍是在目前条件下能够充分保证人民民主权利的切合实际的行得通的办法。随着我国政治、经济、文化的发展,我们也一定要采用像苏联那样更为完备的选举制度。从邓小平同志对1953年选举法草案所作的说明中,我们可以看出,直接选举符合马克思主义关于民主选举的理论,是我们追求的目标和今后努力的方向,只是因为当时中国实行直接选举的条件还不完备和成熟,才确定了直接选举与间接选举相结合的原则,既保障人民当家作主的权利,又兼顾新中国成立初期的特殊国情。

1953年选举法只规定乡、镇一级和不设区的市、市辖区采取直接选举的方式,县和县级以上各级人大代表都是间接选举产生的。随着社会的发展,尤其是对"文革"惨痛经历的反思,1979年我国修订了选举法,此时国家的政治、经济、文化等各个方面较之建国初期都发生了巨大的变化,剥削阶级作为一个阶级已经不存在了;人民群众的政治觉悟、民主意识、文化素质都有了很大的发展;十一届三中全会召开不久,发展经济、加强社会主义民主与法制建设已成为全国人民的共同愿望;经过多年的实践,我们也积累了较丰富的选举经验。这一切都为进一步扩大直接选举的范围提供了可能。为适应我国经济社会发展和民主法制建设的需要,修订的选举法将直接选举人大代表,由乡、民族乡、镇扩大到不设区的市、市辖区、县、自治县,使得通过直接选举产生的人大代表占到我国各级人大代表总数的90%以上。这一修改,扩大了人民群众直接参与国家政治生活的渠道,增强了广大人民群众当家作主的主人翁意识,调动了广大人民群众参政议政的积极性,同时也进一步密切了代表和选民的联系,有利于选民对代表的监督。正如彭真同志在草案说明中所指出的,"把直接选举人民代表大会代表的范围扩大到县一级。在一个县的范围内,群众对于本县国家机关和国家工作人员的情况是比较熟悉和了解的,实行直接选举不仅可以比较容易地保证民主选举,而且便于人民群众对县级国家机关和国家工作人员实行有效的监督。"从1979年选举法修订将直接选举的范围扩大到县一级的过程来看,1953年我们党所作出的承诺并没有停留在纸面上,而是切实地根据国情的变化和条件的成熟,逐步扩大了直接选举的范围,从而在保持国家长治久安的基础上,不断扩大人民群众直接参与国家政治生活的范围。

经过改革开放这么多年的长足发展,是否可以说我们已经具备了一定的扩大代表直接选举层次的条件,或者至少可以在一些经济比较发达、民主政治比较发展、公民素质比较高的设区的市先搞些试点,然后再逐步推广,从而逐步提高民主的程度和水平?邓小平同志在1987年就曾作过回答:"即使搞普选,也要有一个逐步的过渡,要一步一步来。我向一位外国客人讲过,大陆在下个世纪,经过半个世纪以后可以实行普选。现在我们县级以上实行的是间接选举,县级和县以下的基层才是直接选举。因为我们有十亿人口,人民的文化素质也不够,普遍实行直接选举的条件不成熟。"①朱镕基总理在2000年3月九届全国人大会议的记者招待会上也明确回答:"至于直接选举向上能扩大到哪一级、多么快,我当然希望越快越好,但那要取决于经济、文化、社会发展的条件。"由此可见,直接选举是我国民主政治的必然要求和发展方向。总体来看,我国采取直接选举与间接选举相结合的原则选举产生各级人大代表,把直接选举的范围确定在县、乡两级,是同我国的经济、政治、社会、文化条件相适应的,有利于国家的稳定和现代化建设。但随着中国特色社会主义事业的发展和民主法制建设的推进,人大代表直接选举的范围应该也会循序渐进地不断扩大。当然,社会主义民主是一个渐进的过程,不能一蹴而就,只有一步一个脚印,在坚持党的领导的前提下,促进公民有序的政治参与,才能实现最为广泛的人民民主。

四、实行差额选举

选举法第三十条规定,全国和地方各级人民代表大会代表实行差额选举,代表候选人的人数应多于应选代表的名额。相对于等额选举,差额选举使选民和代表有更多的选择余地,有利于他们自由表达选举意愿,切实提高选举的民主化程度,从而选出人民群众满意的、高素质的人大代表。

我国1953年选举法没有规定实行差额选举。实践中主要采取经充分酝酿、讨论后,协商确定代表候选人,采取等额选举的办法。这是由当时国内、国际环境和客观条件决定的。党的

---

① 《邓小平文选》第三卷,人民出版社1993年版,第220—221页。

十一届三中全会后,我们总结历史的经验教训,根据新时期发展社会主义民主、健全社会主义法制的需要,于1979年修订选举法,规定各级人大代表一律由差额选举产生;同时,修订地方组织法,把差额选举制度扩大到地方国家机关领导人员选举。此后,经过1986年、1995年两次修改地方组织法,对差额选举制度作了进一步的发展、完善,使其成为我国选举制度的重要原则。与等额选举相比,差额选举具有以下优势:第一,差额选举本身具有竞争机制和淘汰的功能,有利于优秀人才脱颖而出;第二,差额选举使代表有了选择的余地,便于代表进行比较,真正按照自己的意愿好中选优,更加民主;第三,差额选举使当选者真正懂得权力来源于人民,有利于树立正确的权力观,增强责任意识、公仆意识;第四,差额选举的过程就是民主监督的过程,有利于当选者加强廉洁自律,消除腐败。

选举法根据直接选举和间接选举的不同特点,规定了不同的差额幅度。直接选举中,代表候选人数应多于应选名额的三分之一至一倍。间接选举中,代表候选人的人数应多于应选代表名额的五分之一至二分之一。这是因为,间接选举以选举单位进行,应选的代表名额比较多,差额比例小一些,也可以保证有一定的差额数,保证代表在投票时有充分的选择余地,同时可以避免因票数过于分散而导致不必要的重新选举和另行选举。在选举各级人大代表时,各选区或者选举单位都要严格按照法律规定的差额比例实行差额选举,不得以任何借口实行等额选举。否则,依照法律规定,选举是无效的。差额选举制度作为我国选举制度的一大特点,正在实践中不断丰富和发展。

五、实行无记名投票

又称秘密选举原则,即选票上不署投票人的姓名,投票人对候选人按照规定的符号表示赞成、反对或者另选他人。投票人在投票时,由自己亲自填写,而且可以在秘密写票处填写选票,并由自己亲自投进票箱。相对于记名投票,在无记名投票制度下,投票人不受外界的干扰,更有利于投票人按照自己的意愿进行投票,使选举的结果更加真实。

无记名投票作为我国选举制度的一项重要原则,经历了一个逐步确立的过程。早在新民主主义革命时期,中国共产党领导广大劳动人民群众在各革命根据地范围内,就曾开展过一系列民主选举活动。这个时期的投票表决采用过投豆、举手、画圈、投票等表决方式。1953年新中国第一部选举法根据当时的实际情况,采取了举手与投票并用的表决方式。当时之所以采取这样灵活的规定,是因为当时选民中文盲比例比较高,一律要求书面填写选票有困难。这样规定可以方便选民参加选举,提高参选热情,使选举更具有广泛的群众基础。随着社会主义民主政治的发展,特别是选民文化水平的提高,1979年选举法明确规定了无记名投票的方式,即投票选举代表,一律采用无记名投票方式,取消举手表决方式。至此,我国在投票方式上实行了完全的无记名投票方式。无记名投票原则的确立,标志着我国选举制度民主化程度的进一步提高。实行无记名投票,有助于选民或者代表在不受外界干扰和影响的情况下,更加自由地表达自己的意志,选举自己信任的人,使选举结果更加真实和公正。

为了进一步保障实行无记名投票原则，保证选民自由表达投票意愿，2010年修改选举法，增加了选举时应当设立秘密写票处的规定。主持选举的机构要做好选民写票的服务工作，投票人可以到秘密写票处写票。选民填写选票时，任何组织和个人都无权干涉，选举工作人员也不得干扰选民的写票行为，如观看选民写票，对选民填写选票作出暗示，指点选民投某位候选人的票，代写选票时不尊重或者违反选民意愿等做法，都是违背无记名投票原则的。

六、确保选举的公平和公正

人民代表大会制度是我国的根本政治制度，选举制度是人民代表大会制度的基础。人大代表选举，对于发展社会主义民主，保障人民当家作主，加强国家政权建设，具有十分重要的意义。为保障选民和代表自由行使选举权和被选举权，对于干扰破坏选举、影响选举公平公正的违法违纪行为，必须依法依纪追究责任，坚持发现一起、查处一起，绝不能姑息。破坏选举的行为主要包括：以金钱或者其他财物贿赂选民或者代表，妨害选民和代表自由行使选举权和被选举权的；以暴力、威胁、欺骗或者其他非法手段妨害选民和代表自由行使选举权和被选举权的；伪造选举文件、虚报选举票数或者有其他违法行为的；对于控告、检举选举中违法行为的人，或者对于提出要求罢免代表的人进行压制、报复。对破坏选举的行为，违反治安管理规定的，依法给予治安管理处罚；构成犯罪的，依法追究刑事责任。

近年来，党中央严肃查处湖南衡阳破坏选举案和辽宁拉票贿选案，保障选民和代表自由行使选举权和被选举权，坚决维护人大代表选举的公平公正。这几起案件涉及党员干部和人大代表人数多,性质严重,负面影响很大。2012年底到次年初,衡阳市召开第十四届人大第一次会议,共有527名市人大代表出席会议(另有2名代表请假),从93名代表候选人中,差额选举产生76名湖南省人大代表,事后查证,共有56名当选代表存在送钱拉票行为,涉案总金额高达1.1亿元,有518名衡阳市人大代表和68名工作人员收受钱物,平均每人收受20万左右。对此依法依规作出严肃处理:对56名送钱当选的省人大代表,依法确认当选无效,对5名未送钱物但存在严重失职行为的省人大代表,依法终止其代表资格。512名接受钱物的市人大代表辞去代表职务,另有6名因调离本行政区域已终止资格。辽宁拉票贿选案是新中国成立以来查处的第一起发生在省级层面、严重违反党纪国法、严重破坏党内选举制度和人大选举制度的重大案件。2013年1月,辽宁省十二届人大一次会议选举产生的102名全国人大代表中,有45名全国人大代表拉票贿选,参加投票选举的616名省人大代表中,有523人收受钱物。党中央高度重视辽宁拉票贿选案的查处工作,习近平总书记多次作出重要指示批示,要求进行彻查。根据案件事实和有关法纪规定,涉案人员受到严肃处理。2016年9月13日,全国人大常委会召开临时会议,依法确定45名拉票贿选的全国人大代表当选无效,由辽宁省人大常委会对523名收受钱物的辽宁省人大代表终止代表资格。鉴于523名收受钱物的辽宁省人大代表终止代表资格后,其中的省人大常委会组成人员的职务依法相应终止,辽宁省人大常委会因不足全体组成人员的过半数,无法召开常委会会议履行职责。全国人大常委会根据宪法精神和有关法律原则,决定成立辽宁省第十二届人大第七次会议筹备组,代行辽宁省人大常委会部分职权，负责筹备辽宁省十二届人大七次会议的相关事宜，坚决维护人民代表大会制度的权威和尊严。

1979年至2022年10月，我国已依法进行了12次乡级、11次县级和9次设区的市级以上的人大代表选举，这成为我国全过程人民民主的伟大成功实践。实践已经充分证明，我国人大代表选举的基本原则得到切实贯彻落实并不断完善，推动社会主义民主政治循序渐进地向前发展。比如，2018年初，五级人大换届选举结束。这次换届选举，涉及10.19亿多选民，共产生260多万人大代表，其中直接选举产生2477988名县乡两级人大代表。据统计，进行换届选举的2850个县（市、区），共有选区317321个，登记选民10.19亿人，占18周岁以上人口数的95.22％；选民参加投票的人数为8.89亿人，占登记选民的87.27％。进行换届选举的31799个乡（镇），共有选区881852个，登记选民7.27亿人，占18周岁以上人口数的95.80％；选民参加投票的人数为6.31亿人，占登记选民的86.69％。县乡两级人大换届选举成为人民群众直接参与社会主义民主政治建设的生动实践，充分展示了社会主义民主政治的强大生命力和优越性。2022年6月底，全国县、乡两级人大换届选举全面完成。31个省、自治区、直辖市直接选举产生2629447名县、乡两级人大代表，比上届增加151459名，增长6.11％。为贯彻落实党的十九届四中全会"适当增加基层人大代表数量"的要求，全国人大常委会修改选举法，将县级人大代表名额基数由120名提高至140名，乡镇人大代表名额基数由40名提高至45名。根据修改后的选举法，各省级、县级人大常委会分别重新确定了县、乡两级人大代表名额。各地在分配新增代表名额时，注重向基层群众、社区工作者等倾斜,其中县级人大代表名额重点由乡镇改设的街道倾斜,有针对性地解决了乡镇改设街道后基层群众政治参与度不足的问题。这次县、乡人大换届选举涉及10.64亿选民,是全过程人民民主最生动的实践。参加县级人大代表选举投票选民9.21亿人,占登记选民的86.49%;参加乡级人大代表选举投票选民6.23亿人,占登记选民的85.63%。县、乡两级一次选举成功选区分别占选区总数的99.80%和99.97%。这次换届选举共选出县级人大代表670563名、乡级人大代表1958884名,代表结构进一步优化,充分体现了先进性、广泛性和代表性。选出的县、乡两级人大代表中,一线工人、农民、专业技术人员等基层代表比例分别为52.53%和76.75%,比上届分别上升1.47和0.21个百分点;妇女代表比例分别为31.64%和32.36%,比上届分别上升3.23和4.34个百分点;少数民族代表比例分别为15.42%和17.18%;归侨代表依照法律规定得以保证。这次全国县、乡两级人大换届选举依法、安全、平稳、有序,广大选民热情高涨,选举环境风清气正,选举结果人民满意,彰显了中国特色社会主义民主政治的特点和优势。特别是2016年11月15日和2021年11月5日,习近平总书记两次以普通选民身份在中南海选区参加北京市的区人大代表选举投票,党中央其他领导同志在各自选区参加投票,这是人民代表大会制度生命力和优越性最为生动形象的展示。

第三章
人大代表工作逐步规范

习近平总书记鲜明指出，人民代表大会制度之所以具有强大生命力和显著优越性，关键在于它深深植根于人民之中，强调要更好发挥人大代表作用，使各级人大及其常委会成为同人民群众保持密切联系的代表机关。人大代表是人民代表大会的主体，代表人民的利益和意志参加行使国家权力，在国家政治生活中发挥重要作用。目前我国各级人大代表有260多万人，分布在全国各个地方、各条战线，根植于人民群众之中，并与人民群众保持着密切联系，是一支具有先进性、代表性和感召力的重要队伍。依法充分发挥各级人大代表的作用，通过他们真实地反映人民群众的意愿和要求，参与国家和地方大事的决策，并向人民群众宣传贯彻党的路线、方针、政策和宪法、法律、法规，成为有效地开展人大工作的重要途径和保证。因此，尊重代表主体地位，支持和保障代表依法履职，是人大工作保持生机和活力的重要基础。实践证明，哪里的人大代表工作开展得好，代表的权利与义务统一得好，那里的代表工作就发挥得好，群众的意见与呼声就能得到充分反映，那里的人大工作就有亮点和新意。中华人民共和国成立70多年特别是改革开放40多年来，随着我国人民代表大会制度的发展完善，代表制度和代表工作经历了从逐步健全规范到完善创新的发展历程。

一、代表工作的恢复和探索

党的十一届三中全会总结历史经验教训,提出了发展社会主义民主、健全社会主义法制,使民主制度化、法律化的任务。1979年7月五届全国人大二次会议通过关于修正宪法若干规定的决议和选举法、地方组织法的重新制定,1982年12月五届全国人大五次会议通过现行宪法和全国人大组织法,1987年11月全国人大常委会议事规则、1989年4月全国人大议事规则的制定,以及选举法、地方组织法的两次修改等,对人民代表大会制度进行了重大完善,也为人大及其常委会行使职权、为人大代表执行代表职务提供了必要的法律依据和制度保障。主要包括两个方面:一是关于全国人大代表。1982年宪法赋予全国人大代表提议案和对国务院或者国务院各部、各委员会质询案的权利,对全国人大代表模范遵守宪法和法律、同原选举单位和人民保持密切联系、接受原选举单位监督提出要求,对代表履职保障作出规定。同年通过的全国人大组织法,专设"全国人民代表大会代表"一章,对全国人大代表的任期、有关权利和义务、履职的司法保障和物质保障、罢免和补选等内容作出规定。二是关于地方人大代表。1979年通过的关于修正宪法若干规定的决议和地方组织法,对代表的质询权、履职保障、与原选举单位和人民群众的联系、撤换与补选等内容进行了规范,其中,新赋予代表在代表大会期间向法院、检察院提出质询的权利,丰富了对代表行使职权的司法保障和物质保障的规定。1986年修改的地方组织法,参照全国人大组织法的规定,对代表提议案、质询案、罢免案和提出询问等程序,以及代表在代表大会和常委会会议上的发言和表决不受法律追究等问题，作出具体规定。

这一阶段，根据宪法法律的规定，代表制度逐步建立健全，代表工作内容不断丰富，方式不断扩展，人大代表作用开始增强。主要体现在以下几个方面。

一是建立健全代表议案与建议制度。全国人大组织法区别了代表议案和代表建议，对代表议案和代表建议的处理程序予以明确：一个代表团或者30人以上的代表，可以向全国人大提出属于全国人大职权范围内的议案，由主席团决定是否列入大会议程，或者将议案先交有关的专门委员会审议，提出是否列入大会议程的意见，再决定是否列入大会议程；代表向全国人大或者全国人大常委会提出的对各方面工作的建议、批评和意见，由全国人大常委会的办事机构交由有关机关、组织研究处理并负责答复。从1983年6月六届全国人大一次会议开始，原来的全国人大代表提案变为代表议案和代表建议两类，标志着人大代表议案与代表建议制度正式建立。1989年通过的全国人大议事规则，对全国人大代表议案与建议办理作出进一步的详细规定。关于代表议案，增加规定主席团通过的关于议案处理意见的报告要印发会议；专门委员会审议的时候，可以邀请提案人列席会议、发表意见；代表议案可以在全国人大会议举行前提出。关于代表建议，增加规定在大会闭会之日起三个月内，至迟不超过六个月，予以答复；代表对答复不满意的，可以提出意见，由全国人大常委会办事机构交由有关机关、组织或者其上级机关、组织再作研究处理，并负责答复。

二是建立常委会联系代表制度。1987年6月，在总结各方面经验的基础上，六届全国人大常委会委员长会议原则批准了《关于全国人大常委会加强同代表联系的几点意见》。《意见》确定了由全国人大常委会和地方人大常委会共同联系全国人大代表的原则，就加强全国人大常委会同全国人大代表的联系、加强省级人大常委会同全国人大代表的联系、加强全国人大代表同选举单位和人民群众的联系、建立代表小组开展闭会期间活动等方面，作出了一系列具体的规定。全国人大常委会办公厅将《意见》发给各地参照试行，对加强常委会同代表、代表与人民群众的联系，起到了很好的作用。

邀请代表列席常委会会议，是常委会联系代表的一个重要形式。《意见》中第一次正式提出请代表列席常委会会议。实践中，从六届全国人大常委会第二十一次会议开始，每次全国人大常委会会议都邀请部分全国人大代表列席会议，逐渐形成制度并不断完善。1987年11月通过的全国人大常委会议事规则进一步明确规定，常务委员会举行会议的时候，各省、自治区、直辖市人大常委会主任或者副主任一人列席会议；必要的时候，可以邀请有关的全国人民代表大会代表列席会议。这就将代表和地方人大负责同志列席常委会会议制度写入了法律。

三是改进和完善代表视察工作。为便于全国人大代表联系群众、了解情况，更好地发挥参与管理国家事务的作用，全国人大常委会办公厅根据代表视察工作的经验，并征求一些省级人大常委会的意见，先后于1985年12月发出《关于改进全国人大代表视察办法的意见》、1987年7月发出《关于全国人大代表持视察证视察的意见》，将原来集中统一组织代表视察，改变为分散的、经常的视察与必要的集中视察相结合，要求人大代表一般在其工作、居住的地方进行经常性的视察，直接听取人民群众的意见和要求；对代表持证视察的方式、内容、单位、时间等作了比较灵活的规定，对当地人大常委会协助联系视察、安排约见地方政府负责人等提出要求,明确代表在视察中不直接处理问题,如有意见和建议可以书面提出,交地方人大常委会或全国人大常委会办公厅转有关部门研究处理。代表视察制度的完善,有力促进了代表视察工作的经常化、规范化。

二、代表工作的总结和规范

20世纪90年代,随着社会主义民主法治建设和人民代表大会制度的发展,对代表履行职责提出了进一步规范化、制度化的要求。1992年4月,七届全国人大五次会议通过的全国人民代表大会和地方各级人民代表大会代表法,根据宪法,结合我国国情,认真总结全国人大常委会和地方各级人大常委会代表工作和代表活动的基本经验,全面系统地规定了人大代表的权利和义务、履职的方式方法、履职保障等内容,使代表工作更加直接有法可依。主要包括以下几个方面。

一是明确代表的法律地位和作用。代表法根据宪法原则,规定各级人大代表是各级国家权力机关的组成人员,依照法律规定选举产生,代表人民的利益和意志,依法参加行使国家权力。这一新的规定,对于增强全社会对代表地位和作用的认识,激发代表依法履职的积极性和主动性,发挥了重要作用。

二是系统规定代表大会期间的工作。代表在大会期间的主要工作包括:出席本级人大会议;参加审议;向大会提出属于本级人大职权范围内的议案;参加本级人大的各项选举;审议各项议案和报告时可以向有关国家机关提出询问;依法向大会提出质询案;依法提出罢免案;提出建议、批评和意见。县级以上人大代表可以参加大会各项表决,依法提出组织特定问题调查委员会,全国人大代表可以依照宪法规定的严格程序提出宪法修正案。其中,全国人大代表在全国人大会议期间对最高人民法院和最高人民检察院提出质询案的规定,是代表法新增加的内容。

三是明确规范代表闭会期间的活动。代表法将实践中一些成熟的做法上升为法律条文,单列一章对代表在闭会期间的活动作了系统的规定。主要是:组成代表小组,开展活动;进行视察;应邀列席本级人大常委会会议和有关会议;采取多种方式听取和反映人民群众的意见;依法参加特定问题的调查委员会等。还明确规定,县级以上的各级人大常委会组织本级人大代表开展闭会期间的活动;县级以上的地方各级人大常委会受上一级人大常委会的委托,组织上一级人大代表开展闭会期间的活动,这进一步将共同联系人大代表制度从法律上确定下来。

四是全面充实代表执行代表职务的保障。第一,赋予人大代表言论免责权和人身权特殊保护。明确规定代表在人民代表大会各种会议上的发言和表决不受法律追究,限制人大代表人身自由要经人大常委会许可。第二,时间和物质保障。规定代表在本级人大闭会期间,参加本级人大或者其常委会安排的代表活动,代表所在单位必须给予时间保障;代表执行代表职务,其所在单位按照正常出勤对待,享受所在单位的工资和其他待遇。无固定工资收入的代表执行代表职务,根据实际情况由本级财政给予适当补贴。代表活动经费应当列入本级财政预算。第三,服务保障。规定县级以上的地方各级人大常委会,应当为本行政区域内的代表执行代表职务提供必要的条件;常委会的办事机构应当为代表执行代表职务提供服务。第四,法律责任。规定一切组织和个人都必须尊重代表的权利,支持代表执行职务。对有义务协助代表执行代表职务而拒绝履行义务的和阻碍代表依法执行代表职务,或者进行打击报复的,规定了相应的法律责任。

五是明确暂时停止执行代表职务和代表资格终止的情形。代表因刑事案件被羁押正在受侦查、起诉、审判的;被依法判处管制、拘役或者有期徒刑而没有附加剥夺政治权利,正在服刑的,暂时停止执行代表职务。除选举法规定的地方各级人大代表"迁出或者调离本行政区域的,其代表资格自行终止"外,增加规定代表辞职被接受的、未经批准两次不出席本级人大会议的、被罢免的、丧失中华人民共和国国籍的、依照法律被剥夺政治权利的,代表资格终止。

代表法的制定和实施,标志着我国各级人大代表工作进入了规范发展阶段。此后,选举法、地方组织法进一步修改和完善。这一阶段,全国和地方各级人大及其常委会依法做好代表工作,各级人大代表依法履行代表职责,并在实践中不断总结和规范,代表在现实生活中发挥的作用越来越大。

三、代表工作的加强和提高

随着我国经济社会和社会主义民主法制建设的发展,代表的构成、素质以及履职的环境等都发生了很大变化,代表履职出现了一些新情况、新问题。从人大代表结构的实际情况看,党政领导干部、企业家所占比例偏高,基层代表特别是工人、农民和知识分子代表偏少的情况比较突出。从履职情况看,有的代表对代表职务的性质地位认识不够到位,将其视为一种政治荣誉,没有充分认识代表的神圣责任和历史使命,履职不够积极主动;

有的代表对履职方式把握不够准确,没有严格依照法律的规定履职。同时,在一些地方,代表知情、知政得不到保障,依法履职缺乏必要的条件,在履职的时间、经费等方面存在一些困难,等等。这些问题影响了代表作用的发挥,需要及时对有关问题予以规范和明确。

全国人大常委会从2004年起就在改进代表议案、建议工作和规范代表在闭会期间活动等方面开展调查研究,进行新的探索。2005年5月中共中央转发《中共全国人大常委会党组关于进一步发挥全国人大代表作用 加强全国人大常委会制度建设的若干意见》即当年的9号文件,在认真调查研究、广泛听取各方面意见的基础上,对在新的历史条件下代表工作面临的一系列新情况的处理、新问题的解决,充分发挥人大代表作用,不断提升代表工作水平,具有里程碑式的意义。2005年中央9号文件从尊重代表主体地位出发,就如何充分发挥代表作用、增强代表工作实效作出了明确规定。主要包括:保障代表的知情权,为代表提供多方面信息,扩大代表对常委会活动的参与,为代表深入审议各项议案和报告创造条件;改进代表议案、建议办理工作,明确代表议案、建议的基本要求和范围,规范提出程序,提高处理质量;明确代表在闭会期间活动的内容、原则、形式,密切代表与人民群众的联系;为代表活动提供经费、时间保障和服务保证。中央9号文件的出台,为进一步支持、规范和保证代表依法履职,依法有序开展代表工作,提供了强有力的支撑。为贯彻落实好中央9号文件,全国人大常委会委员长会议和秘书长办公会议先后制定了《关于加强和规范代表活动的若干意见》、《全国人民代表大会代表议案处理办法》、《全国人民代表大会代表建议、批评和意见处理办法》、《关于全国人大代表学习培训工作的若干意见》等一系列配套工作文件,使代表工作进一步制度化、规范化、程序化。

为进一步保障和规范代表依法履行职责,充分发挥代表的作用,2010年10月28日,十一届全国人大常委会第十七次会议通过了关于修改代表法的决定。这次代表法的修改,遵循宪法和代表法的基本原则,总结各级人大及其常委会贯彻落实2005年中央9号文件精神的实践经验,重点对以下几个方面进行了修改完善:一是进一步明确人大代表的权利和义务。为便于代表全面、准确地了解自己的职责,增强代表的责任感和使命感,提高执行代表职务的积极性与主动性,对代表的权利义务集中作了明确规定,规定代表享有获得执行代表职务所需的信息和各项保障等权利,并从履行义务的角度对代表应具备的素质条件提出了要求,即代表应当自觉遵守社会公德、廉洁自律、公道正派、勤勉尽责。二是进一步细化人大代表的履职规范。为充分体现我国的人大代表都有各自的工作岗位,从事各自的职业的特点,要处理好执行代表职务与开展本职工作的关系,增加规定:代表不脱离各自的生产和工作;代表出席本级人大会议,参加闭会期间统一组织的履职活动,应当安排好本人的生产和工作,优先执行代表职务。并对代表出席会议、发表意见、提出建议以及参加闭会期间的活动提出了有针对性的要求。三是进一步加强对人大代表履职的保障。在保障代表的知情权,强化代表履职学习,完善代表人身权保护,加强代表建议、批评和意见的办理,加强代表履职的物质保障和组织服务保障等方面进行了修改完善。四是进一步强化对人大代表的监督。这次修改,规定代表应当采取多种方式经常听取人民群众对代表履职的意见,回答原选区选民或者原选举单位的询问,直接选举的代表要向原选区选民报告履职情况，接受监督；代表要正确处理从事个人职业活动与执行代表职务的关系，不得利用执行代表职务干涉具体司法案件或者招标投标等经济活动牟取个人利益。代表法的修改，对于进一步密切代表同人民群众的联系，保障代表依法执行代表职务，更好地坚持和完善人民代表大会制度，具有重要意义。

2005年中央9号文件出台后，代表法、选举法、地方组织法、全国人大常委会议事规则的进一步修改和完善，为加强和保证代表工作提供了更加有力的法律依据。这一阶段，建立健全支持、规范、保障人大代表依法履行职责的各项具体制度，进一步增强代表工作实效，逐步成为全国和地方各级人大及其常委会和人大代表的共识。代表工作在形式和内容上都取得了一些新的突破。一是代表议案和建议办理工作更加规范有效。通过加强信息服务保障工作，帮助代表提高议案和建议的针对性。在制定立法工作计划、法律案起草和审议等环节，认真研究并充分吸纳代表议案的内容。每次代表大会结束后召开代表建议交办会已成为工作制度，重点建议的办理与督办取得明显实效。从2005年开始，全国人大常委会会议听取和审议常委会办公厅关于代表建议、批评和意见处理情况的报告，并将报告印发全国人民代表大会。从2009年起，又建立起有关承办部门向常委会提交代表建议办理情况书面报告的制度。二是代表对常委会和专门委员会活动的参与进一步扩大。2009年修改了全国人大常委会议事规则，使代表列席常委会会议工作实现了机制化和规范化。实践中有针对性地邀请代表列席常委会会议，扩大代表对执法检查和立法调研等活动的参与，注重听取代表对常委会和专门委员会工作的意见建议。三是代表专题调研和集中视察活动制度化、规范化。代表调研和视察均委托省级人大常委会组织。从2005年起,每年年中组织全国人大代表开展为期一周的专题调研;每次代表大会前组织代表用一周左右时间,围绕改革发展稳定的重大问题和即将召开的代表大会议程开展集中视察,为参加大会审议、提出议案建议做准备。四是提高代表服务保障工作水平。大幅增加向代表寄送资料的范围和种类,为在京代表和港澳代表举办情况通报会并将书面材料印发全体代表,提前将有关法律草案和报告印发代表审阅,组织代表讨论。举办代表初任学习、履职培训班、专题学习研讨班、少数民族代表培训班,并不断扩大参加培训的代表人数。在31个省级人大常委会机关和解放军总政治部(现为中央军委政治工作部)、全国台联设立全国人大代表联络处,全面启动全国人大代表联络处工作。大幅增加全国人大代表活动经费,从十届之初的每人年均1200元逐步提高到5000元,香港、澳门和台湾全国人大代表闭会期间活动经费实行实报实销,保障代表闭会期间活动的正常开展。

四、代表工作的与时俱进、创新发展

党的十八大以来,在以习近平同志为核心的党中央坚强领导下,人大工作取得了历史性成就,全社会更加注重支持和保证人民通过人民代表大会行使国家权力。习近平总书记就支持和保障代表依法履职,密切国家机关同人大代表、人民群众的联系等多次作出重要论述、提出明确要求。党的十八届三中全会要求加强人大常委会同人大代表的联系,充分发挥代表作用;通过建立健全代表联络机构、网络平台等密切代表同人民群众的联系。2015年6月中共中央转发《中共全国人大常委会党组关于加强县乡人大工作和建设的若干意见》即当年的18号文件，提出了进一步加强和完善基层人大代表工作的要求。2015年8月全国人大常委会对地方组织法、选举法、代表法的修改，为在新形势下开展代表工作提供了更为完备的法律保障。2016年1月中共中央发出的《关于加强和改进人大代表、政协委员有关工作的通知》即当年的3号文件，又对人大代表的选举和履职管理监督工作等提出明确要求。2017年10月党的十九大要求"加强人民当家作主制度保障"，支持和保证人大依法行使职权，更好发挥人大代表作用，使各级人大及其常委会成为全面担负起宪法法律赋予的各项职责的工作机关，成为同人民群众保持密切联系的代表机关。这一阶段，人大代表工作站在一个新的历史起点深化和拓展，各级党委和国家机关特别是各级人大及其常委会进一步尊重代表主体地位、充分发挥代表作用，会议期间的代表工作进一步加强，闭会期间的代表活动进一步活跃，代表工作取得重大进展。

2015年6月，中共中央转发了全国人大常委会党组关于加强县乡人大工作和建设的若干意见（以下简称《若干意见》），这是新形势下党中央加强人大工作特别是县乡人大工作、推进社会主义民主法治建设的重要举措。《若干意见》用较大篇幅，对"加强同人大代表和人民群众的联系"进行了全面部署，在代表法规定的基础上，对县乡两级进一步健全代表制度、做好代表工作、发挥人大代表作用，提出了许多明确、有力的措施。一是继续健全联系制度。完善代表联系群众制度，建立健全代表联络机构，搭建代表履职服务网络平台，推动代表联络机构面向选区公开代表基本信息。通过多种方式，畅通社情民意表达和反映渠道。建立健全县级人大常委会组成人员联系本级人大代表的工作机制;"一府两院"要加强同本级人大代表的联系;政府研究出台重大工程项目或者涉及民生的重大举措,应当听取代表的意见建议;代表依法提出约见有关国家机关负责人的,县乡人大应当及时进行联系和安排。二是提高人大代表议案建议办理质量。健全县级人大常委会主任、副主任和乡镇人大主席、副主席督办重点建议机制;督促"一府两院"加强与代表的沟通协调,积极推动解决问题;向社会公开代表议案建议的提出和办理情况,并安排听取审议有关承办单位办理工作情况的报告。三是提高代表履职服务保障和经费保障。乡镇人大主席、副主席依法做好联系代表、组织代表活动的各项任务;县级人大常委会组织好县乡两级人大代表学习培训工作,省市级人大常委会要加强对代表培训工作的指导和督促,积极推进建立代表远程培训学习平台。各地根据实际情况,合理确定和调整代表活动的经费标准。四是加强人大代表履职监督。健全代表述职制度,组织代表定期向原选区选民报告履职情况,回答询问、接受监督。建立代表履职档案并逐步向社会公开;探索建立代表履职激励机制,建立健全不称职代表退出机制。加强代表思想、作风建设。

2015年8月,十二届全国人大常委会第十六次会议通过了关于修改地方组织法、选举法、代表法的决定,重点落实党中央的要求,从法律上、制度上着力解决基层人大依法履行职责、发挥作用以及代表选举工作中存在的突出问题。涉及代表工作的,主要包括:一是增加规定县级人大代表列席专门委员会会议;乡镇人大代表根据乡镇人大主席团的安排开展视察、调研等活动,乡镇人大代表参加视察、专题调研活动形成的报告,由乡镇人大主席团转交有关机关、组织研究处理。二是增加规定代表建议、批评和意见办理情况的报告应当予以公开。三是增加规定县级人大常委会和乡镇人大主席团应当定期组织本级代表向原选区选民报告履职情况。

全国人大常委会和地方各级人大常委会按照党中央部署要求,认真贯彻《若干意见》精神,全面贯彻实施代表法等法律规定,服务、保障和支持人大代表依法履职,人大代表的主体作用得到更好发挥。一是国家机关同人大代表的联系大大加强。二是代表与人民群众的联系日益密切。三是代表议案审议和建议办理的实效进一步增强。四是代表服务保障工作水平不断提高。五是代表思想政治作风和素质能力建设扎实推进。

十三届全国人大常委会高度重视代表工作,提出尊重代表主体地位、更好发挥代表作用是坚持和完善人民代表大会制度的必然要求,是人大工作保持生机和活力的重要基础。2021年修改全国人大组织法,根据实践发展增加规定:全国人大常委会和各专门委员会、工作委员会应当同代表保持密切联系,听取代表的意见和建议,支持和保障代表依法履职,扩大代表对各项工作的参与,充分发挥代表作用;全国人大常委会建立健全常务委员会组成人员和各专门委员会、工作委员会联系代表的工作机制。同时,完善代表建议办理工作机制,增加规定:对全国人大代表提出的建议、批评和意见,有关机关、组织应当与代表联系沟通,充分听取意见,认真研究办理,及时予以答复;负责办理代表建议、批评和意见的有关机关、组织应当及时向代表反馈办理情况;全国人大有关专门委员会和常务委员会办事机构应当加强对办理工作的督促检查;代表建议、批评和意见办理情况的报告,应当予以公开。这些规定总结了本届全国人大常委会代表工作的经验做法,有利于加强和改进代表工作,对于尊重人大代表主体地位、践行全过程人民民主意义重大。

改革开放40多年来我国人大代表制度的完善发展和代表工作的持续加强,体现了我国人民当家作主的国家性质,体现了我们党坚持人民主体地位、发展人民民主的不懈努力。坚持和完善人民代表大会制度,必须进一步完善代表制度,不断加强和改进代表工作,更好发挥人大代表作用,使各级人大及其常委会真正成为同人民群众保持密切联系的代表机关,更好地支持和保证人民通过人民代表大会行使国家权力。

第四章
人大代表职务保障不断健全

支持和保障代表依法执行职务、充分发挥代表作用，是尊重人民当家作主权利的重要方面，也是坚持和完善人民代表大会制度的重要内容。1992年通过的代表法对人大代表制度进行了全面系统的规定，使人大代表工作走上制度化、规范化的轨道。2005年和2015年，中共中央先后转发了中共全国人大常委会党组关于进一步发挥全国人大代表作用加强常委会制度建设的若干意见、关于加强县乡人大工作和建设的若干意见，对加强和改进代表工作作出部署安排。贯彻落实党中央决策部署，全国人大常委会于2010年、2015年对代表法作出两次重要修改。全国人大和地方各级人大积极创新代表工作机制，不断加强和改进代表工作，使代表作用得到更好发挥，为保证人民代表大会制度有效运转、不断提高人大工作水平发挥了重要作用。其中，人大代表的人身特殊保护制度借鉴国际经验、富有中国特色，可以从一个侧面反映我国代表制度建立、运行、完善的历程。

一、西方国家议员人身特殊保护制度的起源、发展和现状

（一）议员人身特殊保护制度的起源

议员的人身特殊保护，是相对于公民的人身自由保护而言

的。公民的人身自由保护主要是指公民的人身自由不受侵犯，住宅和人格尊严不受侵犯，未经法定程序不得被剥夺、限制人身自由。议员作为公民中的一员，享有普通公民的人身保护；但议员同时还是议会的组成人员，承担立法、监督等重要职能，其人身自由不受侵犯还要受到特殊的保障，即对议员进行拘留、逮捕、审判，除了遵守一般的刑事程序外，还要遵守议会许可的特别程序。世界上不少国家的宪法都规定了这一制度。议员人身特殊保护制度是在资产阶级议会同封建专制君主的斗争中产生的。此后，随着西方资本主义国家阶级矛盾在一定程度上得到缓和，议员人身特殊保护制度的政治意义和作用逐渐变化。一些学者认为，这一制度的形式意义已经越来越大于实质意义。

议员人身特殊保护制度最早起源于英国。英国的议会是由封建时期的等级会议演变而来的。在等级会议逐渐演变为代议机关之后，随着资产阶级经济实力的增强，议会逐渐成为资产阶级同封建势力争夺权力的阵地。议会通过不断斗争，逐步取得了决定征收国家赋税和制定法律的权力。然而，国王的权力仍然很大，议会并不能限制国王的专横。代表封建势力的国王经常粗暴地干涉议会活动，打击敢于批评国王和王室的议员，有时甚至带兵冲入议会逮捕议员，导致议员的言论和人身都得不到保障。如1397年，一位议员因提出减少王室经费的议案，而被国王以叛逆罪判刑。经过反复斗争，资产阶级在1688年"光荣革命"之后与封建势力妥协，建立了君主立宪政体。为了继续同封建专制势力作斗争，巩固斗争成果，同时体现议会权威，资产阶级将言论免责作为议员的一项重要权利写进了1689年议会通过的《权利法案》，避免议员因发表抨击封建势力的言论而受到起诉和迫害。随着资产阶级力量的进一步增强和巩固，言论方面的特殊保障逐渐延伸到人身方面，议员在议会开会期间以及议会开会之前和之后的40天内有不受逮捕的特权，也被作为一项宪法惯例肯定下来。一开始，这项特权仅限于民事方面，如议员有刑事犯罪行为，仍可以被逮捕，但必须立即通知议会并附具理由。到了1770年，议会特权法才进一步明确规定，凡在议会内对议员采取司法行动者皆犯有藐视议会罪。在英国，至今还保留着国王未经允许不得进入议会大厦的传统。

由于封建势力长期在行政机构、司法机构和地方政权中占据重要的地位，因此在英国资产阶级同封建势力作斗争的过程中，议员的言论免责和人身特殊保护起到了很重要的作用。正是因为议员没有了后顾之忧，才会毫无顾忌地在议会中发言、辩论，与封建专制势力作斗争；资产阶级也以议会为阵地不断扩大自己的政治影响力，逐步蚕食封建势力的政治特权，最终顺利取得了政权，巩固了君主立宪制。

(二) 议员人身特殊保护制度的发展

随着时代的发展，议员人身特殊保护制度的职能也在发生变化。在这一制度确立的初期，主要目的在于确保议员不受封建势力的干扰和迫害，保证议会正常运作，不断同封建专制势力作斗争。但随着资产阶级取得政权，这一制度的形式意义渐渐大于实质意义，主要用来确认议员作为选民代表的法律地位，保证议员行使职权的连续性，维护议会的地位和尊严，从而保障资产阶级国家机器的正常运转，并维护其统治。

发源于英国的议员人身特殊保护制度对其他资本主义国家产生了深远的影响，不少国家的宪法都相继肯定了这一制度，但由于国情不同，历史传统不一样，对议员人身特殊保护的程度也各不相同,保护的方式各有特色。

关于人身特殊保护的范围。绝大多数国家对议员提供的人身保护限于刑事方面,但保护的具体范围差异很大:有的国家规定议员不受逮捕,如日本、美国;有的国家规定议员不受逮捕或拘禁,如韩国;有的国家规定议员不受逮捕或起诉,如越南、法国;有的国家规定议员不得被逮捕、审判或者搜查,如意大利。

还有不少国家对议员的特殊人身保护作了一些限制。从犯罪的时间看,有的国家规定,现行犯不受人身特殊保护,如韩国、法国等;有的国家规定,现行犯和犯罪次日被拿获者不受人身特殊保护,如德国等。从犯罪的内容看,有的国家规定,犯叛国罪、重罪和妨害治安罪的议员不受人身特殊保护,如美国等;有的国家规定,实施了可被判处重刑的犯罪的议员,不受人身特殊保护,如葡萄牙等。

关于特殊人身保护的期限。有的国家规定,在议员任期内,无论是开会期间还是闭会期间,都享有人身特殊保护权,如西班牙、希腊、越南、法国等。有的国家规定,在议会开会前后或往返途中和开会期间,议员享有人身特殊保护权,如美国、英国、挪威等。

关于特殊人身保护的程序。绝大多数国家宪法都规定,对议员采取限制人身自由措施,必须经过议会的许可或同意。有的国家还区分开会期间和闭会期间,分别规定对议员采取限制人身自由措施的批准程序。如法国宪法规定,除法定情形外,议员在会议期间非经所属议院许可,在闭会期间非经所属议院秘书厅许可,不受逮捕。

还有一些国家规定了一些特殊程序。如俄罗斯宪法规定,经国家总检察长提议,并经联邦议会相应院同意,可以剥夺议员的人身特殊保护权。白俄罗斯、西班牙、挪威等国的宪法规定,对议员的审判要由最高法院或者其他高级法院进行。日本、韩国的宪法规定,议会可以要求司法机关释放在开会前被逮捕的议员。法国、德国的宪法规定,在议院提出要求时,有关机构应当中止对议员采取的拘留、追诉或其他限制人身自由的措施。

(三)议员人身保护制度的现状

二战以后,西方主要资本主义国家经过一段时间的恢复重建和战后经济的起飞,阶级矛盾在一定程度上得到了缓和,政治上进入了平稳期。议员人身特殊保护制度的政治意义和作用也发生了变化,逐渐成为资产阶级各派政治势力协调利益和调和矛盾的手段。

由于绝大多数议员候选人都是职业政治家,必须能够代表、维护政党和利益集团的形象和利益,必须具备较高的个人素质,并且还要经过所属政党的严格遴选和激烈竞选,因此当选之后鲜有出现犯罪行为。另外,由于西方主要资本主义国家都建立了一套比较完整、系统和公正的司法体系,很少发生议员被打击报复的情形,执法机关只有在掌握比较充分证据的前提下,才会对议员采取限制人身自由措施。因此,议员人身特殊保护制度的形式意义越来越大于实质意义。

但在实行两党制或多党制的国家,政党之间的竞争十分激烈,斗争也很残酷。议员的人身特殊保护制度有时成为政党斗争中的挡箭牌,导致越来越多的学者和民众将之视为议员的一种"法外特权"。比如,在议会中占据多数的政党,为了保护本党议员,就会利用议员的人身特殊保护制度,作出不同意逮捕议员的决定,使议员免于被逮捕和起诉。如1954年4月15日,东京地方检察署怀疑众议员荒木万寿夫在造船贪污案中有受贿行为，向众议院提出请求准予逮捕荒木万寿夫的报告。由于此案牵涉到许多自由党议员，特别是涉及首相吉田茂的亲信、自由党干事长佐藤荣作，如果同意逮捕荒木万寿夫，佐藤荣作也将被逮捕。为了保护佐藤荣作进而保护吉田茂内阁和自由党，自由党一方面依靠在众议院拥有的多数优势作出不同意逮捕荒木万寿夫的决定；另一方面，吉田茂首相指示法务大臣犬养健对检察总长动用"指挥权"，发出"不得逮捕佐藤荣作"的命令，从而把佐藤荣作保护了起来。

二、我国人大代表人身特殊保护制度的建立和发展

我国人大代表的人身特殊保护，经历了曲折的发展过程。1954年3月23日，中共中央提出的宪法草案初稿第三十三条规定："全国人民代表大会的代表，除现行犯外，非经全国人民代表大会或者全国人民代表大会常务委员会许可，不得逮捕或者审判。如果代表因为是现行犯被捕的时候，必须立即把逮捕理由报告全国人民代表大会或者全国人民代表大会常务委员会请求批准。"在讨论中，各方面对这一条主要提出了以下意见。第一，建议明确现行犯被当场逮捕时，不需要许可，只需要立即把逮捕理由报告全国人大或全国人大常委会请求批准。第二，建议将"不得逮捕或者审判"修改为"不得扣留、逮捕或者审判"。第三，建议增加规定："全国人大或全国人大常委会不予批准的应即释放。"第四，初稿中的"不得逮捕或者审判"，可以有两种解释：一是全国人大的代表不得被逮捕或者审判；二是全国人大的代表不得逮捕或者审判他人。建议作修改，避免有歧义。第五，

建议明确"现行犯"的范围。第六，建议明确全国人大代表犯了错误而受到行政处分时，是否要向全国人大或者全国人大常委会请示批准。第七，建议加强对地方各级人大代表的保障，补充规定本条适用于地方各级人大的代表。第八，建议不作这一规定。理由：一是代表也是公民，宪法草案初稿有关公民的基本权利和义务中已经规定公民有言论自由、人身自由不受侵犯、住宅不受侵犯。二是好像全国人大代表多一层特权和保障，似无必要。三是选代表要选好的，不会有现行犯。第九，这一规定与宪法草案初稿第七十八条"公民在法律上一律平等"的规定有抵触嫌疑。

1954年9月20日，第一届全国人大第一次会议通过的宪法，将宪法草案初稿第三十三条调整为第三十七条，具体规定是："全国人民代表大会代表，非经全国人民代表大会许可，在全国人民代表大会闭会期间非经全国人民代表大会常务委员会许可，不受逮捕或者审判。"在同一天，第一届全国人大第一次会议通过的全国人大组织法有关这方面的内容作了这样的规定："全国人民代表大会代表非经全国人民代表大会许可，在全国人民代表大会闭会期间非经全国人民代表大会常务委员会许可，不受逮捕或者审判。如果代表因为是现行犯被拘留，执行拘留的机关必须立即报请全国人民代表大会或者全国人民代表大会常务委员会批准。"9月21日，第一届全国人大第一次会议通过的地方各级人大和地方各级人民委员会组织法，对有关地方人大代表的人身"免捕权"作了这样的规定："地方各级人民代表大会代表在出席人民代表大会会议的期间，非经主席团同意不受逮捕或者审判，如果代表因为是现行犯被拘留，执行拘留的机关必须立即报请主席团批准。"这里对乡级人大代表与县级以上地方各级人大代表实行同等保护。由此可见,1954年宪法、1954年全国人大组织法、1954年地方组织法充分考虑吸收了各方面在讨论宪法草案过程中提出的意见。

这一制度在新中国成立初期是认真执行的。这里有两个例子。第一个例子是关于第一届全国人大代表胡风①。"胡风反革命集团案"是20世纪50年代发生在文艺领域的一场重大冤假错案。1978年十一届三中全会后,中央为胡风恢复名誉;1980年9月29日,中央为胡风平反;1988年6月18日,中央为胡风彻底平反。尽管这是一场冤案,但当时,由于胡风是全国人大代表,享有人身特殊保护权,对他的逮捕和审判从程序上看还是慎重的。1955年5月18日,第一届全国人大常委会先召开了第十六次会议,通过了关于准备召集第一届全国人大第二次会议的决议等几个文件。会议结束后,紧接着宣布召开一次全国人大常委会秘密会议。这次秘密会议根据最高人民检察院张鼎丞检察长的请求,依照宪法第三十七条的规定,作出了批准将胡风逮捕审判的决定。1955年7月16日下午,第一届全国人大第二次会议举行全体会议,全国人大常委会作工作报告,向代表报告了批准逮捕胡风一事。7月18日的《人民日报》全文刊登了全国人大常委会工作报告。这样,在全国人大常委会作出批准逮捕胡风的决定的两个月后,向社会公开了这一决定。第二个例子是关于第一届全国人大代表毕鸣岐。毕鸣岐曾任全国工商联副主任委员、民建中央常委、天津市副市长、政协副主席,1957年被错划为右派分子,在"文化大革命"中遭受残酷迫害,

---

① 参见阚珂:《人大代表"免捕权"制度的历史演进》,载《中国人大》2015年第14期,第47—49页。

1971年含冤逝世。1978年,天津市委为他平反,彻底恢复名誉。1957年10月11日,天津市中级人民法院就全国人大代表毕鸣岐在一起民事案件中被起诉是否可以传讯审判一事,专门向全国人大常委会请示。全国人大法案委员会讨论认为,我国宪法第三十七条的规定,在于保护全国人民代表大会代表的人身自由不受侵犯,以便利其执行代表职务。但民事案件并不涉及限制人身自由问题,因而不属于宪法第三十七条规定的范围。毕鸣岐代表因民事纠纷被诉,法院可以依法传唤,无须经过全国人民代表大会常务委员会许可。1957年11月6日,第一届全国人大常委会第八十三次会议审议通过了这一答复意见,确认我国宪法第三十七条中的"审判"不包括民事审判。

但这一制度在"文化大革命"中遭到极大的破坏。身兼全国人大代表的部分党和国家领导人以及54位常委会委员,被诬陷为"特务"、"叛徒"、"反革命修正主义分子、走资派、三反分子",未经全国人大常委会的许可就被限制、剥夺了人身自由。1975年宪法删去了关于人大代表人身特殊保护的规定。1978年宪法由于受历史条件和认识水平的限制,也未能恢复这一规定。

1978年12月党的十一届三中全会召开后,全国人大紧迫的工作是为恢复和重建国家机构提供法律依据。这样,在六个月后的1979年7月就通过了修改后的地方组织法,它规定县级以上地方人大设立常委会,同时,将同意逮捕、审判或者批准拘留县级以上地方人大代表的机关,由代表大会主席团修改为人大常委会。另外,取消了乡级人大代表的人身"免捕权"。这是1954年以来地方人大代表人身"免捕权"制度的首次变化。

1982年12月修改的宪法和通过的全国人大组织法,对1954年规定的全国人大代表的人身"免捕权"制度作了三个方面的修改：一是把在全国人大会议期间，逮捕或者审判代表的许可权，由代表大会行使修改为由代表大会主席团行使，这样，既便于操作，又能保障代表依法执行职务；二是把"审判"修改为"刑事审判"；三是把对代表执行拘留的"机关"明确为"公安机关"。这是1954年以来对全国人大代表人身"免捕权"制度的第一次修改和细化。

1986年修改地方组织法，对1979年通过的地方组织法有关地方人大代表的人身"免捕权"的规定作了修改，这样就使县级以上的地方各级人大代表的人身"免捕权"制度，与全国人大代表的人身"免捕权"制度完全一致了起来，具体可这样表述：县级以上的各级人大代表，非经本级代表大会主席团许可，在本级人大闭会期间，非经本级人大常委会许可，不受逮捕或者刑事审判。如果因为是现行犯被拘留，执行拘留的公安机关应当立即向本级代表大会主席团或者人大常委会报告。

1992年通过的代表法在上述人大代表人身"免捕权"制度的基础上作了两个方面的补充：第一个方面，对县级以上的各级人大代表，如果被采取法律规定的其他限制人身自由的措施（如行政拘留、监视居住、司法拘留、劳动教养等），应当经该级代表大会主席团或者人大常委会许可。第二个方面，乡级人大代表，如果被逮捕、受刑事审判，或者被采取法律规定的其他限制人身自由的措施，执行机关应当立即报告乡级人大。这第二个方面的补充，与1954年地方组织法的相关规定进行比较，有两点不同：一是，代表如果被采取限制人身自由的措施，由原来的须事前"经同意"改为事后"报告"；二是，代表人身特别保护的范围，由原来"被逮捕、受刑事审判"，增加了"被采取法律规定的其他限制人身自由的措施"。

三、我国人大代表人身特殊保护制度的特点和优势

与西方资本主义国家议员的人身特殊保护制度相比，我国人大代表的人身特殊保护制度有几个鲜明的特点和优势：

第一，保护层级全面。与许多西方国家仅有一级或者两级议员享有人身特殊保护不同，我国的全国、省（区、市）、市、县、乡镇五级人大代表都享有人身特殊保护权，但采取的程序有所不同。县级以上的各级人大代表如果被逮捕、受刑事审判，或者被采取法律规定的其他限制人身自由的措施，应当经该级人大主席团或者常委会许可；乡镇人大代表如果被逮捕、受刑事审判，或者被采取法律规定的其他限制人身自由的措施，执行机关应当立即报告乡镇人大。

第二，保护范围广泛。与许多西方国家仅规定议员未经议会许可不受逮捕或刑事审判不同，我国县级以上的各级人大代表，除非是现行犯被拘留，未经许可，享有不受逮捕、刑事审判或者法律规定的其他限制人身自由的措施的权利。

第三，保护期限延伸。与许多西方国家议员只在会议期间、开会前后的一段时间或者往返途中享有人身特殊保护不同，我国各级人大代表只要在任期内，无论是在会议期间，还是闭会期间，都享有人身特殊保护权。

四、我国人大代表人身特殊保护制度实施中的问题

我国人大代表人身特殊保护制度对于保障代表依法行权履职，防止有关机关和个人对代表的发言和表决进行法律追究，或

者对代表执行职务的行为打击报复,保证国家权力机关正常运转,维护国家权力机关的威信和尊严,起到了重要作用。但随着我国经济社会和社会主义民主法制建设的发展,代表的构成、素质以及履职的环境、条件等都发生了很大变化,这一制度在实践中也遇到了一些问题。2010年,作者参加了代表法的修改工作。在地方调研过程中,各方面对人大代表人身保护制度的意见和建议主要集中在以下几个方面。

第一,许可的标准。对该问题,目前有三种不同的观点。第一种观点认为,人大只能进行程序性审查,即审查有关机关对人大代表采取限制人身自由的措施或者刑事审判在程序上是否合法,不必审查该代表是否构成犯罪。第二种观点认为,人大应当作实体性审查,即审查该代表是否真正涉嫌犯罪或者有其他违法犯罪行为,否则可能造成错案或者代表被打击报复。第三种观点认为,人大决定是否许可,应当审查有关机关对代表采取限制人身自由的措施或者刑事审判是否干扰代表正常履职、妨碍人大会议正常召开,或者对代表执行职务打击报复等。

第二,许可的期限。现行法律没有规定人大收到有关机关的请示后,应当在多长时间内作出许可决定。为了提高司法机关的办案效率,防止犯罪嫌疑人串供、销毁证据等,相关部门建议明确,对有关机关提请对代表采取逮捕措施的,人大主席团或者常委会应当在三天内作出是否许可的决定。

第三,闭会期间的许可。一些地方提出,按现行法律规定,有关机关对代表采取限制人身自由的措施,应当提请该级人大常委会许可。但如果遇到常委会闭会,操作起来有一定难度。目前不少地方都采取由主任会议先行许可再提请常委会会议确认的方式。但也有一些同志认为,这种方式虽然解决了实际问题,但目前还缺乏法律依据。从理论上讲,主任会议许可之后报常委会会议确认时,常委会有可能确认,也有可能不确认。如果常委会不确认主任会议的许可,有关机关对代表采取限制人身自由的措施就是违法的。

第四,"法律规定的其他限制人身自由的措施"的范围。一些地方提出,实践中,对于"法律规定的其他限制人身自由的措施"具体包括哪些,不够明确。根据全国人大常委会法工委的答复,对人大代表采取拘传、取保候审、监视居住等刑事强制措施,以及行政拘留、劳动教养等剥夺、限制人身自由的行政处罚和行政强制措施属于"法律规定的其他限制人身自由的措施"。建议在代表法中进一步予以明确,以便于执行。

第五,对许可决定能否复议或者复核。有些部门和地方提出,对人大作出的许可或者不许可决定,如果司法机关认为不正确,能否要求复议或者复核,现行法律没有规定,建议予以明确。如果发生人大不许可的情况,公安机关可以变更强制措施,待侦查收集充分证据后,再次提出复议请求。对复议请求不许可的,如果事实清楚,证据确凿充分,确有逮捕必要的,可以向上一级公安机关报告,由上一级公安机关提请其同级人大审查。上级公安机关认为该涉嫌犯罪的人大代表确有逮捕必要时,可向同级人大常委会汇报,并根据地方组织法第44条第7项的规定,提请本级人大常委会撤销下级人大常委会不予许可逮捕的决定。

第六,对身兼几级代表的许可。有的地方建议明确有关机关对身兼几级代表的人大代表采取强制措施的,应由几级人大分别审查许可,还是由最高一级人大审查许可后通报下级人大。

第七,对乡镇人大代表的人身特殊保护。一些地方提出,对乡镇人大代表采取强制措施的，只需向乡镇人大"报告"，不需要"许可"，存在人大代表人身特殊保护权利的不平等。另外，乡镇人大闭会期间没有常设机构，无法接受报告，建议从法律上予以完善，赋予乡镇人大主席、副主席，或者临时召集的主席团接受报告的职责。

第八，对代表人身特殊保护的范围。有的同志提出，宪法仅对全国人大代表（不超过3000名）的人身特殊保护作了规定，而地方组织法、代表法将其延伸到各级人大代表（目前约为270万）；同时，这一制度不仅适用于会议期间，还适用于闭会期间。与一些国家相比，我国对代表人身特殊保护的范围过于宽泛。从现实情况看，司法机关对代表采取限制人身自由的措施或者刑事审判，主要是由于代表本身从事的职业活动或个人行为，基本上不存在因代表履行职责而对其实施打击报复的情形。在此情况下，对代表的人身特殊保护，实际上变成了代表的特权。在目前代表构成多元化的情况下，个别素质不高的代表把代表身份和法律规定的对代表的人身特殊保护，当成个人经商、办企业的保护伞。有的地方受地方保护主义的影响，对外地司法机关提出的对本地代表采取限制人身自由措施的要求，不予许可或者长时间拖延，影响了刑事案件的正常处理。

五、我国人大代表人身特殊保护制度的进一步完善

2010年修改代表法，在人大代表人身特殊保护制度方面，积极回应各方面的意见和建议，又增加规定：代表大会主席团或者常委会受理有关机关依照代表法规定提请许可的申请，应当审查是否存在对代表在人大各种会议上的发言和表决进行法律追究，

或者对代表提出建议、批评和意见等其他执行职务行为打击报复的情形,并据此作出决定。这是对代表的人身自由保护许可程序的完善。根据修改后的代表法,我国的人大代表人身特殊保护制度进一步完善。主要包括以下几个方面。

第一,县级以上的各级人大代表如果涉嫌犯罪,需要予以逮捕或者刑事审判,在人大会议期间,必须事先报经大会主席团许可;在大会闭会期间,必须事先报经人大常委会许可。大会主席团或者常委会不同意逮捕或者刑事审判的,有关机关不能对该代表进行逮捕和刑事审判。

对于现行犯,采取事后报告的制度。因为现行犯是正在预备犯罪、实施犯罪或者在犯罪后即时被发现的犯罪嫌疑人,需要立即予以拘留。如果因为代表是现行犯被拘留,来不及报请许可的,执行拘留的机关应当立即向该级人大会议主席团或者常委会报告。大会主席团或者常委会认为拘留不当或者影响国家权力机关正常运转的,执行拘留的机关应当立即予以释放。

第二,有关机关如果对县级以上的各级人大代表采取除逮捕和刑事审判以外、法律规定的其他限制人身自由的措施,如行政拘留、监视居住、取保候审、司法拘留、劳动教养等,也应经过该级人大主席团或者常委会的许可。因为这些措施与逮捕、刑事审判一样,同样会影响到代表执行代表职务。

第三,关于审查许可申请的标准。考虑到赋予代表人身自由特殊法律保护权的初衷,是防止有关机关和个人对代表的发言和表决进行法律追究,或者对代表执行职务的其他行为打击报复,因此,人大主席团或者常委会受理有关机关提请许可的申请后,应当审查是否存在对代表在人大各种会议上的发言和表决进行法律追究,或者对代表提出建议、批评和意见等其他执行职务行为打击报复的情形,并据此作出决定。明确审查许可申请的标准,有利于进一步保障代表依法行权履职,保证国家权力机关正常运转,维护国家权力机关的权威。

第四,乡级人大代表与县级以上各级人大代表的人身自由特殊法律保护的规定有所不同,即乡级人大代表如果被逮捕、受刑事审判,或者被采取法律规定的其他限制人身自由的措施,执行机关应当立即报告乡级人大,但不必经其批准或者许可。这里采取的是事后通报制,而不是事前许可制。

宪法和法律规定人大代表享有人身自由特殊法律保护的权利,其目的在于保证人大代表依法执行代表职务,防止对代表进行打击报复。这是我国根本政治制度在代表地位上的具体体现,有关机关应当认真保护这一权利,严格按照法律的规定提请许可或者及时报告。人大代表享有人身自由特殊法律保护权,但并不意味着代表是特殊公民,有超越法律之外的特权。代表如果有违法犯罪行为,同样要受到法律的制裁。因此,人大代表要格外珍惜这一权利,模范遵守宪法和法律,认真履行职责,不辜负人民的重托,努力完成自己的历史使命。

第五章
国家政权建设不断加强

国家政权体系的组织和建设，是人民代表大会制度的重要内容。中华人民共和国成立70多年以来，我国政权建设经历了长期曲折的发展。改革开放40多年来，全国人大及其常委会制定和修改完善一系列相关法律，通过有关决议决定等，明确各国家机构的相互关系，规范各国家机构的组织、职权和工作制度，国家政权建设取得显著成就。

一、国家政权建设的发展历程

1949年9月，中国人民政治协商会议第一届全体会议通过了中国人民政治协商会议共同纲领和中央人民政府组织法。共同纲领具有临时宪法作用，确立了中华人民共和国的国家性质和政权制度，明确规定中华人民共和国的国家政权属于人民。人民行使国家政权的机关为各级人民代表大会和各级人民政府。各级人民代表大会由人民用普选方法产生之。各级人民代表大会选举各级人民政府。由此确立了我国的根本政治制度是人民代表大会制度，构建了以人民代表大会为基础的政权体系。同时通过的中央人民政府组织法规定了我国中央国家政权机关的组织与活动。同年，中央人民政府委员会和政务院通过制定县各界人民代表会议组织通则、省各界人民代表会议组织通则、市各界人民代表会议组织通则和政务院及其所属各机关组织通则等,初步建立起各级国家政权。

1953年2月,中央人民政府委员会第22次会议讨论通过了全国人民代表大会及地方各级人民代表大会选举法,正式确立了我国的选举制度,规定了普遍、平等、直接选举与间接选举相结合的人大代表选举原则。在此基础上进行了中国历史上第一次全国范围内规模空前的普选,自下而上逐级召开了人民代表大会会议,产生了各级国家政权机关,从而为我国各级国家政权机关奠定了法律基础和组织基础。

1954年9月,第一届全国人大一次会议通过了中华人民共和国宪法,以国家根本大法的形式,对人民代表大会制度作出了全面系统的规定,规定了国家机构的设置、组织和基本原则,构建了各级国家机构的基本框架。为保证宪法的实施,同时还通过了全国人民代表大会组织法、国务院组织法、地方各级人民代表大会和地方各级人民委员会组织法、人民法院组织法和人民检察院组织法,具体规定了各国家机构的组织、职责和相互关系。此后的1955年至1956年期间,全国人大及其常委会还先后通过决议的方式,几次对国务院组织法、地方组织法的个别条文进行修改,并对国务院机构和地方行政区划的设置作小幅变动,对我国的国家政权机关进行调整和完善。

20世纪50年代后期,由于"左"倾错误的影响,使得国家机构的某些职能被严重削弱,特别是"文化大革命"期间,国家机构的正常工作基本无法进行,宪法的相关规定也无法得以实施,国家机关组织的相关立法实际处于停滞甚至倒退状态。在这种特殊的历史条件下,1975年对宪法进行了全面修改,与1954年宪法相比,取消了国家主席的建制,各地设立革命委员会同时作为地方人大常设机关和地方各级人民政府,肯定了政社合一的人民公社为一级乡政权,规定检察机关的职权由各级公安机关行使。这些规定确认了"文革"中国家机构的混乱状态,打乱了国家机构的合理分工和正常活动。

1978年3月,五届全国人大一次会议再次对宪法进行了修改,与1975年宪法相比,国家机构的相关规定较为完备和具体,恢复了检察机关的设置,国家机构的组织和职权得到了一定程度的加强,但远未恢复到1954年宪法有关规定的水平。

十一届三中全会以后,我国的政治生活、经济生活和文化生活发生深刻变化,进入了一个新的历史发展时期,国家政权建设也进入了恢复和快速发展时期。为尽快恢复人民代表大会制度和人民司法制度,1979年,五届全国人大二次会议以决议的形式对宪法作了修改,规定县级以上地方各级人大设立常委会,将地方各级革命委员会改为地方各级人民政府,并重新修订了选举法、地方组织法、人民法院组织法和人民检察院组织法。

十一届三中全会以后,国家形势有了很大变化和发展,而1978年宪法限于当时的历史条件,很不完善,不能适应当时情况的需要。1982年12月,五届全国人大五次会议通过了现行宪法,基本上继承了1954年宪法开创的国家机构体系,恢复设置国家主席和副主席、国务院秘书长,延续了审判机关、检察机关的相关规定等。同时,为了完善国家的领导体制和政治体制,发展社会主义民主,健全社会主义法制,对国家机构作了一系列新的重要规定:一是扩大全国人大常委会的职权,增加设立了专门委员会。二是明确国务院及各部委实行首长负责制,增加和扩大了国务院的职权。三是规定县级以上地方人大设立常委会,扩大地方各级人大及其常委会的权力;改变农村人民公社

"政社合一"的体制,设立乡政权;扩大民族自治地方的自治权。四是设立中央军事委员会领导全国武装力量,明确检察院为法律监督机关等。1982年宪法关于国家机构的上述规定,体现了我国国家体制的重要改革和新的发展,加强和发展了人民代表大会制度,有利于实现国家权力的合理分工和有效行使。

1982年宪法对国家政治体制作了若干重大修改,在通过宪法的五届全国人大五次会议上,根据宪法的规定,对全国人民代表大会组织法、国务院组织法、选举法、地方组织法进行了修改。此后,选举法和地方组织法伴随着我国民主政治制度的不断发展又进行了多次修改。1987年和1989年,全国人大常委会议事规则和全国人民代表大会议事规则相继出台,标志着我国最高国家权力机关的议事制度日趋完善。2000年,九届全国人大三次会议通过了立法法,这部法律对我国立法体制具有里程碑的意义。2006年十届全国人大常委会通过了各级人大常委会监督法,为人大监督工作开启新篇章。

党的十八大以来,以习近平同志为核心的党中央团结带领全国各族人民,统筹推进"五位一体"总体布局,协调推进"四个全面"战略布局,党和国家事业取得历史性成就、发生历史性变革,中国特色社会主义进入了新时代。在以习近平同志为核心的党中央坚强领导下,人民代表大会制度与时俱进,不断发展完善,我国政权建设迈出重大步伐。2018年,十三届全国人大一次会议对宪法进行了第五次修改,把党的十九大确定的重大理论观点和重大方针政策特别是习近平新时代中国特色社会主义思想载入国家根本法,为新时代坚持和发展中国特色社会主义提供有力宪法保障。为贯彻落实党中央深化国家监察体制改革重大决策部署,在总结监察体制改革试点工作经验的基础上,十三届全国人大一次会议通过了监察法，对监察机关及其职责、监察权限范围和监督程序等作出规定，对于新形势下构建集中统一、权威高效的国家监察体系具有重要意义。全国人大常委会还先后修改了选举法、全国人大组织法、地方组织法、立法法、人民法院组织法、人民检察院组织法，通过了关于设立北京、上海、广州知识产权法院的决定等多个有关法律问题的决定，促进了我国政权建设的与时俱进、发展完善。

二、加强权力机关建设，确保权力始终掌握在人民手中

中华人民共和国的一切权力属于人民，人民通过全国人民代表大会和地方各级人民代表大会行使国家权力。全国人大常委会是人民代表大会的常设机关，全国人大常委会的组织制度、活动原则和运行规则是人民代表大会制度的重要组成部分，也是实现人民代表大会制度目标的重要体制机制。

现行全国人大常委会的组织和职权是 1982 年宪法确定的。彭真同志在讲到这个制度时指出："我国国大人多，全国人大代表的人数不宜太少；但是人数多了，又不便于进行经常性的工作。全国人大常委会是人大的常设机关，它的组成人员也可以说是人大的常务代表，人数少，可以经常开会，进行繁重的立法工作和其他经常工作。所以适当扩大全国人大常委会的职权是健全人民代表大会制度的有效办法。"宪法通过后，我国先后制定并适时完善全国人大组织法、全国人大议事规则、全国人大常委会议事规则、立法法、监督法等法律，作出加强法律解释工作、中央预算审查监督、经济工作监督等一系列决定决议，对全国人

大及其常委会的组织职权和工作程序等进行了详细规定,建立起一套科学严密、运转协调、务实高效的全国人大及其常委会组织制度和议事规则。

一是适当扩大了全国人大常委会职权,将原来属于全国人大的一部分职权交由它的常委会行使。主要包括:改变全国人大是行使国家立法权的唯一机关的立法体制,规定全国人大及其常委会共同行使国家立法权;赋予全国人大常委会与全国人大共同监督宪法实施的权力,并负责解释宪法;规定全国人大常委会在全国人大闭会期间可以审查、批准计划和预算的部分调整方案;规定全国人大常委会在全国人大闭会期间可以决定国务院各部部长、各委员会主任等人选。

二是进一步完善了全国人大及其常委会的组织制度。全国人大组织法根据宪法规定,进一步规定大会主席团、常务主席、秘书处的组织和职能,规定了代表团在大会会议期间的作用;明确规定全国人大常委会委员长会议负责处理常委会的重要日常工作;规定全国人大常委会设立办事机构和工作机构,作为全国人大及其常委会的集体参谋助手和服务班子;完善了全国人大专门委员会设置,规定了专门委员会的职权,并且特别规定了民族委员会、法律委员会(2018年修改宪法更名为宪法和法律委员会)、财经委员会和外事委员会的特殊职能。这些规定共同建立起一套科学严密、运转协调、务实高效的全国人大及其常委会组织制度,保障了全国人大及其常委会按照宪法的规定有效履行职能。

三是确立了全国人大及其常委会的会议制度。全国人大组织法和两个议事规则明确了全国人大及其常委会召开会议的时间,规定全国人大会议于每年第一季度举行,会议召开日期由全国人大常委会决定并予以公布；遇有特殊情况，全国人大常委会可以决定适当提前或推迟召开会议；全国人大常委会会议一般两个月举行一次；必要时可以加开会议。全国人大议事规则对预备会议、主席团会议、全体会议、代表团全体会议和代表团小组会议等会议的形式作出了明确规定，全国人大常委会议事规则也将分组会议、联组会议等用法律形式肯定了下来，具体规定了会议的发言规则和发言时间等。党的十八大以来，以习近平同志为核心的党中央高度重视会风会纪问题。全国人大及其常委会坚决贯彻落实党中央要求，坚持不懈改进会风。两个议事规则均就进一步严肃会议纪律提出了各项具体措施和明确要求。全国人大组织法和两个议事规则对会议制度的规定，进一步使得全国人大及其常委会举行会议规范化、程序化、法制化，提高了议事质量和效率。

四是完善了全国人大及其常委会议事程序。议事程序是讨论决定问题的方式和步骤。所议事项不同、问题不同，适用的具体方式和步骤也有所不同。全国人大组织法和全国人大议事规则、全国人大常委会议事规则详细规定了议案提出的主体和程序、议案和法律草案的审议流程、表决形式以及公布法律和决议决定的形式。确保了全国人大及其常委会坚持中国共产党的领导，贯彻民主集中制原则，依照法定职权和法定程序，集体讨论、集体决定事项；坚持和发展全过程人民民主，始终同人民保持密切联系，倾听人民的意见和建议，体现人民意志，保障人民权益；在充分审议讨论的基础上，按照少数服从多数的原则进行表决。

全国人大专门委员会在全国人大及其常委会履行职权的过程中发挥极其重要的作用，这里作些重点介绍。依照宪法规定，全国人大根据需要设立若干专门委员会。六届全国人大设立了民族委员会、法律委员会、财政经济委员会、教育科学文化卫生委员会、外事委员会和华侨委员会等六个专门委员会,七届全国人大增设了内务司法委员会,八届增设了环境与资源保护委员会,九届增设了农业与农村委员会,十三届将原来的法律委员会、内务司法委员会分别更名为宪法和法律委员会、监察和司法委员会,增设了社会建设委员会,目前共设立10个专门委员会。

专门委员会在全国人大闭会期间受全国人大常委会领导,协助全国人大及其常委会行使职权。根据宪法和有关法律的规定,各专门委员会的职责是在全国人大及其常委会领导下,研究、审议和拟订有关议案。具体主要为以下五项:审议全国人大主席团或者全国人大常委会交付的议案;向全国人大主席团或者全国人大常委会分别提出属于全国人大职权范围和常委会职权范围内同本委员会有关的议案;审议全国人大常委会交付的被认为同宪法、法律相抵触的行政法规、地方性法规和其他规范性文件,提出报告;审议全国人大主席团或者全国人大常委会交付的质询案,听取答复,提出报告;对属于全国人大或全国人大常委会职权范围内同本委员会有关的问题,进行调查研究,提出建议。

同时,法律还对四个专门委员会的职责作了一些特别规定:一是民族委员会要审议报请全国人大常委会批准的五个自治区人大制定的自治条例和单行条例,向全国人大常委会提出报告。还可以对加强民族团结问题进行调查研究,提出建议。二是宪法和法律委员会要统一审议法律案,其他专门委员会就有关的法律案进行审议,向宪法和法律委员会提出意见,并印发全国人大会议或者常委会会议。三是财政经济委员会应当在大会举行的一个月前,对国民经济和社会发展计划及计划执行情况、国家预算及预算执行情况进行初步审查；大会举行时，根据各代表团和有关的专门委员会的审查意见，对国民经济和社会发展计划及计划执行情况的报告、关于国家预算及预算执行情况的报告进行审查，向主席团提出审查结果的报告，主席团审议通过后，印发会议；同时，将有关决议草案提请大会全体会议表决。四是提请批准条约和协定的议案，交外事委员会审议，也可以同时交其他有关专门委员会审议；由外事委员会向常务委员会提出审议结果的报告。

按照中央《深化党和国家机构改革方案》中关于深化全国人大机构改革的要求，宪法和法律委员会在继续承担统一审议法律草案工作的基础上，增加推动宪法实施、开展宪法解释、推进合宪性审查、加强宪法监督、配合宪法宣传等职责。监察和司法委员会在原有工作职责基础上，增加配合深化国家监察体制改革、完善国家监察制度体系、推动实现党内监督和国家机关监督有机统一方面的职责。

三、持续健全政府机构，转变政府职能

1979年地方组织法对地方政权组织制度作出重大改革，废除了"文革"中产生的"革命委员会"，代之以人民政府，并对各级人民政府的组成、职权等内容作出规定。1982年12月五届全国人大五次会议根据宪法的有关规定，总结新中国成立以来政府工作的实际经验和国务院机构改革的经验，重新制定了国务院组织法。1982年国务院组织法明确了国务院和各个部门实行首长负责制，进一步完善了国务院的领导体制。为了巩固政府机构改革的成果，坚持精干的原则，提高工作效率，克服官僚

主义，国务院组织法首次统一规定了国务院各部门负责人副职的职数。为了保持政令的统一，防止政出多门，同时适当扩大部委的职权，减少国务院的事务，国务院组织法规定了部委重大事项应向国务院请示报告的制度，并且授权各部委可以根据法律和国务院的决定，在本部门的权限内发布命令、指示和规章。此外，考虑到以往部委的设置变动较多，此后随着国家行政管理体制和经济管理体制改革的逐步推行，势必还会有所变化，为了保持法律的稳定性和严肃性，国务院组织法不再列出国务院各组成部门的名称，规定了由全国人大决定，保持了国务院机构改革的灵活性。制定国务院组织法进一步健全了国务院的组织和各项工作制度，有利于为最高国家行政机关提高工作效率和工作质量提供法制保障。

改革开放以来，为适应党和国家工作中心转移、社会主义市场经济发展和各方面工作不断深入的需要，根据党中央的决策部署，我国先后于1982年、1988年、1993年、1998年、2003年、2008年、2013年、2018年，进行了8次国务院机构改革。全国人大及其常委会及时批准国务院机构改革方案、作出有关法律问题的决定，为机构改革的顺利推进提供法律依据。地方政府机构改革与国务院机构改革同步深化，确保全国政令畅通。40多年来，通过制度完善、机构改革和相应的管理体制改革，逐步实现了各级政府从计划经济条件下的机构职能体系向社会主义市场经济条件下的机构职能体系的重大转变，提高了国家治理体系和治理能力现代化水平，为坚持和发展中国特色社会主义提供了重要体制机制保障。

四、不断健全司法机构，深化司法体制改革

1979年制定的人民法院组织法和人民检察院组织法、刑法和刑事诉讼法，从组织体制上恢复了被"文革"破坏的审判机关和检察机关，重新确立和规范公、检、法三机关的职权，对恢复重建"两院"组织体系、确立社会主义司法制度发挥了重要作用。

1979年法院组织法承袭了1954年法院组织法的主要思想和大部分内容。一是确立"法院依照法律规定独立行使审判权，不受行政机关、社会团体和个人的干涉"的司法原则；确立法律面前人人平等的审判原则。二是关于人民法院的任务，总结"文革"教训，加强法院在保障公民权利中的作用，增加了"保护公民私人所有的合法财产，保护公民的人身权利、民主权利和其他权利"。三是，确立了人民法院的体制，各级人民法院由同级人大产生，向它负责并报告工作。四是关于人民法院的设置、审级及内部机构。人民法院分为基层人民法院、中级人民法院、高级人民法院和最高人民法院共四级，四级法院各有职责。各级人民法院设刑事审判和民事审判庭，在必要时可以设其他审判庭。这些规定体现了便利人民诉讼的原则。五是确立了包括公开审判、陪审、合议、辩护、回避和审判委员会等审判制度，以及上诉和审判监督制度，体现有错必纠的原则；规定了死刑复核制度，体现了慎用死刑和少杀政策。

1979年检察院组织法首要的问题是明确检察机关是国家的法律监督机关，取消了检察机关"一般监督"的职能并在1982年宪法上得到确认。结合我国情况，检察院组织法还解决了以下几个问题：一是理顺了检察机关与权力机关的关系。规定检

察机关由人民代表大会产生，并对它负责，受它监督。这就表明我国实行的是人民代表大会制度，而不是西方的"三权分立"。二是理顺了检察机关与行政机关的关系，明确规定："人民检察院依照法律规定独立行使检察权，不受其他行政机关、团体和个人的干涉。"三是理顺了检察机关上下级关系。把检察院上下级关系由原来的监督关系改为领导关系，地方各级人民检察院对同级人民代表大会和它的常务委员会负责并报告工作，同时受上级人民检察院领导，以保证检察院对全国实行统一的法律监督。

改革开放以来，随着我国经济社会的发展，我国的司法体制、司法权力的运行机制也在不断完善和发展，进行了多轮改革。特别是党的十八大以来，为贯彻落实党中央全面深化司法体制改革的决策部署，人民法院和人民检察院组织体系日益完善，包括设立最高人民法院巡回法庭，设立知识产权法院、金融法院、互联网法院，对设立跨行政区划法院、检察院进行试点，完善法院和检察院内设机构等。司法责任制等各项改革全面推进。全国人大常委会及时作出授权决定、审议改革情况报告，确认和巩固司法体制改革成果。特别是2018年10月，全国人大常委会在总结试点经验的基础上对人民法院组织法和人民检察院组织法作出系统修订。新修订的"两院"组织法完善了法院、检察院的设置、职权和法院的审判组织、检察院的办案组织，明确了司法责任制、司法人员分类管理和法官、检察官实行员额制，完善了法院、检察院行使职权的保障。这次修法贯彻落实党中央的决策部署，把中央确定了并经过试点实践的司法体制改革事项在法律中予以落实，通过立法确认和巩固司法体制改革成果，为继续深化改革提供法律支撑，为建设公正高效权威的社会主义司法制度提供组织保障。

五、不断完善地方政权建设，充分发挥地方的积极性和主动性

地方组织法是关于我国地方政权制度的一部重要法律，自1979年重新修订后，于1982年、1986年、1995年、2004年、2015年和2022年先后作过六次修改，为地方各级人民代表大会和地方人民政府的组织完善、能力提高和作用的有效发挥提供了制度性保障。前五次修改的重点包括：

一是不断完善地方人大及其常委会设置，为地方国家权力机关履行职权提供组织保障。1979年五届全国人大二次会议通过了地方组织法，规定在县级以上各级地方设立人大常委会。1982年修改地方组织法，明确了地方人大常委会主任会议处理常委会"重要日常工作"的职责。1986年修改的地方组织法明确了人民代表大会内部的委员会设置，细化了其内部分工；对县级以上各级地方人大常委会的组成人员进行了详细规定。1995年地方组织法修改规定县级以上地方各级人大常委会根据工作需要，除了设立办事机构外，还可以设立"其他工作机构"，"省、自治区的人民代表大会常务委员会可以在地区设立工作机构"，这使得各级人民代表大会常委会的内部组成结构更为完整。

二是不断完善地方人大及其常委会的职权。1979年地方组织法明确规定了省、自治区、直辖市的人民代表大会有权制定和颁布地方性法规，同时明确县级以上地方各级人民代表大会行使的职权。1982年地方组织法修改，规定省会市和较大的市有权拟订地方性法规草案，提请省级人大常委会制定、公布。

1986年地方组织法修改进一步明确规定了省会市和经国务院批准的较大的市可以制定地方性法规,报经省级人大常委会批准后施行。1995年地方组织法修改对县级以上地方各级人民代表大会的职权增加了"环境和资源保护","保护各种经济组织的合法权益"的内容。此外,地方组织法还规定,县级以上的地方各级人大常委会设立代表资格审查委员会,负责审查代表的选举是否符合法律规定。

三是不断加强县乡人大建设。1995年地方组织法修改,健全乡镇人大制度建设和组织建设,增加规定乡镇人大设主席、副主席。2004年、2015年地方组织法修改适当增加了市级和县级人大常委会组成人员的名额。2015年地方组织法修改又重点加强了县乡人大工作,明确乡镇人大主席团在闭会期间的职责,同时增加规定,市辖区、不设区的市的人大常委会可以在街道设立工作机构。此外,1995年、2004年地方组织法修改,将乡、镇人大和人民政府的任期由三年改为五年。

四是完善地方国家机关领导人员实行差额选举制度。1995年修改地方组织法明确规定,人大常委会主任、秘书长,乡镇人大主席,人民政府正职领导人员,人民法院院长,人民检察院检察长的候选人数一般应多一人,进行差额选举;如果提名的候选人只有一人,也可以等额选举。人大常委会副主任,乡镇人大副主席,人民政府副职领导人员的候选人数应比应选人数多一人至三人,人民代表大会常务委员会委员的候选人数应比应选人数多十分之一至五分之一,由本级人民代表大会根据应选人数在选举办法中规定具体差额数,进行差额选举。1995年修改地方组织法时还规定,人大和政府换届后地方政府组成人员应当在两个月内提请本级人大常委会任命,从而对地方人民政府的组成进行了规范。

五是完善地方各级人民政府的组成、职权和上下级关系。总结新中国成立以来地方行政机关组织和运行的经验,现行地方组织法不再列举县级以上人民政府所设立的工作部门,而是原则规定工作部门的设立、增加、减少或者合并,由本级人民政府报请上一级人民政府批准,并报本级人大常委会备案;规定县级以上人民政府的各工作部门受人民政府统一领导,并且依照法律或者行政法规的规定受上级人民政府主管部门的业务指导或者领导,从而明确了上下级政府部门之间的关系。此外,地方组织法对县级以上地方政府设立派出机构以及地方政府规章的制定主体、权限范围和制定程序等作出了明确规定。上述规定使地方人民政府的组织、职权制度更为科学,更加适应实际需要。

2022年地方组织法修改,是历次修改中幅度最大的一次,内容多,分量重,亮点纷呈。修改决定共49条,修改后条文从69条增加到90条。主要修改内容有以下几个方面:

一是明确坚持党的领导与地方人大、地方政府工作的指导思想和原则。坚持党的领导是加强地方政权机关建设,做好地方工作的最高政治原则。将坚持党的全面领导载入人大、政府、法院、检察院的组织法,是党中央的明确要求。这次修改地方组织法,明确地方人大、地方政府坚持中国共产党的领导,坚持以马克思列宁主义、毛泽东思想、邓小平理论、"三个代表"重要思想、科学发展观、习近平新时代中国特色社会主义思想为指导,依照宪法和法律规定行使职权。另外,明确了地方人大、地方政府工作的原则,如坚持以人民为中心原则、坚持依法治国原则、实行民主集中制原则。

二是完善地方人大及其常委会的职权。这是此次修改地方组织法的重点之一。根据中央有关文件精神和总结地方实践经验,补充完善地方人大及其常委会的职权,如规定地方人大及其常委会审查监督政府债务;监督政府对国有资产的管理;讨论、决定本行政区域内的重大项目;规定人大常委会听取和审议有关专项工作报告、组织执法检查、开展专题询问,听取和审议本级人民政府关于年度环境状况和环境保护目标完成情况的报告,听取和审议备案审查工作情况报告;等等。上述内容,有的是党中央文件的明确要求,有的是其他法律的规定,有的是地方人大的实践经验。

三是健全地方人大及其常委会的议事制度。以前地方组织法对地方人大及其常委会会议,规定不多,不少内容由地方人大自己规定,这次修改地方组织法,从完善人民代表大会制度出发,根据地方的实践经验作了进一步明确。如明确乡、民族乡、镇的人民代表大会会议一般每年举行两次;根据新冠肺炎疫情防控期间地方人大召开会议的实践,规定遇有特殊情况,县级以上地方各级人大常委会或者乡镇人大主席团可以决定适当提前或者推迟召开会议;明确地方各级人大举行会议,应当合理安排会期和会议日程,提高议事质量和效率;规定地方各级人民代表大会会议有三分之二以上的代表出席,始得举行;常务委员会会议有常务委员会全体组成人员过半数出席,始得举行;完善常委会会议列席制度;等等。

四是加强地方人大及其常委会自身建设。这是坚持和完善人民代表大会制度的重要内容,习近平总书记在中央人大工作会议上提出了建设"四个机关"的明确要求。根据中央人大工作会议精神,这次修改增加了不少很实很具体的内容,如适当增加省、设区的市两级人大常委会组成人员名额,进一步规范省、设区的市两级人大专门委员会的设置和名称,规范常委会工作机构的设置,明确县、自治县的人大常委会可以比照有关规定在街道设立工作机构,等等。通过加强人大及其自身建设,进一步加强和改进人大工作。

五是加强和改进代表工作,充分发挥人大代表作用。人大代表是国家权力机关的组成人员,代表人民依法参加行使国家权力。加强和改进代表工作,是加强和改进人大工作的重要方面。这次修改地方组织法,从保障代表履职、加强代表与选民联系、加强常委会与代表联系角度,增加了不少内容。如规定代表的建议、批评和意见的办理情况,由常委会办事机构或者乡镇人大主席团向本级人大常委会或者乡镇人大报告,并予以公开;代表应当与原选区选民或者原选举单位和人民群众保持密切联系,听取和反映他们的意见和要求,充分发挥在发展全过程人民民主中的作用;代表应当向原选区选民或者原选举单位报告履职情况;地方人大应当建立健全常委会组成人员和各专门委员会、工作机构联系代表的工作机制,支持和保障代表依法履职,扩大代表对各项工作的参与,充分发挥代表作用;地方人大常委会通过建立基层联系点、代表联络站等方式,密切同人民群众的联系,听取对立法、监督等工作的意见和建议。

六是完善地方各级人民政府的组织和工作制度。地方组织法关于地方政府部分,此前作过四次修改,历次修改都不大。此次修改,总结党的十八大以来推进依法行政、建设法治政府的实践经验,增加了不少新内容。如明确建设法治政府、服务型政府、廉洁政府、诚信政府的目标,明确地方政府坚持政务公开,坚持科学决策、民主决策、依法决策和依法接受监督的要求;明确县级以上地方政府根据应对重大突发事件的需要，可以建立跨部门指挥协调机制；规定地方政府实行重大事项请示报告制度；明确地方政府制定规范性文件的程序。完善地方政府工作部门设立的原则和程序，明确地方政府根据工作需要和优化协同高效以及精干的原则，设立必要的工作部门；规定县级以上地方政府工作部门的设立、增加、减少或者合并，按照规定程序报请批准，并报本级人大常委会备案。根据党中央关于加强基层治理体系和治理能力现代化建设的有关精神，明确街道办事处的职责，明确乡镇人民政府和街道办事处可以根据实际情况建立居民列席有关会议的制度。

七是贯彻国家区域协调发展战略，健全协作机制。总结地方实践经验，规定省、设区的市两级人大及其常委会根据区域协调发展的需要，可以开展协同立法。县级以上地方政府可以共同建立跨行政区划的区域协同发展工作机制，加强区域合作。

八是明确地方人大与地方监察委员会关系的相关制度。如明确地方各级人大常委会监督本级监察委员会的工作；明确对监察委员会主任的罢免制度和对监察委员会的质询制度；明确地方各级监察委员会组成人员的提名和选举任免、辞职等的程序。

九是充实铸牢中华民族共同体意识的内容。铸牢中华民族共同体意识是新时代党的民族工作的主线。根据宪法有关规定和中央民族工作会议精神，在地方人大和地方政府职责中分别增加"铸牢中华民族共同体意识""促进各民族广泛交往交流交融"等内容，为地方人大、地方政府做好民族工作提供法律指引。

六、设立监察委员会,构建集中统一、权威高效的国家监察体制

我国1982年宪法规定,国务院"领导和管理民政、公安、司法、行政和监察等工作",由此确立了行政监察在我国政治体制中的地位。1986年,六届全国人大常委会第十八次会议通过设立中华人民共和国监察部的决定。1993年2月,根据中共中央、国务院的决定,监察部与中央纪委的机关合署办公。为了加强监察工作,1997年八届全国人大常委会第二十五次会议通过行政监察法,2010年十一届全国人大常委会第十五次会议对行政监察法进行了修改。行政监察法实施过程中存在的主要问题有以下几点:一是监察范围过窄,在国家监察体制改革之前,党内监督已经实现全覆盖,而依照行政监察法的规定,行政监察对象主要是行政机关及其工作人员,还没有做到对所有行使公权力的公职人员全覆盖。二是反腐败力量分散。国家监察体制改革之前,党的纪律检查机关依照党章党规对党员的违纪行为进行审查,行政监察机关依照行政监察法对行政机关工作人员的违法违纪行为进行监察,检察机关依照刑事诉讼法对国家工作人员职务犯罪行为进行查处,反腐败职能既分别行使,又交叉重叠,没有形成合力。同时,检察机关对职务犯罪案件既行使侦查权,又行使批捕、起诉等权力,缺乏有效监督机制。

党的十八大以来,以习近平同志为核心的党中央坚持反腐败无禁区、全覆盖、零容忍,以雷霆万钧之势,坚定不移"打虎"、"拍蝇"、"猎狐",在深入开展反腐败斗争的同时,积极推进深化国家监察体制改革并作出重大决策部署。改革的目标是,整合

反腐败资源力量,加强党对反腐败工作的集中统一领导,构建集中统一、权威高效的中国特色国家监察体制,实现对所有行使公权力的公职人员监察全覆盖;组建党统一领导的反腐败工作机构即监察委员会,将行政监察部门、预防腐败机构和检察机关查处贪污贿赂、失职渎职以及预防职务犯罪等部门的工作力量整合起来,把反腐败资源集中起来,把执纪和执法贯通起来,形成合力。

深化国家监察体制改革是以习近平同志为核心的党中央作出的事关全局的重大政治体制改革。在国家机构的顶层设计中增设各级监察委员会,使原来的"一府两院"变为"一府一委两院",是政治体制的重大改革,涉及宪法的修改完善。因为政权组织形式(包括国家机构的设置及国家机关之间的相互关系)是宪法最核心、最重要的内容之一。在宪法中对监察委员会作出若干规定,是2017年党中央决定修改宪法的一个重要动因之一。2018年3月,十三届全国人大一次会议通过的宪法修正案,对监察委员会的性质、地位、名称、组成、任期、领导体制以及与其他有关国家机关的关系等作出了规定。同时就监察委员会的产生、组成人员的选举和任免等事项,对宪法有关条款作出了相应修改。这次宪法修正案总共21条中,有11条都是关于监察机关的内容,是本次宪法修改的一个突出特点。

在宪法第三章《国家机构》中增加一节"监察委员会",对新的国家监察体制机制作出一系列规定;与此相适应,对宪法有关条款内容作出相应修改。主要包括以下几项:第一,从性质上看,宪法规定,"中华人民共和国各级监察委员会是国家的监察机关"(宪法第一百二十三条),同时删去了宪法第八十九条和第一百零七条中原由国务院和县级以上地方政府行使的"监察"职能,表明监察机关是行使国家监察职能的专责机关,监察权独立于行政权、审判权、检察权,具有自身特有属性。第二,从地位上看,宪法规定,"国家行政机关、监察机关、审判机关、检察机关都由人民代表大会产生,对它负责,受它监督"(宪法第三条第三款),表明监察机关与同级人大的关系,体现了人民代表大会制度的特点。第三,从领导体制上看,宪法规定,"中华人民共和国国家监察委员会是最高监察机关","国家监察委员会领导地方各级监察委员会的工作,上级监察委员会领导下级监察委员会的工作"(宪法第一百二十五条),监察机关实行中央领导地方、上级领导下级的体制,与监察机关的性质和任务相符合、相适应。第四,从与其他国家机关的关系上看,宪法规定,"监察机关办理职务违法和职务犯罪案件,应当与审判机关、检察机关、执法部门互相配合,互相制约"(第一百二十七条第二款),明确了监察机关与有关机关和执法部门应当遵循的原则,为监察机关依法有效履行监察职能提供了宪法保障。

这些修改内容,贯彻了党的十八大以来党中央关于深化国家监察体制改革的精神,体现了推进改革试点工作取得的成果,为成立国家监察委员会和地方各级监察委员会提供了宪法依据,为制定监察法提供了宪法依据,也反映了监察委员会设立后全国人大及其常委会和地方各级人大及其常委会、国务院和地方各级政府职权的新变化以及工作的新要求。同次大会还通过了《中华人民共和国监察法》。制定监察法是深化国家监察体制改革总体安排中的重要一环,体现了于宪有据,改革在法治轨道上进行的要求。这项改革需要在国家机构顶层设计上作重要调整和完善,涉及宪法修改问题,也涉及有关机关的职权调整,涉及有关法律的规定。因此,党中央作出了渐次有序推进改革的总体安排,提出了时间表和路线图。首先是由全国人大常委会作出决定,在北京市、山西省、浙江省先行试点。与此同时开始起草监察法,中央决定由中纪委牵头抓总,中纪委机关与全国人大常委会法工委共同组成立法工作专班开展工作。经过半年的试点工作,总结试点经验,工作组专门起草了监察法草案稿,在2017年6月提请全国人大常委会先进行了初审。党的十九大召开后,对监察体制改革工作作了再部署,提出深化国家监察体制改革,将试点工作在全国推开,组建国家、省、市、县国家监察委员会,制定国家监察法。落实党中央要求,全国人大常委会在2017年11月作出在全国推开监察体制改革试点工作的决定。与此同时总结试点工作经验,将监察法草案全文公布,听取各方面的意见,根据各方面意见,对草案进行了修改,提交2017年12月召开的全国人大常委会进行再次审议,并经审议后决定将草案提交2018年的全国人民代表大会会议审议通过。2018年宪法修正案和监察法将行使国家监察职能的专责机关纳入国家机构体系,明确监察委员会由同级人大产生,对其负责,受其监督,对监察机关的设置、职责、管辖、权限和程序等内容作出明确规定,丰富和发展了人民代表大会制度的内涵,推动了人民代表大会制度与时俱进。

根据宪法规定的基本原则和制度,监察法明确对所有行使公权力的公职人员实行监察全覆盖;监察委员会依照法律规定履行监督、调查、处置职责,对公职人员对其依法履职、秉公用权、廉洁从政从业以及道德操守情况进行监督检查,对涉嫌贪污贿赂、滥用职权、玩忽职守、权力寻租、利益输送、徇私舞弊以及浪费国家资财等职务违法和职务犯罪进行调查,对违法的公职人员依法作出政务处分决定；对履行职责不力、失职失责的领导人员进行问责；对涉嫌职务犯罪的，将调查结果移送人民检察院依法审查、提起公诉；向监察对象所在单位提出监察建议。监察法赋予了监察机关必要的权限：一是规定监察机关在调查职务违法和职务犯罪时，可以采取谈话、讯问、询问、查询、冻结、搜查、调取、查封、扣押、勘验检查、鉴定等措施。二是被调查人涉嫌贪污贿赂、失职渎职等严重职务违法或者职务犯罪，监察机关已经掌握其部分违法犯罪事实及证据，仍有重要问题需要进一步调查，并有涉及案情重大、复杂，可能逃跑、自杀，可能串供或者伪造、隐匿、毁灭证据等情形之一的，经监察机关依法审批，可以将其留置在特定场所；留置场所的设置和管理依照国家有关规定执行。为保证监察机关正确行使权力，监察法对监督、调查、处置工作程序作出严格规定。按照"打铁必须自身硬"的要求，监察法规定监察机关和监察人员要接受人大监督，强化自我监督，明确监察机关与审判机关、检察机关、执法部门互相配合、互相制约的机制。

2018年3月23日，位于北京市西城区平安里西大街41号的中央纪委机关大院迎来国家监察委员会正式揭牌的时刻。时任中共中央政治局常委、中央纪委书记赵乐际出席揭牌和宣誓仪式，时任中共中央政治局委员、中央纪委副书记、国家监察委员会主任杨晓渡主持。这是我国政权建设史、纪检监察史上具有里程碑意义的一天，党和国家反腐败工作掀开新的一页。

第六章
人大立法工作成效显著

立法权是人大的重要职权，立法制度是人民代表大会制度的组成部分和重要支撑。做好立法工作，对于深入推进全面依法治国意义重大，也是坚持和完善人民代表大会制度的前提和基础。习近平总书记在党的十八届四中全会上指出："新中国成立以来特别是改革开放以来，经过长期努力，我国形成了中国特色社会主义法律体系，国家生活和社会生活各方面总体上实现了有法可依，这是一个了不起的重大成就。"新中国成立70多年特别是改革开放40多年来，立法工作走过了极不平凡的历史进程，取得了举世瞩目的巨大成就。截至2022年9月，我国现行有效法律293件，收入《中华人民共和国法律汇编（2018年版）》的有关法律问题和重大问题的决定119件，行政法规598件，地方性法规12000余件。以宪法为统帅，以宪法相关法、民法商法、经济法、行政法、社会法、刑法、诉讼和非诉讼程序法等多个法律部门的法律为主干，由法律、行政法规、地方性法规等多个层次的法律规范构成的中国特色社会主义法律体系已经形成并不断完善，为改革开放和社会主义现代化建设提供了坚实法制保障。与此相适应，随着法律体系的形成和完善，我国立法工作自身也在与时俱进、创新发展，主要有以下七个方面的显著转变，这也是法律体系形成和完善的重要成就。

一、立法思路从"先改革，后立法"、"边改革，边立法"转向"凡属重大改革都要于法有据"

法律的特点是"定"，是在矛盾焦点上"砍一刀"、"划杠杠"，不能朝令夕改；改革的特点是"变"，要突破原有的体制和规则。如何用特点是"定"的法律去体现、适应特点是"变"的改革，是改革开放40多年来立法工作需要解决的重要课题。改革开放初期，整个国家百废待兴，社会主义市场经济体制还没有确立起来，不少重要方针政策和改革部署还在"摸着石头过河"。在这个历史阶段，更加强调法律的稳定性。一般而言，重大改革要先用政策来指导，经过各地方的探索和群众性的试验，在实践经验基本成熟，并在比较各种典型、全面权衡利弊的前提下，再慎重立法。因此，比较常见的是"先改革，后立法"的模式。随着改革开放的深入推进，实践在不断发展，经验在不断积累，人民群众的法治意识也在不断增强，在立法工作中更加强调立法与改革的协调推进，较多采用"边改革，边立法"的模式，即：对实践经验比较成熟的、各方面认识也比较一致的，规定得具体一点，增强法律的可操作性；对实践经验尚不成熟但现实中又需要法律进行规范的，先规定得原则一些，为引导实践提供规范和保障，并为深化改革留下空间，待条件成熟后再修改补充。这一做法妥善处理了法律稳定性和实践变动性的关系，确保立法进程与改革开放和社会主义现代化建设进程相适应，为中国特色社会主义法律体系如期形成奠定了基础。

党的十八大以来，以习近平同志为核心的党中央特别强调依法执政，坚持依法治国、依法执政、依法行政共同推进，在谋划发展、深化改革、从严治党等方面,特别注重运用法治思维和法治方式加以推进,对改革与法治的关系进行了更加深刻、系统、全面的思考与探索,强调"发挥立法的引领和推动作用",形成了"凡属重大改革都要于法有据"的重要思想。党的十八届四中全会提出,要实现立法和改革决策相衔接,做到重大改革于法有据、立法主动适应改革和经济社会发展需要;实践证明行之有效的,要及时上升为法律;实践条件还不成熟,需要先行先试的,要按照法定程序作出授权;对不适应改革要求的法律法规,要及时修改和废止。坚持立法与改革相衔接、相统一,确保重大改革于法有据,及时将改革成功经验上升为法律,也成为党的十八大以来全国人大常委会立法工作的突出特点。立法工作主动适应改革需要、充分发挥引领推动作用,变"被动"为"主动",通过打包修改、授权试点等多种方式努力使立法决策与改革决策相结合,在法治轨道上推进改革,着力增强改革的系统性、整体性、协同性。党中央深化改革的任务和举措部署到哪里,立法工作就跟进到哪里,立法对改革的参与之深、之广,在新中国立法史上是前所未有的。

二、立法主体从全国人大及其常委会逐步扩大到所有设区的市

从新中国成立到1954年宪法颁布前,我国立法权的行使具有多极化和分散化的特点。在中央层面上,享有立法权的是中国人民政治协商会议全体会议、中央人民政府委员会和政务院;在地方层面上,县以上各级人民政府或多或少都享有立法权。建国初期形成这种分散立法的格局,主要是基于政权初建时期

的实际需要。1949年新中国成立,百废待兴,我国面临着组建和巩固新生政权、恢复和发展国民经济、实现和保障人民当家作主的艰巨任务。由于彻底废除了国民党的伪法统,单纯依靠中央立法来迅速制定出新政权所需的大量法律法令,确立秩序,无疑是不可能的。当时全国还未全部解放,新老解放区情况十分不同,各大区需要有一定的自主立法权。尤其是新解放的地区,不论其为省级或县级,也都需要被给予这样的立法权限,以便因地制宜地实行各项改革。

从1954年宪法颁布到1979年全国人大五届二次会议前,我国的立法权限非常集中。中央层面上,全国人民代表大会是唯一的立法机关,1955年7月后全国人大常委会代行部分立法权;在地方层面,除民族区域自治地方外,其他地方权力机关均不享有立法权。同时,国家行政机关也没有立法权。1954年宪法规定,"全国人民代表大会是行使国家立法权的唯一机关。"全国人大常委会有权"解释法律"和"制定法令"。但是由于全国人民代表大会不可能经常开会,每次开会的时间也不长,无法满足国家"急需制定各项法律,以适应国家建设和国家工作的要求",尤其"在全国人民代表大会闭会期间,有些部分性质的法律,不可避免地急需常务委员会通过施行"。因此,1955年、1959年通过两次授权,全国人大常委会被赋予部分国家立法权,补充和发展了1954年宪法,改变了全国人大是行使国家立法权的唯一机关的规定。按照1954年宪法规定,国务院没有立法权,只有"根据宪法、法律和法令,规定行政措施,发布决议和命令,并且审查这些决议和命令的实施情况"。在地方层面,只有"自治区、自治州、自治县的自治机关可以依照当地民族的政治、经济和文化的特点,制定自治条例和单行条例,报请全国人大常委会批准",其他地方都没有立法权,原有的行政立法职权实际上也都被取消。这种突出体现中央集权特征的立法权限划分,是当时我国实行高度集中的计划经济体制的政治需要和体现。中央集权的立法模式强有力地保证了中央对全国各项事业的集中统一领导,但也在相当程度上影响了地方主动性和积极性的发挥,阻碍了国家法制的发展。事实上,1954年宪法实行一段时间后,中央就发现了这个问题。因此,1956年毛泽东同志在《论十大关系》一文中肯定了地方立法的必要性:"取消大区,各省直属中央,这是正确的。但是由此走到取消地方的独立性,结果也不那么好。我们的宪法规定,立法权集中在中央。但是在不违背中央方针的条件下,按照情况和工作需要,地方可以搞章程、条例、办法,宪法并没有约束。"这为以后探索赋予地方立法权提供了理论指导。

改革开放40多年来,我国政治体制改革稳步推进,中央与地方关系深刻调整,立法体制也相应地不断发展。这40年,是新中国成立以来我国立法体制调整最深刻、影响最深远的历史时期。立法体制的每一次调整和完善,都是我们党在深刻总结新中国成立以来治国理政经验的基础上作出的重大决策,都是发展和完善中国特色社会主义制度、推进国家治理体系和治理能力现代化的重大举措,有效加强了国家地方政权建设,有效调动了地方参与国家治理的积极性,标志着国家治理体系与治理能力的与时俱进。

这40多年,我国立法主体从全国人大及其常委会、国务院扩大到31个省(区、市),又从49个较大的市(5个经济特区)扩大到240个设区的市、30个自治州、4个不设区的地级市。1979年7月,五届全国人大二次会议修订地方组织法,确定县级以上地方人大设立常委会,同时根据发展社会主义民主、健全社会主义法制的要求,赋予省、自治区、直辖市人大及其常委会制定地方性法规的职权。这是第一次以法律形式赋予地方立法权,在改革开放新的历史起点上有力推进了人大工作。1982年宪法确认了1979年地方组织法的规定。1982年修改地方组织法,增加规定:省会市和经国务院批准的较大的市的人大常委会可以拟定地方性法规草案。1986年,再次修改地方组织法,进一步规定省会市和经国务院批准的较大的市的人大及其常委会有权制定地方性法规报省级人大常委会批准后施行。2000年制定立法法时又增加规定,经济特区所在地的市的人大及其常委会也可以制定地方性法规。按照党中央决策部署,2015年修改立法法赋予所有设区的市地方立法权,是我国立法体制的最新发展。十三届全国人大一次会议通过的宪法修正案,增加了设区的市制定地方性法规的规定,为设区的市依法开展地方立法工作提供了宪法依据。

改革开放40多年来我国立法体制的每一次调整和完善,都是对宪法第三条第四款"中央和地方的国家机构职权的划分,遵循在中央的统一领导下,充分发挥地方的主动性、积极性的原则"的坚决落实和有效实施。立法主体范围的逐步扩大,激发了地方深化改革、扩大开放、推动发展的动力,不仅为国家立法进行了重要探索、积累了有益经验,为推动形成和完善中国特色社会主义法律体系作出积极贡献,而且大大加强和改进了地方人大工作,为坚持和完善人民代表大会制度注入了新的活力。

三、立法理念从"有比没有好,快搞比慢搞好"转向"以提高立法质量为中心"

改革开放初期,面临"文革"造成的无法可依的局面,"有比没有好,快搞比慢搞好",成为当时立法工作的基本指导方针。当时立法的主要任务是尽快将各个领域急需的、主要的、基本的法律制定出来,为恢复重建国家、经济和社会秩序提供法制保障,为推动改革开放提供法律支撑。因此,不断加快立法步伐,注重立法规模、立法数量和立法速度,就不可避免地成了这个时期立法工作的显著特点。比如,十一届三中全会以后,作为全国人大常委会法工委前身的法制委员会一成立就立即开展大规模立法活动,仅仅几个月时间就起草了一批法律草案。1979年7月,五届全国人大二次会议一次就通过了七部法律,这么短的时间里立出七部法律,可见当时的立法势头之猛,也呼应了广大人民群众对法制的迫切期待。从那以后,我国立法工作进入快车道。随着改革开放的不断深入、经济社会的不断发展特别是社会主义市场经济体制的不断完善,在经历了从无到有的、暴风骤雨式的大规模立法阶段之后,无法可依的问题基本得到解决,开始更加注重立法质量、立法效益和规范化、体系化。从1997年党的十五大起,历次党代会都强调要不断提高立法质量。十届、十一届、十二届、十三届全国人大及其常委会都明确提出"以提高立法质量为中心"的立法工作思路,更加关注制度设计的科学性、合理性,更加关注法律之间的协调统一,也更加关注法律在实际社会生活中的实施效果。实施科学立法、民主立法、依法立法,开展法律法规清理,推动制定配套法规,进行立法前论证、立法后评估，促进法律体系的科学、统一、和谐，都是围绕提高立法质量这一中心采取的重要举措。

四、立法重心从以经济立法为主转向注重各领域立法的均衡发展

改革开放初期，立法的主要任务是恢复国家和社会秩序，同时推动改革开放，因此，这一阶段的立法在内容上以国家制度领域的立法和改革开放方面的立法为主。比如，1979年7月五届全国人大二次会议通过的七部法律中，选举法、地方组织法、人民法院组织法、人民检察院组织法、刑法、刑事诉讼法等六部法律都属于国家制度和社会秩序方面重要的基本法律。特别重要的是，1982年还修改并颁布了新宪法，为国家制度和社会秩序的全面恢复提供了宪法依据。在推进改革开放方面，五届全国人大二次会议通过的七部法律中就包括中外合资经营企业法。之后，随着改革开放的深化，又相继制定了外资企业法、中外合作经营企业法等一系列法律，在当时极大地促进了外资的引进和利用，为打开对外开放之门提供了法律支撑。1992年后，为适应建立社会主义市场经济体制的需要，立法的重心转向经济领域，相继制定了一大批有关市场经济的法律，包括公司法、合伙企业法、个人独资企业法、证券法、保险法、人民银行法、商业银行法、合同法、反不正当竞争法、拍卖法、招投标法等等，为建立和完善社会主义市场经济体制提供了法制保障。2003年以后，适应贯彻落实科学发展观的要求，在继续完善市场经济法律制度的同时，强调社会立法和经济立法的均衡发展，立法关注的重心开始转向社会领域，相继制定了一大批关注民生的法律，包括劳动合同法、就业促进法、劳

动争议调解仲裁法、食品安全法、道路交通安全法以及社会保险法等等,为推动科学发展、促进社会和谐提供了法制保障。

党的十八大以来,为适应推进文化体制改革、增强文化自信、满足人民群众日益增长的精神文化需求的要求,全国人大常委会下大力气推进文化立法,制定了公共文化服务保障法、电影产业促进法和公共图书馆法等,建立健全坚持社会主义先进文化前进方向、遵循文化发展规律、有利于激发文化创造活力、保障人民基本文化权益的文化法律制度,我国文化领域立法相对滞后的局面得到改善,为促进我国文化事业繁荣发展提供了重要法制保障。为加强生态文明建设,推动形成人与自然和谐发展的现代化建设新格局,适应人民日益增长的优美生态环境需要,全国人大常委会作出关于全面加强生态环境保护依法推动打好污染防治攻坚战的决议,不断推进生态环境保护立法,全面修订环境保护法,修改大气污染防治法、水污染防治法、土壤污染防治法、海洋环境保护法、野生动物保护法等,建立生态环境和资源保护公益诉讼制度,健全最严格最严密的生态环境保护法律制度。立法重心的逐步转移和适时调整,充分体现了我国改革开放和社会主义现代化建设的历史进程,也反映出改革开放40多年来我国经济社会发展的阶段性特征。

五、立法内容从"宜粗不宜细"转向注重法律的"可执行性、可操作性"

改革开放初期,邓小平同志提出,"现在立法的工作量很大,人力很不够,因此法律条文开始可以粗一点,逐步完善。有的法规地方可以先试搞,然后经过总结提高,制定全国通行的法律。

修改补充法律,成熟一条就修改补充一条,不要等待'成套设备'。"根据当时立法工作的实际情况,为了尽快将法律制定出来,同时为改革留下空间,改革开放初期立法强调"宜粗不宜细",即先将法律规定得原则些,然后再逐渐细化是完全必要的。与此相适应,20世纪80年代和90年代初制定的一些法律,条文数量比较少,条文本身比较简约,内容比较概括,规定比较原则,有的不够具体明确。随着立法工作的不断推进,这一状况逐步得到改变,开始了由简至繁、由粗至细、由原则至具体的转变,更加注重法律的可操作性。在这一过程中,合同法的出台具有标志性意义,其条文达428条之多。当然,要彻底完成由粗及细的转变,还需要一个较长的过程。

党的十八大以来,习近平总书记强调,要提高法律法规的及时性、系统性、针对性、有效性,增强法律法规的可执行性、可操作性。按照这一要求,全国人大及其常委会坚持问题导向,注重立法精细化,科学设定法律规范,精准设计制度,增强制度的可执行性、可操作性,努力做到法律条文能具体的尽量具体、能明确的尽量明确,确保立出来的法站得住、行得通、真管用。比如,2012年8月提请全国人大常委会审议的特种设备安全法的初审草案是8章65条,但此前国务院制定的特种设备安全监察条例就有8章103条。按照初审草案,条例上升为法律后,条文却变少了,规定得比较原则,可执行性和可操作性都不够强,不符合"法律规范能具体就具体,能明确就明确"的新要求。将条例上升为法律,要从立法规律出发,法律规定必须更加明确具体,可执行可操作,绝不能一到立法层面就变得原则笼统,失去立法的意义。因此,经过深入调查研究和广泛征求意见,草案得到大幅度补充完善,最后通过的特种设备安全法可谓是"脱胎换骨",

条文由原来的65条增加到101条,不仅是条文数量大幅增加,更重要的是法律规定的内容进一步具体化,增加了大量执行性、操作性强的规定。

六、立法形式从以制定法律为主转向立、改、废、释、编、授等多种立法手段并重

改革开放初期,整个国家百废待兴,立法的主要任务是恢复国家和社会秩序,同时推进改革开放。前者是恢复被"文革"破坏的法制,后者是借鉴国际经验进行制度创新,基本上是在一张白纸上描绘蓝图。因此,立新法是最主要的立法手段。据统计,1979年至1989年,有五个年份没有修旧法,即1981年、1984年、1985年、1987年、1989年;其他六个年份,即1979年、1980年、1982年、1983年、1986年、1988年,修旧法的数量分别为1件、1件、2件、3件、2件、2件,与年均10件左右的立新法相比,不可同日而语。80年代末至90年代初,是经济立法的高潮期,无论是外资企业法、企业破产法(试行),还是公司法、证券法、信托法等,对于正在探索市场经济体制的中国来说,都是新生事物,既缺乏实践经验,又没有先例可循。因此,立法手段也主要是"立",主要考虑是先把制度框架搭建起来。因此,从1989年到1992年,修旧法的数量年均不超过1件。

随着市场经济和法制建设的深入推进,从1993年起,我国立法工作中修旧法的数量开始显著上升。一方面,立法工作取得了长足进步,体现在制度上就是新法数量已达到百件;另一方面,改革的深入推进必然要求法律的修改完善。修旧法与立新法的比例,从1992年的1/9,上升到1999年的7/9。特别是

2000年,修旧法的数量(9件)首次超过立新法的数量(4件)。这既有中国加入世贸组织带来法律清理任务的原因,也从一个侧面证明,立法越推进,改革越深入,修法频率就会越高。2000年以后,修法呈现数量总体上升、个别年份激增的趋势,这固然有为了确保法律体系如期形成,加强法律清理、保证法律体系内部和谐统一的因素,但更主要的原因是,改革越来越向纵深推进,甚至可以说,改革每往前推进一步,都不可避免地涉及法律的修改。总的来看,在2013年之前,立新法、修旧法是最主要的两种立法手段,在不同的历史时期,各有侧重。其他立法手段的使用相对较少。比如,1996年出现了第一个立法解释之后,截至2013年,立法解释的总数只有16件,有9个年份的立法解释数量为0。又如,2005年出现了第一个废止法律的决定,在党的十八大前,只在法律体系形成前夕的2009年进行法律清理时作出过一个决定,废止了一部法律。

党的十八大以来,习近平总书记多次强调,要坚持立法先行,坚持立改废释并举,加快完善法律体系。从2013年开始,全国人大及其常委会既重视立新法、修旧法,又加强授权决定和法律解释工作,立、改、废、释、编、授等多种立法手段协调配合、形成合力,不仅推动了法律有效实施,维护了法制统一,而且从维度上丰富了立法形式。比如,对于法律立改废条件暂不成熟而实践又迫切需要的,通过授权方式先行先试。截至2022年9月,全国人大常委会按照党中央决策部署,依照法定程序作出了48项授权决定和改革决定,为特定地方、领域推进改革先行先试提供法律依据和支撑。这些决定涉及国家监察体制改革、自由贸易试验区建设、行政审批制度改革、农村集体土地使用权制度改革、司法体制改革、公务员制度改革、社会保险制度改革、军官制度改革等诸多方面,保障了相关改革试点在法治框架内依法有序推进。又如,过去,法律解释运用相对较少,且集中在刑法和香港、澳门特别行政区基本法领域。在2014年以前,共对1997年修订的刑法作出9个解释,分别对香港基本法和澳门基本法作出3个和1个解释,对国籍法在香港特别行政区、澳门特别行政区实施的几个问题分别各作出1个解释。十二届全国人大常委会成立之初就明确提出,要继续加强和改进立法工作,做好法律的解释等工作,切实增强法律的针对性、及时性、系统性,更好地发挥立法的引领和推动作用。5年期间,共出台法律解释9件,包括刑法有关条款的解释4件,刑事诉讼法有关条款的解释3件,民法通则和婚姻法有关姓名权条款的解释1件,香港基本法有关宣誓条款的解释1件。法律解释不仅数量增加,而且领域也拓展到诉讼法和民法领域。再如,编纂一部符合我国实际和国情的民法典,是新中国几代人的夙愿。新中国成立后,党和国家曾先后于1954年、1962年、1979年和2001年四次组织起草民法的工作。第一次和第二次由于多种原因而未能取得实际成果。1979年第三次启动是在党的十一届三中全会的背景下进行的,当时领导法制委员会工作的彭真、习仲勋同志经过深入研究后,确定按照"成熟一个通过一个"的工作思路,先制定民事单行法律。修改了婚姻法,相继出台继承法、民法通则、收养法、担保法、合同法等。2001年第四次启动,又先后制定了物权法、侵权责任法、涉外民事关系法律适用法等。经过各方面的共同努力,逐步形成了比较完整的民事法律规范体系,编纂民法典的条件已经成熟。党的十八届四中全会作出了编纂民法典的重大政治决断。按照党中央确定的"先制定民法总则、再整合编纂各分编,争取2020年形成统一的民法典"的"两步走"工作思路，2017年3月十二届全国人大五次会议审议通过民法总则，为编纂民法典打下了坚实基础。2020年5月28日，十三届全国人大三次会议高票通过《中华人民共和国民法典》，这标志着新中国第一部以法典命名的法律编纂任务顺利完成，在新中国法治建设史上具有里程碑意义。可以说，编纂民法典不仅是民事立法的重要里程碑，也是立法编纂的首次成功尝试，极大丰富了我国的立法形式和手段，对于其他领域的法典编纂工作具有重要的示范引领意义。

七、立法过程从有限开放转向公开透明

从建国开始，我国的立法工作就认真贯彻落实群众路线，注意从群众中来，到群众中去。比如，1954年宪法草案就曾公布并广泛征求意见，全民讨论近3个月，参加讨论的有1.5亿多人，宪法起草委员会办公室整理的意见多达138万条。改革开放以后，全国人大常委会也曾公布1982年宪法草案、全民所有制工业企业法草案、合同法草案等重要法律草案，公开征求意见。但绝大多数的法律草案，征求意见一般局限于地方人大、专家学者及相关方面，立法公开的范围比较有限，广大社会公众一般不了解也没有渠道直接参与立法活动。

随着改革开放的不断深入、经济社会的不断发展以及社会主义民主政治的稳步推进，广大人民群众权利意识、政治参与意识不断提高，对于立法的期盼不断上升，参与立法的热情不断高涨，通过立法表达利益诉求、解决利益冲突的要求日益强烈。顺应这一历史潮流，全国人大常委会扩大立法公开的范围，将立法公开原则、公众参与原则贯穿到立法工作的各个环节、各个领

域,不断扩大社会公众对立法活动的有序参与,充分保障广大人民群众的知情权、参与权、表达权和监督权,积极推进立法决策的透明化、科学化、民主化,逐步实现了立法的全方位开放。2008年4月,十一届全国人大常委会第二次委员长会议决定,常委会初次审议的法律草案一般都予以公开,向社会广泛征求意见,使法律草案公开征求意见进一步规范化、制度化、常态化,有力提升了立法的透明度和公众的参与度,受到全社会的广泛好评。经过多年努力,已经形成了立法座谈会、论证会、听证会、立法后评估以及公布法律草案征求意见等一系列开门立法制度,为实现全方位立法公开提供了充分保障。目前,开门立法已经成为立法工作的基本特征和必经程序。

党的十八大以来,开门立法取得新进展。有关方面先后出台立法项目征集论证、立法重大利益调整论证咨询、重要立法事项引入第三方评估等工作规范;建立并实施基层立法联系点、立法专家顾问、法律案通过前评估等制度,明确常委会初次审议和继续审议的法律草案都及时向社会公布征求意见。据统计,十二届全国人大常委会任期内,共有70件次法律草案向社会征求意见,有16万多人次提出意见43万多条,许多好的意见得到吸收采纳。十三届全国人大常委会以来,共有130余件次法律草案向社会公布征求意见,参与人次超过97万,提出意见近300万条,参与人次接近之前十年的2倍,提出的意见建议数量已经与之前十年总数持平。特别是2014年10月,党的十八届四中全会决定提出建立的基层立法联系点制度,极大拓展了基层群众参与立法的深度和广度,成为开门立法、民主立法的重要渠道和民主民意表达的重要平台,进一步增强立法机关与人民群众的联系互动沟通,丰富了全过程人民民主的实践和内涵。2015

年、2020年、2021年、2022年,全国人大常委会法工委分四批一共设立了31个基层立法联系点和1个立法联系点(中国政法大学),覆盖全国31个省区市,辐射带动全国各地设立500多个省级基层立法联系点和近5000个设区的市级基层立法联系点。基层立法联系点工作为人民群众有序参与国家立法提供了现实有效的途径,即国家立法机关在法律草案的立项、起草、调研、审议、评估、宣传、实施等立法全过程、各环节,通过基层立法联系点听取基层群众意见建议,并把群众诉求"原汁原味"反馈给国家立法机关作研究吸纳的参考,有益的建议在法律中得到体现。因此,基层立法联系点被群众形象地称为国家立法"直通车"。截至2022年1月,全国人大常委会基层立法联系点先后就132部法律草案、年度立法计划等征求基层群众意见,获得建议11360余条,这些意见建议都得到国家立法机关的尊重和认真研究,其中2300余条意见建议被不同程度采纳吸收。一位基层全国人大代表动情地说:"过去觉得立法是很高大上的事,人民大会堂离自己很遥远,现在有了立法联系点,最高立法机关与基层干部群众有了直通车,老百姓的心声和期盼可以更快、更准地体现在法律条款中。"这是全过程人民民主的生动实践,也是立法公开的重要成果。总之,不断推进立法过程的公开透明,不仅有助于立法工作深入了解民情、充分尊重民意、广泛集中民智,使立法更加结合实际、更加贴近生活、更具针对性和可操作性,解决好人民群众最关心的现实问题,而且有助于进一步激发公民参与立法的热情,消除公民对法律的陌生感,增强对法律的认同感,培养人们的法治信仰。

第七章
人大监督工作不断推进

新中国成立70多年特别是改革开放40多年来，经过不懈努力，我们已经建立并在逐步完善党内监督制度、行政监督制度、监察监督制度、司法监督制度，以解决党员违反党纪、政府工作人员违反政纪、国家工作人员违法犯罪的问题。在诉讼活动中，还建立并完善司法机关相互间的监督，上下级法院的审级监督，检察院的法律监督。此外，还有政协民主监督、民主党派监督、群众监督、舆论监督，等等。特别是党的十九大提出"深化国家监察体制改革"，十三届全国人大一次会议通过修改宪法和制定国家监察法，建立了全新的国家监察制度，我国监督体系进入一个新的发展阶段。习近平总书记在十九大报告中专门强调"健全党和国家监督体系"，明确提出要"构建党统一指挥、全面覆盖、权威高效的监督体系，把党内监督同国家机关监督、民主监督、司法监督、群众监督、舆论监督贯通起来，增强监督合力"。每一种监督都有各自特定的作用，共同构成了党和国家监督体系。这个监督体系是全方位、多层次的，实践证明是符合我国国情和实际、行之有效的。

习近平总书记指出："人民代表大会制度的重要原则和制度设计的基本要求，就是任何国家机关及其工作人员都要受到制约和监督。"人大监督是党和国家监督体系的重要组成部分，也是其他监督制度不可替代的。人大监督的目的，在于确保宪法和法律得到正确实施,维护社会主义法制的统一和尊严,确保行政权、监察权和司法权得到正确行使,确保人民的合法权益得到尊重和维护。人大对"一府一委两院"的监督工作如果没有搞好,就会失职;如果代行行政权、监察权、审判权、检察权,就会越权。人大的监督工作既不能失职,又不能越权。

按照依法行使职权的原则,监督权的行使需要有法律明确规定。1982年宪法和1979年地方组织法明确规定人民代表大会监督常委会、常委会监督"一府两院"(全国人大常委会的监督对象还包括中央军委)的工作,对代表大会和常委会审查计划、预算作出权限划分,对询问和质询、罢免、特定问题调查等监督手段作出原则规定。40多年来,全国人大及其常委会根据宪法,制定和修改完善审计法、预算法、监察法等一系列与人大监督工作相关的法律和规定,对权力运行的制约和监督不断加强,有力推动了宪法法律的有效实施,有力促进了依法行政和公正司法。其中最重要的是2006年8月十届全国人大常委会制定的《中华人民共和国各级人民代表大会常务委员会监督法》(以下简称《监督法》)。《监督法》共9章48条,深入总结了新中国成立以来人大监督工作的实践经验,全面系统地对全国人大和地方各级人大常委会监督工作的基本原则、主要内容、监督形式和具体程序等问题作了明确规定,逐步健全了人大监督制度和工作机制,是开展人大监督工作的主要法律依据,有力推动了人大监督工作依法有效开展。《监督法》从1986年开始酝酿,到第七、八、九届全国人大常委会组织起草,2002年8月将《监督法》草案提交九届全国人大常委会第二十九次会议初次审议,此后十届全国人大常委会又经过三次审议,于2006年8月27日由十届全国人大常委会第二十三次会议表决通过,前后历时二十年。二十年磨一剑,一部具有中国特色的监督法,终于得以制定出台,既反映出最高国家权力机关对这部法律的高度重视和持续推动,也充分说明,这部法律涉及我国的政治制度和国家体制,政治性、理论性、实践性、敏感性都很强,只有通过实践,积累经验,才能逐步统一认识。

《监督法》实施以来特别是党的十八大以来,以习近平同志为核心的党中央高度重视人大监督工作,强调要用好宪法赋予人大的监督权;实行正确监督、有效监督、依法监督。全国人大常委会切实履行宪法法律赋予的监督权,把实行正确监督、有效监督、依法监督作为开展监督工作的基本遵循,聚焦党中央重大决策部署,聚焦人民群众的急难愁盼,围绕供给侧结构性改革、转变经济发展方式、防范重大风险、精准脱贫、污染防治、社会发展、民生保障等重要领域,通过检查法律实施情况,听取审议工作报告,开展专题询问和专题调研等多种方式,完善监督机制,提升监督实效,推动法律得到有效实施,推动"一府一委两院"依法履职,推动解决人民群众普遍关心的热点难点问题。近十年来,全国人大常委会共检查50多部法律和2个决定的实施情况,听取审议"一府一委两院"150多个专项工作报告,开展28次专题询问、43项专题调研,做出11个决议;接受报备的法规、司法解释7800多件,通过审查纠正1900余件。

一、听取和审议专项工作报告

专项工作报告是全国人大常委会使用得最早的一个经常性监督工作形式。1954年全国人民代表大会成立以后,这个形式就开始使用。据历史档案记载,周恩来总理向全国人大常委会报告工作达16次之多。在《监督法》出台之前,常委会一直根据宪法和法律有关规定,每年都围绕若干国计民生的重要问题听取和审议有关国家机关的报告,这个监督形式当时称为"专题工作报告",而且每年常委会都有一个听取和审议专题工作报告的年度计划。为了加强这项工作,2005年十届全国人大常委会时,秘书长办公会议制定了《全国人大常委会听取专题工作报告程序》,对具体组织工作进行了规范。2006年制定的监督法则在此基础上列专章将这一监督形式系统地作出规定。听取和审议专项工作报告也是常委会最经常使用的监督形式。根据修改后的环境保护法和监察法,又增加了常委会听取审议本级人民政府关于环境状况和环境保护目标完成情况年度报告、本级监察委员会专项工作报告的内容。从2006年监督法制定施行开始,全国人大常委会每年都有一个包含各种监督工作在内的综合性的监督工作年度计划,一般20多个监督项目,其中一半以上是听取和审议专项工作报告。

当前,听取和审议专项工作报告已经成为全国人大常委会开展监督工作的一种主要形式。十二届全国人大常委会共进行了146个监督项目,其中专项工作报告83个,约占57%。这个监督形式具有经常性、及时性和针对性强等特点,在常委会监督工作中发挥了重要作用。常委会每年都会根据党中央的工作部署,按照法定的程序,选择若干关系改革发展稳定大局和人民群众切身利益、社会普遍关注的重大问题,有计划地安排听取和审议国务院、最高人民法院、最高人民检察院的专项工作报告。"一府两院"(根据监察法,还有"一委",即国家监察委员会)的专项工作报告不仅要安排在常委会全体会议上听取,而且要安排分组会议审议,常委会组成人员对专项工作报告的审议意见还要交由"一府两院"研究处理,"一府两院"应当将研究处理情况向常委会提出书面报告,常委会认为必要时还可以对专项工作报告作出决议,"一府两院"应当在决议规定的期限内将执行决议的情况向常委会报告。2020年全国人大常委会首次听取审议了国家监察委员会关于开展反腐败国际追逃追赃工作情况的报告。此外,围绕专项工作报告的主题,全国人大有关专门委员会一般都要开展前期调研,并将调研报告提供给常委会组成人员参考,为常委会听取审议专项工作报告做好前期准备。常委会就是通过这一系列工作环节,来实现对"一府两院"专项工作进行监督。监督法第二章用一个专章对专项工作报告的选题、听取、审议、审议意见的转交、研究处理情况的反馈、向社会公开等一系列问题作了明确具体的规定。

二、计划和预算监督

审查和批准决算,听取审议计划、预算的执行情况报告,听取审议审计工作报告,这是人大常委会十分重要的一项监督职权。全国人大及其常委会先后制定了审计法、预算法、监督法等法律,通过了关于加强中央预算审查监督的决定、关于加强经济工作监督的决定等,确立审计监督制度,对国家年度计划、五年规划的审查和批准,以及预决算草案的审查和批准、预算执行情况的监督等提出了较为具体的要求,增强了人大审查批准计划、预算的权威性和严肃性。为了确保行使好这项职权,1994年3月22日第八届全国人民代表大会第二次会议通过的预算法赋予财政经济委员会对计划和预算进行初步审查的职责,并加强委员会组织建设,提高委员会工作效能。全国人大常委会1998

年设立预算工作委员会,协助承担审查预算及其调整方案、监督预算制定等工作,为加强预算监督创造了条件。

根据监督法等有关法律的规定,国务院每年一般在6月将上一年度的中央决算草案提请全国人大常委会审查批准,一般在8月向全国人大常委会报告本年度上一阶段国民经济和社会发展计划、预算执行情况。常委会在审查和批准决算的同时,听取和审议关于上一年度预算执行情况和其他财政收支的审计工作报告,并在12月听取和审议审计查出问题整改情况的报告。此外,常委会还要审查和批准计划、预算在执行中所必须作出的部分调整方案等。监督法第三章和预算法等其他相关法律关于人大常委会对计划、预算的监督作了十分明确具体的规定。

党的十八大以来,全国人大常委会认真落实党中央的决策部署,努力创新预算决算审查监督机制,改进审计查出突出问题整改情况向全国人大常委会报告机制,连续三年听取审议国务院整改情况报告。建立国务院向全国人大常委会报告国有资产管理情况制度,提出人大预算审查监督重点向支出预算和政策拓展的指导意见,完善预算审查前听取人大代表和社会各界意见建议机制,推进人大预算联网监督,计划、预算审查监督工作机制不断完善。特别是预算全口径、全过程监督取得重大进展。全国人大及其常委会的预算审查已经实现了从"一本预算"到"四本预算"、从财政预算到部门预算、从中央本级预算到中央对地方转移支付预算、从国债到政府债务等方面的转变,预算公开也得到扎实推进。在总结地方人大实践经验基础上,全面推进人大预算联网监督,实现对预算决算的全口径审查和对预算执行全过程的实时在线监督,向着构建完整、规范、透明的预算制度迈出了坚实步伐。

三、法律法规实施情况的检查

对法律法规实施情况的检查监督，通常称为"执法检查"，是常委会十分富有成效的一种监督形式。十一届三中全会后，国家的法治建设开始逐步恢复，立法工作刚刚启动。那时，执法检查还没有被提到议事日程上，因而也没有执法检查的监督制度。20世纪80年代初期，随着我国民主法制进程的加快，一些地方人大常委会针对一些领域存在的有法不依、执法不严、违法必究的情况，开展了对法律实施情况监督检查的探索。1983年，沈阳市人大常委会结合1982年宪法的宣传和贯彻，连续两年"大检查"。据目前资料，这是恢复法治建设后最早的人大"执法检查"活动。20世纪80年代中期，一些地方人大常委会开展了执法检查的探索。安徽省人大常委会从1985年开始每年组织一次全省范围的执法检查；浙江、江苏等省人大常委会安排听取有关法律、法规实施情况的汇报；湖南、青海等省还作出关于开展执法检查的决定。随着立法工作的进展和法律体系的建设，法律的实施与监督摆到越来越重要的位置。1987年，全国人大常委会开始进行法律实施状况的调查研究。1988年7月，七届全国人大常委会工作要点提出："常委会要有选择地对一些重要法律的实施情况进行检查，如发现违宪违法行为，要向有关执法部门提出意见，督促其严肃执法。有关执法部门要将处理结果报告常委会。必要时，常委会可以组织特定问题的调查委员会，并作出相应的决议。"执法检查正式成为常委会监督形式的一种，始于20世纪90年代初。1990年全国人大常委会开始将执法检查的报告列入常委会会议议程进行审议。1991年12月，七届全国人大常委会明确提出"要把制定法律和法律制定后的监督检查放在同等重要地位",强调,"我们人大常委会会议,每次都要有一个到两个法律执行情况的检查汇报,把它列入议程。这要作为一项制度坚持下去"。1993年八届全国人大常委会制定了《全国人民代表大会常务委员会关于加强对法律实施情况检查监督的若干规定》,首次以法律形式确认了执法检查这种监督形式,对执法检查对象、内容和程序等作出具体规定。1999年九届全国人大常委会第十四次委员长会议又通过了《关于改进全国人大常委会执法检查工作的几点意见》,对执法检查的组织工作进行了规范。2006年出台的监督法则列专章,将执法检查作为人大常委会监督工作七种方式之一,对执法检查计划的制定、执法检查的组织开展、执法检查报告的内容、执法检查报告的审议、执法检查报告及其审议意见的转交、法律实施主管部门对执法检查中发现问题的整改及其有关情况的反馈报告等,都作了规范化、程序化的规定。

  人大常委会的执法检查不是一般性的工作检查,而是国家权力机关根据法律的授权,针对法律法规的实施情况开展的专门检查。执法检查的主体是各级人大常委会,执法检查的对象是法律法规实施主管部门。常委会的执法检查,一般都是由相关专门委员会围绕主题先进行前期调研,了解相关工作情况,之后确定执法检查重点,制定出执法检查方案。执法检查组检查结束后,写出执法检查报告,并列入常委会会议议程听取和审议。听取和审议结束后,要将执法检查报告和审议意见一并交给法律实施主管部门研究处理,有关部门应该在规定时间内就研究处理情况向常委会提出书面反馈报告。

  党的十八届三中、四中全会都对做好法律实施的监督工作提出明确要求，全国人大常委会认真落实党中央的工作部署，把保证法律严格实施作为全面推进依法治国的重要抓手，注重发挥人大执法检查"法律巡视"监督利剑的功效，探索形成包括选题、组织、报告、审议、整改、反馈六个环节的"全链条"工作流程，紧扣法律规定查找问题，敢于动真碰硬，保证法律法规有效实施。全国人大常委会委员长会议组成人员担任执法检查组组长，带队赴地方开展检查，并代表检查组向常委会作报告、主持联组会议进行专题询问，有力促进了法律的正确有效实施。时任栗战书委员长亲自担任大气污染防治法等法律执法检查组组长，在讲话中强调要"以法律的武器治理污染，用法治的力量保卫蓝天"；强调人大执法检查是在行使宪法法律赋予的监督权，是"法律巡视"，是保证法律得到有效实施的一把"利剑"，执法检查过程就是进行监督的过程，执法检查必须严格，监督必须有力度，这也是一个原则，也要切实体现好，要避免检查、监督中出现"粗、宽、松、软"的问题。2018年7月，全国人大常委会加开一次会议，听取审议大气污染防治法执法检查报告，结合审议执法检查报告开展专题询问，并作出专门决议，有力增强了监督实效。

四、规范性文件备案审查

备案审查是常委会日常监督工作的重要组成部分，也是法律监督的主要内容。在我国，宪法具有最高的法律效力，一切法律、行政法规、地方性法规、自治条例和单行条例、规章等都不得同宪法相抵触，所以备案审查也是宪法监督的重要形式。按照宪法法律的规定，全国人大常委会对行政法规、地方性法规、自治条例和单行条例，以及最高人民法院和最高人民检察院的司法解释等进行备案审查。有关国家机关、社会团体、企业事业组织以及公民认为规范性文件同宪法法律相抵触的，可以依法向全国人大常委会书面提出进行审查的要求或建议。全国人大常委会也可以主动进行审查。全国人大常委会有权撤销国务院制定的同宪法、法律相抵触的行政法规、决定和命令；有权撤销省、自治区、直辖市国家权力机关制定的同宪法、法律和行政法规相抵触的地方性法规和决议；有权撤销省、自治区、直辖市人大常委会批准的违背宪法和有关法律规定的自治条例和单行条例。关于备案审查工作的规定，除了宪法的规定，主要体现在监督法第五章，同时，立法法也从规范立法权限、解决法律抵触、维护法制统一的角度对备案审查作出了具体规定。

备案审查工作在全国人大常委会监督工作中占有重要位置。特别是党的十八届三中、四中全会对做好备案审查工作提出明确要求，党的十九大进一步提出要加强宪法实施和宪法监督，推进合宪性审查工作，常委会进一步加强了备案审查工作。积极落实备案审查衔接联动机制，制定备案审查工作规程，建立了全国统一的备案审查信息平台，实行有件必备、有备必审、有错必纠。十二届全国人大常委会共接受报送备案的规范性文件4778件，对188件行政法规和司法解释逐一进行了主动审查，对地方性法规有重点地开展专项审查，认真研究公民、组织提出的1527件审查建议，对审查中发现与法律相抵触或不适当的问题，督促制定机关予以纠正，保障宪法法律实施，维护国家法制统一。

五、询问和质询

询问和质询,是宪法和法律赋予人大常委会组成人员的一项重要权利,是人大常委会行使对政府、监察委员会、法院、检察院监督职权的一种重要形式。

(一)关于质询

1954年宪法尚未使用"质询"这一概念,而是使用的"质问"一词。根据有关档案资料,1954年宪法初稿中曾规定:"全国人民代表大会代表有权向国务院或者国务院所属各机关提出质问和询问。"在讨论中,有的同志提出,质问和询问为什么要分开?不分开好不好?质问也就是质疑,分开了,代表提问时就要想,自己的问题是该用"询问"方式提出还是改用"质问"方式提出呢?问题的实质是"问"和"答",为什么要讲人家的动机是"质"还是"询"呢?也有的同志则认为,"质问"和"询问"是不相同的,但界限难分,改为"质询"好了,就可以减少很多麻烦。1954年宪法最后用的是"质问",删去了"询问",这可能是因为"质问"和"询问"的界限不好区分。但我国学术界普遍认为,1954年宪法规定的质问兼具质询和询问两种监督方式的特点。1954年宪法规定:"全国人民代表大会代表有权向国务院或者国务院各部、各委员会提出质问,受质问的机关必须负责答复。"1954年全国人大组织法第三十三条、1954年地方组织法第十七条对质问的程序作了规定。根据这些规定,质问主体是代表,代表可以一个人提出,也可以几个人联合提出;质问对象是同级人民政府及所属部门。1975年宪法删去了有关质问的规定。1978年宪法和 1979 年地方组织法将"质问"改为"质询",并把质询案扩大到法院和检察院。

1982 年宪法第七十三条规定:"全国人民代表大会代表在全国人民代表大会开会期间,全国人民代表大会常务委员会组成人员在常务委员会会议期间,有权依照法律规定的程序提出对国务院或者国务院各部、各委员会的质询案。受质询的机关必须负责答复。"这一规定与 1978 年宪法关于质询的规定相比,有三点不同:一是赋予全国人大常委会组成人员质询权;二是质询对象恢复到 1954 年宪法的规定,没有包括最高人民法院和最高人民检察院;三是授权法律对提出质询案的程序作出规定。在通过 1982 年宪法的同次全国人民代表大会会议上修改颁布的全国人大组织法对提出质询案的人数(一个代表团或者三十名以上代表,常委会组成人员十人以上)作了规定。习仲勋副委员长对这一修改作了这样的说明:"质询案一般是对国务院或者国务院各部、各委员会决定的方针、政策或者重大措施有意见,或者对认为有失职行为的领导人员提出质询,要求答复的,如果多数代表对质询的答复不满意,还可以提出要求进一步措施的意见。这是一件比较严肃的事情,因而草案规定代表提出质询案的程序与代表提出议案的程序应当大致相同。"他还说:"这样规定,有利于发挥全国人大和它的常委会对国家机关的监督作用,也便于受质询机关作出负责的答复。"1986 年 12 月修改地方组织法时,也对地方人大代表提出质询案的人数作了规定,并增加规定了地方人大常委会的质询制度。

1987 年 11 月六届全国人大常委会第二十三次会议通过的全国人大常委会议事规则和 1992 年 4 月七届全国人大五次会议通过的代表法,进一步将质询对象扩大到最高人民法院、最高人民检察院。一些地方性法规也对质询制度作了进一步的完善,对可以提出质询案的范围和质询的程序等作出进一步具体规定,使之更具可操作性。2006年出台的监督法根据宪法和有关法律的规定,总结实践经验,设专章第一次对各级人大常委会质询案的提出和处理作了规范化、程序化的统一规定。

从实践情况看,全国人大代表、常委会组成人员迄今没有提出过真正属于法律意义上的质询案。据档案资料记载,1980年8月30日至9月10日,五届全国人大三次会议期间,北京、天津、上海等5个代表团的部分全国人大代表,就上海宝山钢铁厂建设问题先后4次向冶金部提出质询。这次全国人大代表联名提出的质询,以1978年《宪法》为依据,由大会秘书处作出相应处理,可以被视为全国人大历史上第一次启用质询这一监督方式。2000年3月5日至15日,九届全国人大三次会议期间,辽宁省代表团的何大川等32名全国人大代表联名,就山东烟台"11·24"特大海难的救助情况、我国客滚船强制报废制度等问题,向交通部提出询问。虽然这次"询问"是由32名全国人大代表联名书面提出,类似于询案,但从代表书面提出问题的表述和处理的具体程序看,还不是真正法律意义上的质询案。

而在地方,质询案的实践相对较多。比如,1985年2月,湖北省邮电局以扩大信函范围、增收各种服务费用为由,变相提高邮资55种。在同年4月召开的省六届人大三次会议上,22名代表就上述问题对省邮电局提出质询。省邮电局的负责人和分管副省长对质询作了认真答复和自我批评。事后省邮电局以加急电报通知全省各邮电局立即停止涨价文件,并退还用户多收邮资32万多元。又如,辽宁省东部山区群众为了保护好当地的生态环境,退耕还林,多年来付出了很大代价。为了支持山区建设，补偿山区群众的损失，省政府决定从1987年起每年筹资2000万元作为专项资金。但十多年过去了，政府的决定一直未能兑现。1999年辽宁省抚顺代表团22名代表提出质询案，要求政府抓紧落实，取信于民。省政府接到质询案后立即召开省长办公会进行研究，制定了具体的筹措资金方案，并由副省长到会答复代表质询。再如，1998年浙江省德清县人大常委会成员对该县三大饭店48天内连续发生4起群众食物中毒、中毒者多达135人的突发事件向县卫生局提出的质询，同年福建省永泰县人民代表大会会议期间代表对一个犯罪团伙不到两个月时间内连续三次作案并持刀杀人的事件向公安局提出的质询，都促使政府迅速采取措施，及时解决问题，防止事态的进一步蔓延。这类质询案不仅在本省，在其他各省也引起较大反响。

  总的来看，质询带有纠正错误、追究责任和事后监督的性质，受质询机关或部门对代表提出的质询案一般都认真严肃地对待，主动纠正错误、改进工作。与其他一些监督形式相比，质询具有明确的针对性、较强的法律效力和广泛的影响力。但是，质询作为一种有效的监督形式在各级人大及其常委会的实践中运用较少。多数地方的人大及其常委会没有运用这种监督形式，在较长时期内极少行使质询权。产生这种现象的原因是多方面的，既与宏观环境相关联，也与微观程序有关系。党的十八届三中全会对完善人大工作机制，通过询问、质询、特定问题调查、备案审查等积极回应社会关切提出了明确要求。为贯彻落实三中全会改革举措，2015年制定出台了《全国人大及其常委会依法开展质询工作的实施意见》，有关方面正在认真贯彻落实。当然，开展质询涉及面广、影响力大，必须十分慎重、稳妥。

（二）关于询问

1982年的全国人大组织法第一次对询问作出规定："在全国人民代表大会审议议案的时候，代表可以向有关国家机关提出询问，由有关机关派人在代表小组或者代表团会议上进行说明。"询问制度，是在质询制度之外新创设的一项制度。1986年12月修改地方组织法时，将询问制度引入地方人大。

1987年11月六届全国人大常委会第二十三次会议通过的全国人大常委会议事规则将"询问"引入全国人大常委会。1989年4月七届全国人大二次会议通过的全国人大议事规则则进一步将"询问"与"质询"并列作为一章作出规定，并要求有关机关派"负责人员"到会听取意见，回答询问，进一步强化了询问的监督作用，从而形成了询问与质询两种并列的监督形式。2006年出台的监督法进一步规范了询问的程序，对提出询问的主体、时间、内容、对象以及询问的答复和跟进等作出了明确规定。

询问与质询相比，程序更加简便，方式更加灵活，因此，更便于操作和开展。由于询问采取提出问题、要求解答的方式，比质询更缓和，互动性更强，所以询问往往容易被有关方面接受。因此，询问成为人大常委会行使职权经常运用的一种方式。

这里需要重点介绍专题询问的情况。专题询问是全国人大常委会在法律规定的基础上探索形成的一种监督形式。具体讲，就是人大常委会会议对有关议案或者工作报告进行审议的时候，围绕一个相对确定的专题，就人民政府或者人民法院、人民检察院的该项工作进行询问，同时"一府两院"派人到会听取意见，回答询问，从而达到督促有关部门依法履行职责，发现问题解决问题，推动相关工作顺利开展的一种监督形式。2010年

3月9日，吴邦国委员长在十一届全国人大三次会议上所做的全国人大常委会工作报告明确提出："询问和质询是人大对'一府两院'实施监督的法定形式。根据监督法和全国人大常委会关于加强经济工作监督决定的精神，今年我们将选择代表普遍关心的问题听取国务院有关部门专题汇报，根据有关法律的规定，要请国务院有关部门主要负责同志到会听取意见、回答询问、答复问题。"这一宣告在社会上引起了广泛关注和好评。从2010年6月进行首次专题询问至今，全国人大常委会已经开展了24次专题询问，平均每年3次。各有关方面对专题询问工作也十分重视，国务院办公厅专门向国务院各部门发出《关于积极配合全国人大常委会做好询问有关工作的通知》。全国人大常委会研究制定关于改进完善专题询问工作的若干意见，从选题、准备、组织、整改落实、新闻宣传等方面加以改进和完善，提高了专题询问的针对性、互动性和实效性。国务院领导同志及各部委负责同志、最高人民法院院长、最高人民检察院检察长多次到常委会参加会议、听取意见、回答询问，进一步发挥了人大专题询问的独特作用，有力推动了相关工作的改进。

六、特定问题调查

特定问题调查也是人大监督的一种重要形式，是指人大及其常委会为查证某个重大问题而依照法定程序所进行的调查活动。关于特定问题调查的启动、组织、程序等，宪法和相关法律都有规定，特别是监督法第七章作了明确具体规定。作为人大重要的刚性监督手段，特定问题调查权灵活性大、适应性广、针对性强，依法启动和运用这项权力，能迅速有效地查清和处理那些涉及群众切身利益的难点焦点问题与关系发展稳定大局的重大问题以及一些久拖不决的疑难问题，是强化人大监督职能所必要的。

我国宪法和法律关于特定问题调查委员会的规定，经历了一个发展完善的过程。1954年宪法最早对全国人大及其常委会的特定问题调查权作出规定。刘少奇同志在关于宪法草案的报告中解释特定问题调查委员会的性质时说："这种委员会是临时性的组织，是全国人民代表大会为了监督其他国家机关的工作而组织的一种委员会。"1954年通过的全国人大组织法第三十条规定："全国人民代表大会和全国人民代表大会常务委员会依照中华人民共和国宪法第三十五条的规定，可以组织对特定问题的调查委员会。调查委员会的组织和工作，由全国人民代表大会或者全国人民代表大会常务委员会临时决定。"由此可见，特定问题调查权是宪法赋予全国人大及其常委会的一项重要职权，是全国人大及其常委会行使监督权的一种特殊手段，在必要时，由全国人大或全国人大常委会决定使用这种手段。1975年宪法、1978年宪法均没有关于特定问题调查委员会的规定。

党的十一届三中全会后，我国人民代表大会制度进入新的发展阶段。1982年宪法第七十一条对全国人大及其常委会组织特定问题调查委员会重新作出规定，并且特别强调："调查委员会进行调查的时候，一切有关的国家机关、社会团体和公民都有义务向它提供必要的材料。"1986年修改地方组织法时，增加规定赋予县级以上地方各级人大及其常委会特定问题调查权。

根据宪法和法律的规定，县级以上各级人大及其常委会认为必要的时候，可以组织关于特定问题的调查委员会。但是，在实践中，自1954年第一届全国人大一次会议召开以来，全国人大及其常委会从未组织过特定问题调查委员会。这并不是全国人大及其常委会放弃行使组织特定问题调查委员会的职权，而是因为一直没有出现有必要组织特定问题调查委员会的情形。那么，在什么情况下需要组织特定问题调查委员会呢？这是一个需要在实践中逐步加深认识和探索的问题。比如，1988年1月，某省人大会议上有86名代表提出对省检察院检察长的罢免案，列入议程经代表审议讨论后，认为提出罢免的理由涉及的有关事实需要调查清楚后再进一步审议。为此，大会通过了一个决议，授权省人大常委会3名副主任、5名专职委员组成调查委员会进行调查。调查委员会经调查认为，罢免案中所提情况基本属实，但考虑到该同志换届后已不再被提名担任检察长，而罢免案提到的两个案件又是在受到干预的情况下决定的，责任不全在检察长，所以建议不予罢免。调查委员会提出调查报告后，该同志就罢免案提到的情况向人代会作出检查，然后由大会主席团提出不予罢免的建议，交代表讨论，经多数代表同意后，不再对罢免案进行表决。这样处理，比较慎重。

总结这些实践经验，1989年4月七届全国人大二次会议通过的全国人民代表大会议事规则规定全国人大可以就代表提出的罢免案组织调查委员会。这就提出了组织特定调查委员会的一种情形，即在审议罢免案时，可以组织特定问题调查委员会。这样，体现了对人的处理要十分慎重的原则，避免匆忙决定。当然，全国人大在审议罢免案时，并不是必须组织调查委员会。如果提出的罢免案事实清楚，理由充分，可在当次会议上对罢免案进行表决；如果认为有些事实还不清楚，可以组织特定问题调查委员会，对有关的事实进行调查。1995年修改地方组织法时，增加规定县级以上地方各级人大在审议地方国家机关领导人员的罢免案时,可以不在本次会议对罢免案进行表决,而由主席团提议,经全体会议决定,组织调查委员会进行调查。在人大下次会议上,再根据调查委员会提出的报告对罢免案进行审议,作出是否予以罢免的决定。

2006年出台的监督法总结各地人大工作的实践经验,列专章对"特定问题调查委员会"作出规定。根据宪法和监督法的规定,关于在什么情况下需要组织特定问题调查委员会,有两个基本特点:第一,组织特定问题调查委员会,是人大及其常委会行使职权的需要。对于人大常委会职权范围内的事项,必要时,可以组织调查委员会进行调查。第二,组织特定问题调查委员会,应是人大专门委员会、常委会工作机构无法胜任完成的重大问题。也就是说,在一般情况下,人大常委会在行使职权中遇有事实不清需要调查时,首先应由人大专门委员会或者常委会工作机构进行调查,向常委会提出调查报告,不必组织特定问题调查委员会。只有在问题特别重大,由人大专门委员会或者常委会工作机构进行调查无法完成时,才需要组织特定问题调查委员会进行调查。

实践中,全国人大及其常委会尚未成立过特定问题调查委员会,只成立过一次特定问题调查小组。从地方情况看,绝大多数地方人大及其常委会没有开展过特定问题调查,只有少部分地方人大及其常委会开展过特定问题调查。比如,2000年4月,根据全国人大代表的建议,安徽省合肥市人大常委会决定由相关工作委员会负责人、法律工作者共8人组成特定问题调查委员会,就汪伦才案件涉及司法不公等问题实施监督。在历时两个月的调查中,特定问题调查委员会调阅肥东县公安局、法院、检察院,合肥市中级人民法院、公安局法医室等案卷近20册,分析公安、检察机关所作的40多人次的证言笔录,听取合肥市、肥东县有关部门关于案件办理情况的汇报,还对该案承办人、当事人进行集体或者个别调查,调查范围涉及10多个单位、50多人次以及10余名法医学专家,形成关于汪伦才案件调查报告,提请合肥市人大常委会审议。2000年8月19日,合肥市人大常委会第二十次会议听取审议了特定问题调查委员会关于汪伦才案件调查报告,并作出关于汪伦才案件调查报告的决议。建议合肥市人民政府、中级人民法院、人民检察院严肃查处合肥市、肥东县公安、检察部门有关责任人,以及肥东县医院有关责任人深刻反思、吸取教训,并尽快为当事人妥善解决好补发工资等遗留问题。又如,2014年2月11日,根据浙江省云和县人大常委会主任会议提出的《关于提请开展财政存量资金特定问题调查的议案》,云和县十五届人大常委会第十八次会议决定成立特定问题调查委员会,对县本级财政、一级预算单位和各乡镇(街道)截止到2013年末的财政存量资金进行调查。在调查过程中,特定问题调查委员会通过走访县财政局、审计局、国库支付中心等单位,听取汇报、开展座谈、查阅资料,详细了解县本级财政存量资金以及县政府性资金银行存款等相关情况,并召开会议分析讨论,对相对集中的意见和建议提前反馈,督促县政府及相关部门进行整改,对存在争议的问题作延伸调查。5月29日,云和县人大常委会作出了《关于盘活存量提高资金使用效益的决议》,要求县政府从提高认识、加强领导、完善编制、活用资金、科学运作等五个方面,切实做好存量资金盘活工作。特定问题调查委员会将根据该决议,督促县政府及相关部门开展整改落实工作,盘活财政资金存量,提高资金使用效益。再如,2016

年6月,根据江西省人大常委会主任会议提交的《关于成立食品生产加工小作坊和食品摊贩特定问题调查委员会的议案》,省人大常委会作出《江西省人民代表大会常务委员会关于成立食品生产加工小作坊和食品摊贩问题调查委员会的决定》,对全省食品小作坊、小餐饮、小摊贩和小食杂店的"四小"问题开展调查。在前期省人大常委会组织对"四小"基本情况进行全面摸排基础上,7月至8月中旬,食品安全生产加工小作坊和食品摊贩问题调查委员会组织6个调查小组赴11个设区的市,通过实地查看、组织抽查、暗访、技术检测等方式开展调查。9月,常委会会议听取审议了特定问题调查委员会的调查报告,作出《关于加强食品生产加工小作坊小餐饮小食杂店和食品摊贩监管工作的决议》。

这些案例表明,人大及其常委会行使特定问题调查权能够有效地查清和推动解决那些久拖不决的疑难问题,对促进依法行政和公正司法具有重要的意义。党的十八届三中全会决定明确提出,人大要通过询问、质询、特定问题调查、备案审查等积极回应社会关切。我们要认真研究、积极探索特定问题调查委员会组织、调查的程序以及报告的提出和审议的决定,特别是要把握好启动特定问题调查的缘由和情形。同时,也要看到,组织特定问题调查影响大,社会关注度高,特别是行使调查权,需要处理好与"一府一委两院"的关系,既不能失职,也不能越权,因此必须十分慎重。

七、罢免和撤职

罢免和撤职,是最为严厉的人大监督手段。各级人民代表大会有权罢免由其选举和决定产生的国家机构领导人员；县级以上地方人大常委会有撤销个别副职政府领导人员及由它任命的其他组成人员以及法院审判人员、检察院检察人员的权力。

1954年宪法对全国人大的罢免权和罢免对象作出了规定。1982年宪法、全国人大组织法、地方组织法除了规定罢免对象外，还初步规定了提出罢免案的程序。1989年的全国人大议事规则对提出罢免案的主体、罢免对象和罢免程序都作了具体规定。而1986年修改地方组织法时，考虑到在实践中存在因犯错误需要由人大常委会决定撤职的，同正常的免职不同，对人大常委会的撤职制度作了规定。罢免与撤职在性质、作用方面比较类似。人大常委会是本级人大的常设机关，行使部分国家权力。人大常委会的撤职权实际是人大罢免权的延伸。因此，2006年监督法，参照人大代表提出罢免案的程序和人大常委会组成人员提出议案的程序，专设"撤职案的审议和决定"一章，对人大常委会撤职案的提出、处理、审议和决定作出了具体规定，进一步完善了撤职制度。这对于加强对国家机关工作人员的监督，完善人大的监督工作具有重要意义。

对于县级以上地方各级人大常委会来说，撤职权并不是一项经常行使的权力，但是这项权力具有很强的威慑力，是其他监督手段的有力支撑。有人认为，人大常委会的监督，软的多，硬的少；弹性的多，刚性的少，监督力度不够。其实不然，这应当从整个人大常委会的监督体系来看。根据监督法规定，人大常委会通过听取和审议专项工作报告，审查和批准决算，审查和批准计划和预算在执行过程中所作的部分调整，开展执法检查，对规范性文件进行备案审查等，开展经常性的、例行的监督，促进"一府一委两院"依法行使职权、履行职责，不断改进工作。人大常委会的撤职权与其他各种监督形式,相辅相成,共同构成了人大监督体系。撤职权为其他各种监督形式发挥效果和作用提供了有力保障。

综上所述,人大拥有崇高的宪法地位,有宪法法律赋予的广泛职权,但是受诸多因素的影响,有一些权力还没有行使到位,出现了一些监督不力的现象,与人大的宪法法律地位不相称。人大是"国之重器","不鸣则已,鸣则掷地有声"。人大及其常委会的监督工作,就是要不回避热点,不躲避难点,要善用、活用、重用、慎用人大的各项法定权力,积极回应群众的关注和关切,真正发挥人大自身的作用。

第八章
地方人大工作逐步夯实

人民代表大会制度建立60多年来，人大制度和人大工作完善发展取得了巨大成就，这是党中央坚强领导的结果，凝聚着全国各级人大的共同努力。坚持和完善人民代表大会制度，不仅需要加强和改进全国人大及其常委会的工作，更需要关注基层、依靠基层，加强省、市、县、乡等地方人大建设，形成人大工作的整体合力，增强人大工作的整体实效。改革开放40多年来，从县级以上地方人大设立常委会，到赋予设区的市地方立法权，再到加强县乡人大工作和建设，充分发挥地方国家权力机关和人大代表作用，加强党的执政基础和基层国家政权建设，不断巩固人民代表大会制度的根基。

一、县级以上地方人大设立常委会

按照1954年宪法规定，全国人大设立常委会，地方各级人大不设常委会。当初在草案交付全民讨论中，就有意见认为地方人大也需要设立常委会。宪法起草委员会认为地方人大与全国人大不同，地方没有立法权，工作任务没有全国人大那样繁重，而且越是下级的人民代表大会，因为地区越小，就越易于召集会议。因而，1954年宪法实行的是人民委员会体制，规定："地方各级人民委员会，即地方各级人民政府，是地方各级人民代表大会的执行机关,是地方各级国家行政机关。"

1954年宪法施行后,实践中的矛盾和问题逐渐显现:在地方人民代表大会闭会期间,人民委员会行使地方人大常设机关和执行机关的双重职能,不利于地方人大对行政、审判等机关工作进行监督;地方人大没有专门的常设机关,无法开展经常性工作,难以发挥地方国家权力机关的作用。1957年和1965年,有关方面曾经两次提出在地方人大设立常委会的方案,但由于众所周知的原因都未能实现。十年"文革"内乱期间,人民代表大会制度一度遭到严重破坏,从中央到地方的各级人民代表大会几乎都陷于停滞状态,社会主义民主法制建设受到严重影响。这个教训极为深刻。

以党的十一届三中全会为标志,我国的人民代表大会制度进入了一个新的发展阶段。1979年5月,彭真同志根据各方面对地方组织法修订中有关地方政权组织的意见,提出三个方案向中央报告:一是用立法手续把革命委员会体制固定下来;二是取消革命委员会,恢复人民委员会;三是县级以上地方各级人大设立常委会(倾向性方案)。邓小平同志作出明确批示:"我赞成第三方案"。1979年7月,五届全国人大二次会议通过相关立法,正式确定县级以上地方人大设立常委会;同时根据发展社会主义民主、健全社会主义法制的要求,充实完善并明确规定了地方人大及其常委会的职权,包括省、自治区、直辖市人大及其常委会制定地方性法规的职权。从1979年下半年到1981年底,全国县级以上地方人大先后设立常委会。这就使人民在地方人大闭会期间,可以通过人大常委会来行使管理地方国家事务的民主权利。这是新时期我国社会主义民主法制建设的一件大事,是健全地方政权体制的重要举措,是人民代表大会制度的一次重大发展和完善。

1982年宪法没有对地方人大设立专门委员会作出明确规定。此后,少数省级人大相继尝试设立若干个专门委员会。1986年六届全国人大常委会第十八次会议修改地方组织法,第一次明确规定:"省、自治区、直辖市、自治州、设区的市的人民代表大会根据需要,可以设法制(政法)委员会、财政经济委员会、教育科学文化卫生委员会等专门委员会。各专门委员会受本级人民代表大会领导;在大会闭会期间,受本级人民代表大会常务委员会领导。"2015年十二届全国人大常委会第十六次会议对地方组织法进行修改,明确县、自治县、不设区的市、市辖区的人民代表大会根据需要,可以设法制委员会、财政经济委员会等专门委员会。改革开放以来,地方人大专门委员会从无到有,工作力量不断加强,有效助力地方人大及其常委会行使职权。

回顾地方人大设立常委会、专门委员会的历史背景和过程,我们深切地感到,正是在党的十一届三中全会春风的吹拂下,我国社会主义民主法制建设才走上了正确的轨道;正是在改革开放的新时期,我国人民代表大会制度进一步焕发了新的生机和活力。1981年6月,党的十一届六中全会通过的《关于建国以来党的若干历史问题的决议》明确强调:"必须根据民主集中制的原则加强各级国家机关的建设,使各级人民代表大会及其常设机构成为有权威的人民权力机关"。历史昭示我们:地方人大设立常委会,是发展社会主义民主、保障人民当家作主的客观要求,是实行改革开放、推进社会主义现代化建设的客观需要,是健全地方政权体制、保证地方国家机关协调高效运转的客观需要,是加强社会主义法制、保证宪法和法律有效实施的客观需要。这一制度的确立,充分反映和体现了人民的意愿和时代的要求。

1979年7月法律规定地方人大设立常委会并赋予地方立法权之后,最先设立的省级人大常委会,是1979年8月西藏自治区三届人大二次会议选举产生的自治区人大常委会和青海省五届人大二次会议选举产生的省人大常委会;最先制定的地方性法规,是1979年11月新疆维吾尔自治区五届人大常委会第二次会议通过的3个地方性法规。40多年来,地方人大及其常委会坚持以中国特色社会主义理论体系为指导,紧紧围绕党和国家工作大局,从本地区实际出发认真履行宪法和法律规定的职责,制定了一大批地方性法规,充分发挥地方性法规实施性、补充性、探索性功能,促进了地方治理方式转变和治理能力提升,为各地经济社会发展提供了重要的法律保障。目前,现行有效的各类地方性法规有12000余件。地方人大及其常委会通过开展工作监督和法律监督、决定地方重大事项、任免地方国家机关工作人员、做好代表工作等形式和渠道,切实加强地方民主法制建设,为全面推进社会主义经济建设、政治建设、文化建设、社会建设、生态文明建设作出了重要贡献。

二、赋予设区的市地方立法权

2018年3月,十三届全国人大一次会议审议通过的宪法修正案,在宪法中增加了一项重要规定:"设区的市的人民代表大会和它们的常务委员会,在不同宪法、法律、行政法规和本省、自治区的地方性法规相抵触的前提下,可以依照法律规定制定地方性法规,报本省、自治区人民代表大会常务委员会批准后施行。"这是对2015年修改立法法普遍赋予设区的市地方立法权的宪法确认,对于完善我国统一而分层次的立法体制、加强地方立法工作,推进国家治理体系和治理能力现代化具有重大而深远的意义。

赋予地方立法权,是我国立法体制的重大发展,是地方政权建设的重要里程碑。新中国成立以来,我国地方立法经历了从无到有、主体从少到多的发展变化过程。这个过程与我国社会主义现代化建设同步,反映了党领导国家治理方式的重大变化。

1954年宪法规定全国人大是行使国家立法权的唯一机关,全国人大常委会负责解释法律、制定法令,对地方仅规定民族自治地方有权制定自治条例、单行条例。1975年宪法和1978年宪法在这方面的规定类似。就是说,改革开放以前,我国的立法权高度集中在全国人大,全国人大常委会没有严格意义的立法权,地方就更没有立法权。实践很快表明,这种高度集中统一的立法体制具有局限性。对此,毛泽东同志结合我国的国情实际,吸取苏联高度集中统一管理模式的经验教训,对更好发挥中央和地方两个积极性进行了积极的理论思考与探索。1956年,他在《论十大关系》中明确指出,"我们的宪法规定,立法权集中在中央。但是在不违背中央方针的条件下,按照情况和工作需要,地方可以搞章程、条例、办法"。可是,由于后来工作中"左"的思想占据主导地位,这一设想未能付诸实施。

实践是推动制度发展完善的首要动力。我国地方正式获得立法权,始于改革开放实践对法治的需求。1978年12月,邓小平同志在《解放思想,实事求是,团结一致向前看》中指出,"现在立法的工作量很大……有的法规地方可以先试搞,然后总结提高,制定全国通行的法律。"按照这一精神,1979年全国人大会议一次出台7部法律,其中修订后的地方组织法,对我国立法体制作出重要改革，赋予省级人大及其常委会地方性法规制定权。1980年彭真同志在关于地方人大常委会的工作中指出，"过去立法权集中在中央，后来感觉到都集中在中央也集中不了。我们国家大、人口多，有些省的人口和一些中等的国家差不多，有的省人口近一亿。各省、自治区、直辖市又都有其特殊的情况。""一切都由中央制定、颁布，并且规定得很死，全国一刀切，那就很难适应千差万别的具体情况"，"由地方依据中央总的方针，从自己的实际情况出发来规定，可以更好地解决本地的问题。"1982年12月，五届全国人大五次会议通过现行宪法，确认了地方立法制度，会议还对地方组织法再次进行了修改。考虑到一些规模较大的城市，政治、经济、文化地位比较重要，需要因地制宜地制定一些地方性法规，因此，修改的地方组织法规定，省会市和经国务院批准的较大的市人大及其常委会有权拟订地方性法规草案，提请省级人大常委会审议制定。1986年再次修改地方组织法，进一步规定省会市和经国务院批准的较大的市有权制定地方性法规报省级人大常委会批准后施行，将"有权拟订"改为"有权制定"，加强了省会市和较大市的立法地位。2000年制定立法法时又规定，经济特区所在地的市人大及其常委会在根据全国人大及其常委会的授权行使经济特区法规制定权的同时，还可以制定地方性法规。并且立法法把省会市、经国务院批准的较大的市和经济特区所在地的市统称为"较大的市"，共有49个。总的看，除了27个省会城市和深圳、厦门、珠海、汕头4个经济特区所在地城市外，国务院批准的较大的市是严格控制数量的。20世纪80年代至90年代初，综合考虑地域、人口和经济发展水平等因素，国务院一共分4次批准19个市为"较大的市"。1984年批准唐山、大同、包头、大连、鞍山、抚顺、吉林、齐齐哈尔、青岛、无锡、淮南、洛阳、重庆(1997年成为直辖市)13个城市;1988年批准宁波;1992年批准淄博、邯郸、本溪3个城市;1993年批准苏州、徐州2个城市。虽然之后不断有城市提出申请,但国务院没有再批准新的"较大的市"。49个较大的市获得地方立法权以来,制定了大量地方性法规,为依法推动当地经济社会发展和民主法制建设发挥了重要作用。

党的十八大以来,党中央统筹推进"五位一体"总体布局和协调推进"四个全面"战略布局,对运用法治思维和法治方式推进社会治理提出更高要求。经过改革开放,我国地方经济社会发生了巨大变化,许多设区的市规模相当大,按照国务院2014年公布的城市规模新标准(国发〔2014〕51号),常住人口五百万到一千万人的属于特大城市,这样的设区的市有87个,占30%;个别甚至是超过一千万人口(山东的临沂、河南的南阳)的超大城市;常住人口三百万到五百万人的属于大型城市,这样的设区的市有82个,占29%。大型、特大型城市加起来近60%。这些城市人口比世界上一些国家的人口还多,有的相当于欧洲一个中等国家的人口规模。

随着我国经济社会的快速发展和城镇化的加速推进,人民群众物质文化生活水平的丰富提高,人民对美好生活的期待不断增强,与之密切相关的土地、人口、医疗、教育、养老、保险、住房保障等问题,特别是环境保护、城乡建设与管理、出租车和网约车管理、共享车管理等社会治理问题日益复杂,涉及多方面的利益调整,各方面群体通过合法途径反映自身利益诉求的愿望越来越强烈,人民群众积极参与国家和社会事务、经济和文化事业管理与治理的要求明显增多,这些都需要通过立法加以解决。但有些问题国家法律法规难以顾及每个地方的不同情况,这就需要地方立法予以规范、细化和落实,有些省级立法也难以解决的问题,有必要按照依法治国要求赋予更多设区的市享有地方立法权。同时,呼吁赋予所有设区的市平等地享有地方立法权的声音越来越强烈。一些全国人大代表多次提出议案、建议,要求增加具有地方立法权的较大的市的数量;一些设区的市持续向国务院提出申请,要求批准为较大的市,享有地方性法规制定权。

为适应推进国家治理体系和治理能力现代化的新形势新任务新要求,为更好发挥中央和地方两个积极性,党的十八届三中全会提出,逐步增加有地方立法权的较大的市的数量。十八届四中全会进一步提出,完善立法体制,明确地方立法权限和范围,依法赋予设区的市地方立法权。赋予设区的市地方立法权,涉及三个问题:一是赋予设区的市立法权,是普遍赋予,还是适当扩大、有选择地赋予?二是赋予设区的市多大地方立法权,是和省(区、市)制定的地方性法规一样,还是另有限制?三是新旧设区的市地方立法权如何平衡,是否要有所区别?普遍赋予设区的市地方立法权是党中央加强和改善国家治理作出的重大决策,全国人大认真贯彻落实党中央的决策部署,2015年3月通过关于修改立法法的决定,赋予所有设区的市地方立法权,明确规定:设区的市人大及其常委会根据本市的具体情况和实际需要,在不同宪法、法律、行政法规和本省、自治区的地方性法规相抵触的前提下,可以对城乡建设与管理、环境保护、历史文化保护等方面的事项制定地方性法规。一是普遍赋予了设区的市地方立法权,这样使我国享有地方立法权的主体,在原有的31个省(区、市)和49个较大的市基础上,又增加240个设区的市。二是民族自治州也获得了设区的市地方立法权。根据宪法和民族区域自治法,民族自治地方除享有自治权外,还行使同级地方国家机关的职权,自治州是与设区的市同级的行政区划,随着设区的市被普遍赋予地方立法权,30个自治州也获得了相应的地方立法权。三是为鼓励减少行政层级,推进行政管理体制改革,修改立法法时还明确,4个不设区的地级市也同样享有地方立法权。这样,享有地方立法权的主体一共增加了274个。普遍赋予设区的市地方立法权,还进一步产生溢出效应,也就是设区的市、自治州人民政府被赋予了制定地方政府规章的权力。

考虑到设区的市数量较多,地区差异较大,这一工作需要本着积极稳妥的精神予以推进,立法法还规定,新赋予地方立法权的设区的市开始制定地方性法规的具体步骤和时间,由省、自治区的人大常委会综合考虑本省、自治区所辖的设区的市的人口数量、地域面积、经济社会发展情况以及立法需求、立法能力等因素确定,并报全国人大常委会和国务院备案。立法法修改颁布以来,在全国人大常委会和各省(区)市党委、人大的共同努力下,赋予设区的市行使地方立法权工作取得明显成效。

截至2018年底,我国享有设区的市地方立法权的市、州,共有322个,包括:设区的市288个(2018年山东莱芜市被撤销并入济南市)、自治州30个和不设区的地级市4个(广东的东莞、中山,海南的三沙,甘肃的嘉峪关)。288个设区的市,包括:(1)立法法修改前即具有"较大的市"立法权的设区的市,共49个;(2)立法法通过后获得地方立法权的设区的市239个。2014年立法法修正案草案一审时,设区的市共有282个。此后截至2018年底,国务院先后批准了7个设区的市,即西藏的日喀则、昌都、林芝、山南、那曲,新疆的吐鲁番、哈密。2018年国务院批准撤销山东莱芜市并入济南市。截至2018年底,立法法通过后新获得地方立法权的设区的市(239个)、自治州(30个)和不设区的地级市(4个),共有273个,已经批准272个市、州可以开始制定地方性法规,还有1个市未被确定开始行使地方立法权(西藏那曲市)。经市州人大及其常委会审议通过并报经省级人大常委会批准的地方性法规848件。其中,制定立法条例217件,制定城乡建设与管理、环境保护、历史文化保护等方面事项的地方性法规631件。

回顾改革开放以来地方立法的发展变化历程,普遍赋予设区的市地方立法权是我们党在总结新中国成立70多年、改革开放40多年曲折探索治国理政经验的基础上作出的重大决策,是在中央统一领导下充分发挥中央和地方两个积极性的必然要求,是发展和完善中国特色社会主义制度、推进国家治理体系和治理能力现代化的重大举措,也是地方多年的期盼。设区的市行使地方立法权,对本地区来讲,不仅是人大立法工作的开端,更是推动人大工作协调发展、创新发展的有利契机,还为加快地方科学发展、推进地方依法治理提供了重要抓手,对完善人大制度,推动市级人大工作协调发展、创新发展具有重要意义。

三、加强县乡人大工作和建设

县乡两级人大是基层国家权力机关,是国家政权的重要基础。加强县乡人大工作和建设,充分发挥基层国家权力机关和人大代表作用,巩固党的执政基础,加强基层国家政权建设,是坚持和完善人民代表大会制度、做好新形势下人大工作的重要方面。

十二届全国人大常委会把加强县乡人大工作和建设作为推

动人大制度和人大工作与时俱进、完善发展的重要内容,从2013年到2014年组织开展了专题调研。张德江委员长亲自带队,先后到云南、浙江、福建、贵州等地,实地了解县乡人大工作和建设情况。全国人大常委会工作机构组成7个调研组,对31个省(区、市)的县乡人大工作和建设情况全面进行调研。在此基础上,经过广泛征求意见和反复修改完善,形成了《中共全国人大常委会党组关于加强县乡人大工作和建设的若干意见》。2015年6月,中共中央转发了《若干意见》。这充分体现了以习近平同志为核心的党中央对人大工作的高度重视,体现了我们党毫不动摇坚持、与时俱进完善人民代表大会制度的自信和决心。《若干意见》坚持问题导向,总结实践经验,明确提出了加强县乡人大工作和建设的总体要求、重要原则和重要措施,对于适应"四个全面"战略布局新要求,充分发挥基层国家权力机关作用,坚持和完善人民代表大会制度,推进国家治理体系和治理能力现代化,具有十分重要的意义。

宪法法律赋予了县乡人大讨论决定重大事项、监督、人事选举任免等重要职权。加强县乡人大工作和建设,必须把保证县乡人大依法行使职权、依法开展工作摆在突出位置,全面提高基层人大工作水平。为此,《若干意见》坚持问题导向,总结实践经验,回应地方人大多年关切,对加强县乡人大工作和建设作出全面部署、提出明确要求,强调要按照总结、继承、完善、提高的要求,保证县乡人大依法行使职权,提高县乡人大工作水平。文件提出的新任务新举措新要求具有较强的针对性和实效性,推动了人大制度和人大工作创新发展、与时俱进。主要包括:一是依法做好县乡人大代表选举工作。强调加强对县乡人大代表选举工作的领导,把好人大代表"入口关",加强选举组织工作,加强人大代表资格审查工作,强化对选举全过程的监督。二是认真开好县乡人大会议。健全会议制度,完善议事程序,提高会议质量,增强会议透明度;明确提出乡镇人大一般每年举行两次会议,每次会议不少于一天。三是依法行使重大事项决定权。强调健全人大讨论、决定重大事项制度,人大要把听取审议"一府两院"工作报告、审查批准计划和预算作为行使重大事项决定权的重点;明确地方人大根据法律规定,可以结合地方实际,制定讨论、决定重大事项的具体办法。四是加强和改进监督工作。要求依法行使监督权,有计划有重点地加强监督,积极回应社会关切;加强预算决算审查和监督,完善监督工作方式方法。五是认真做好人事选举任免工作。强调坚持党管干部原则与人大依法行使选举权任免权相统一,规范和完善人事选举和任命程序,加强对人大选举和任命人员的监督。六是加强同人大代表和人民群众联系。提出密切人大代表同人民群众的联系,加强国家机关同人大代表的联系,提高代表议案建议办理质量,做好代表履职服务保障工作,依法保障代表活动经费,加强代表履职监督。七是加强县乡人大自身建设。规定依法适当增加县级人大常委会组成人员名额,县级人大可以设立法制、财政经济等专门委员会,健全常委会办事机构和工作机构,加强工作力量和能力建设;明确不设区的市、市辖区人大常委会可以在街道设立工作机构;明确乡镇人大主席团和人大主席在闭会期间的职权和活动方式,确定乡镇人大设专职主席一人,有条件的地方可以配备专职副主席。八是加强党对县乡人大工作的领导。强调党委要高度重视和大力加强县乡人大工作和建设,支持和保证县乡人大依法行使职权;县乡人大要坚持党的领导,工作中的重大问题和重要事项及时向本级党委请示报告。这些重要举措回应地方人大长期以来的关切和期盼,是改革开放以来加强基层人大组织制度和工作制度建设力度最大的一次。

2015年8月,十二届全国人大常委会第十六次会议审议通过关于修改地方组织法、选举法、代表法的决定,贯彻落实《若干意见》精神,重点对县乡人大组织制度和工作制度、代表选举和代表工作等方面的相关规定集中作出修改,从法律上、制度上着力解决基层人大依法履职、发挥作用以及代表选举工作中存在的突出问题,确保党中央关于加强县乡人大工作和建设的重要举措于法有据、顺利实施。"三法"的具体修改内容包括:增加县级人大常委会组成人员名额,规定县级人大可以设立专门委员会,明确市辖区、不设区的市的人大常委会可以在街道设立工作机构,明确乡镇人大主席团在闭会期间的工作职责等。各省级人大常委会深入调查研究,根据中央文件要求和上位法规定,及时制定和修改了一批相关地方性法规。大多数地方修改了选举法的实施细则、代表法的实施办法等,福建等地还通过了关于县级人大常委会组成人员名额的决定。半数以上地方制定或修改了有关乡镇人大或乡镇人大主席团的工作条例,一些地方还制定了乡镇人大主席团工作规定、街道人大工作委员会工作规定等。这些举措大大增强了相关法律法规的及时性、系统性、针对性、有效性,为贯彻落实《若干意见》精神,加强县乡人大工作和建设,提供了法律法规依据。

党的十八大以来,各地以贯彻落实《若干意见》为契机,按照总结、继承、完善、提高的原则,推动县乡人大工作和建设取得了新进展新成效,县乡人大依法行使职权更加到位,有力保障了人民当家作主,加强了基层国家政权建设,巩固了党的执政基础,推动了人民代表大会制度与时俱进,推进了国家治理体系和治理能力现代化。比如,各地县乡人大会议更加规范,县级人民代表大会会议每年至少举行一次、常委会会议每两个月至少举行一次的要求基本落实。乡镇人民代表大会会议一般每年举行两次的规定也在逐步落实,重庆等地探索推行了乡镇人大会议"季会制"。一些地方还通过制定和修改地方性法规,健全议事规则,创新议事形式,完善审议程序,充实会议内容,县乡人大会议质量明显提高。又如,依法行使监督权,是县乡两级人大最主要的经常性工作。按照《若干意见》要求和有关法律规定,县乡人大聚焦事关经济社会发展的重大问题和人民群众普遍关注的热点难点问题,有计划、有重点地加强监督工作,拓展监督方式方法,监督工作更有活力、更具实效。各地普遍把加强全口径预决算的审查监督作为监督重点,依法管好政府"钱袋子",很多地方工作开展得有声有色。浙江温岭推行参与式预算,充分发挥代表主体作用,有序扩大公民参与,深化部门预算审查监督。广东、湖北等地推进预算执行联网监督,人大对预算实施情况进行实时监督。黑龙江有114个县级人大常委会已实现和同级政府预算系统联网。四川等地的一些区县建立政府审计监督与人大审查监督相衔接的工作机制,审计查出的问题及整改和处理情况,由政府向同级人大常委会报告,并按规定向社会公开。在创新监督方式方面,县级人大普遍开展了专题询问和工作评议,"一府两院"及其有关部门主要负责同志到会应询逐步常态化;一些地方还依法对质询、特定问题调查等监督形式进行了积极探索和实践。又如,《若干意见》对人大依法讨论决定重大事项提出了明确要求。县级人大围绕民主法治建设、区域发展规划、城镇建设、重大民生工程、重大建设项目等,依法作出决议决定。一些县乡人大推行民生实事项目代表票决制,实行群众提议、代表票决、政府办理、人大监督,得到人民群众"点赞"。浙江55%的区县、45%的乡镇都开展了代表票决制工作。一些地方结合本地实际,细化了重大事项的范围及审议、决定、监督的机制。人大讨论决定重大事项工作越来越实,有效提升了决策科学化、民主化、法治化水平。再如,县乡人大组织建设取得显著进展。各地按照中央要求和法律规定,结合新一轮县乡人大换届选举,切实加强了县乡人大组织建设。县级人大常委会主任基本实现专职配备。各地普遍增加了县级人大常委会组成人员名额,充实了一大批专业性人才,提高了专职组成人员比例,有的地方常委会组成人员专职比例达到了三分之二左右。绝大多数县级人大设立了法制、财政经济等专门委员会,一些地方还从实际出发,设立了民族、内务司法、城乡建设和环境保护等专门委员会。各地进一步健全了常委会办事机构和工作机构,一些地方适当增加了县级人大机关编制,充实了工作力量。乡镇人大建设也取得很大进展,绝大多数乡镇人大实现了主席专职配备,许多地方还配备了专职副主席;乡镇人大主席团人数有所增加,配备更加规范;不少乡镇人大设立了办公室,实现了乡镇人大工作有人理事、有人干事。

2022年修改地方组织法,进一步加强了地方人大及其常委会自身建设。根据中央人大工作会议精神,这次修改增加了不少很实很具体的内容,如适当增加省、设区的市两级人大常委会组成人员名额,在现有名额的基础上,名额上下限和最高限分别增加10名。通过增加名额,增强地方人大常委会组成人员的代表性、广泛性,优化常委会组成人员结构,进一步提高立法、监督等工作质量。又如,进一步规范省、设区的市两级人大专门委员会的设置和名称,在现有列名三个专门委员会的基础上,增加列名环境与资源保护委员会、社会建设委员会,同时充实完善专门委员会的职责,单列一条,明确了专门委员会的七项职权。再如,规范常委会工作机构的设置,明确常委会设立法制工作委员会、预算工作委员会、代表工作委员会等工作机构,明确县、自治县的人大常委会可以比照有关规定在街道设立工作机构。通过加强人大及其自身建设,进一步加强和改进人大工作。

第九章
特别行政区制度有效落实

实现祖国统一,是全体中华儿女的共同心愿。1949年,中华人民共和国成立,但由于历史原因,香港、澳门、台湾没有实现与祖国的完全统一。新中国成立后,以毛泽东同志为核心的党的第一代中央领导集体,对和平解决历史遗留问题特别是台湾问题、促进祖国统一提出了规划设想,并着手付诸实施。对香港和澳门,党中央则从中华民族的根本利益和长远利益出发,从社会主义建设的战略全局出发,坚持"长期打算,充分利用"的政策,成功打破以美国为首的西方资本主义阵营对新中国的全面封锁。但是,由于国际国内形势风云变幻,特别是"文化大革命"的严重动乱,给党和国家发展事业带来惨重损失,祖国和平统一步伐受到阻碍,港澳工作也受到冲击。

党的十一届三中全会纠正了"文化大革命"的"左"的错误,决定将党和国家工作中心转移到经济建设上来,开启社会主义现代化建设新征程,再次将祖国和平统一事宜提上议事日程。20世纪80年代初,为实现国家和平统一,邓小平同志创造性地提出了"一国两制"的科学构想,并首先用于解决香港问题。按照邓小平等领导同志的论述,"一国两制"是指在一个中国的前提下,国家的主体坚持社会主义制度,香港、澳门、台湾保持原有的资本主义制度长期不变。这是中国共产党和中国人民在国家治理模式上的伟大创造,是对国家治理的创新探索,体现了务实的创新精神和高超的政治智慧。

1982年12月4日,第五届全国人民代表大会第五次会议通过并公布施行的《中华人民共和国宪法》第三十一条规定:"国家在必要时得设立特别行政区。在特别行政区内实行的制度按照具体情况由全国人民代表大会以法律规定。"这个规定使"一国两制"构想成为国家制度的宪制安排,为保证实现国家和平统一,在某些区域设立实行不同于内地的社会制度和政策的特别行政区,提供了宪法依据。1990年4月4日,第七届全国人民代表大会第三次会议通过《中华人民共和国香港特别行政区基本法》,同时作出设立香港特别行政区的决定。1993年3月31日,第八届全国人民代表大会第一次会议通过《中华人民共和国澳门特别行政区基本法》,同时作出设立澳门特别行政区的决定。香港基本法、澳门基本法是根据宪法制定的基本法律,规定了在香港特别行政区、澳门特别行政区实行的制度和政策,是"一国两制"方针政策的法律化、制度化,为"一国两制"在特别行政区的实践提供了法律保障。邓小平高度评价基本法,称它是"具有历史意义和国际意义的法律",是"具有创造性的杰作"。

1997年7月1日,中国政府对香港恢复行使主权,香港特别行政区成立,香港基本法开始实施。1999年12月20日,中国政府对澳门恢复行使主权,澳门特别行政区成立,澳门基本法开始实施。从此,宪法和基本法共同构成特别行政区的宪制基础,香港和澳门进入了"一国两制"、"港人治港"、"澳人治澳"、高度自治的历史新纪元。香港、澳门回归祖国后,"一国两制"由科学构想变成生动现实。中央政府严格按照宪法和基本法办事,认真履行宪制责任,坚定支持特别行政区行政长官和政府依法施政;特别行政区依法实行高度自治,享有行政管理权、立法权、独立的司法权和终审权,继续保持原有的资本主义制度和生活方式不变,法律基本不变,继续保持繁荣稳定,各项事业全面发展。

宪法和基本法规定的特别行政区制度是国家对某些区域采取的特殊管理制度。在这一制度下,中央拥有对特别行政区的全面管治权,既包括中央直接行使的权力,也包括授权特别行政区依法实行高度自治。对于特别行政区的高度自治权,中央具有监督权力。回顾基本法制定和实施的进程,我们深刻感受到,特别行政区制度的建立、发展和实施,赋予"单一制"国家结构形式新的内涵,形成了富有时代精神和政治智慧的国家统一观,最大限度降低了实现国家统一的成本和代价。同时,特别行政区制度的建立、发展和实施,与全国人大及其常委会依法行使有关职权密切相关,坚持、丰富和发展、完善了我国的人民代表大会制度。

一、激活"合宪性审查"为宪法实施和监督积累宝贵经验

1990年4月4日,七届全国人大三次会议在审议通过《中华人民共和国香港特别行政区基本法》的同时,通过了《全国人民代表大会关于〈中华人民共和国香港特别行政区基本法〉的决定》(以下简称《决定》),对《香港特别行政区基本法》的合宪性进行了确认。这是全国人民代表大会历史上所进行的一次成功的合宪性审查实践。

在基本法起草之初,起草委员会就有委员提出,中国的宪法作为一个整体对香港特别行政区是有效的,但是由于国家对香港实行"一国两制"的政策,宪法的某些条文不适用于香

港,主要是指社会主义制度和政策的规定。宪法和基本法的关系问题通过在基本法内正面规定香港特别行政区的制度及政策以基本法为依据的方式解决,同时建议在颁布基本法时,由全国人大常委会对宪法第三十一条作必要的解释。1988年《基本法(草案征求意见稿)》面向香港征求意见时,就有港人"建议人大公布基本法时,颁布法令,宣布基本法与全国宪法并无抵触"。香港一些人认为,宪法第三十一条的规定作为香港基本法的宪制依据,规定得还不够清晰,没有明确指出特别行政区实行的制度是资本主义制度。他们担心将来中央会不会以香港基本法同宪法相抵触为理由宣布基本法无效。因此,一再提出修改宪法或者对宪法第三十一条作出解释。为了消除港人疑虑、增强港人信心,同时强化香港基本法的合宪性、确保香港基本法有效实施,全国人大法律委员会建议将《决定(草案)》提请代表大会审议。《决定》的主要内容是:"《中华人民共和国宪法》第三十一条规定:'国家在必要时得设立特别行政区。在特别行政区内实行的制度按照具体情况由全国人民代表大会以法律规定'。香港特别行政区基本法是根据《中华人民共和国宪法》按照香港的具体情况制定的,是符合宪法的。香港特别行政区设立后实行的制度、政策和法律,以香港特别行政区基本法为依据。"《决定(草案)》的说明阐释了主要目的,即:"根据宪法这一条规定,香港特别行政区基本法可以规定保持原有的资本主义制度,不实行社会主义制度;香港特别行政区实行的制度、政策和法律,将以香港特别行政区基本法为依据。为了进一步明确香港特别行政区基本法的法律地位,法律委员会经同有关方面研究,建议这次大会在通过香港特别行政区基本法时作出关于香港特别行政区基本法的决定,并起草了决定(草案),明确香港特别行政区基本法是根据我国宪法、按照香港的具体情况制定的,是符合宪法的。香港特别行政区设立后实行的制度、政策和法律,以香港特别行政区基本法为依据。"全国人大以《决定》的形式,对香港基本法进行合宪性审查,对香港基本法的合宪性作出终局判断,具有释疑解惑、定纷止争、凝聚共识的社会效果,既凸显了香港基本法的特殊重要地位,也为我国宪法的实施和监督提供了重要范例、积累了宝贵经验。

全国人大在通过香港基本法的同时,以作出《决定》的形式对香港基本法作出合宪性审查,确认基本法是符合宪法的,这也充分说明,我们必须在宪法的背景下理解和解释基本法,也要在宪法的框架内实施基本法。

1993年3月31日八届全国人大一次会议通过澳门基本法的时候,同时对澳门基本法进行了合宪性审查,通过了类似的一个决定。

二、 宪法作为国家根本大法在特别行政区的适用

党的十八届四中全会决定明确提出,"坚持宪法的最高法律地位和最高法律效力,全面准确贯彻'一国两制'、'港人治港'、'澳人治澳'、高度自治的方针,严格依照宪法和基本法办事,完善与基本法实施相关的制度和机制,依法行使中央权力,依法保障高度自治,支持特别行政区行政长官和政府依法施政,保障内地与香港、澳门经贸关系发展和各领域交流合作,防范和反对外部势力干预港澳事务,保持香港、澳门长期繁荣稳定。"这明确了宪法及中央在特别行政区治理中应当发挥的重要作用。正如习

近平总书记在2014年11月9日会见香港特别行政区长官梁振英时谈话指出,"中国共产党十八届四中全会提出了全面推进依法治国总目标,强调依法保障'一国两制'实践,保持香港、澳门长期繁荣稳定,依法保护港澳同胞利益。这是我国推进国家治理体系和治理能力现代化迈出的重要一步,对全面准确贯彻'一国两制'方针和基本法、促进香港长治久安具有重要意义。"

宪法作为国家的根本法,在国家全部领域包括香港、澳门特别行政区具有最高法律地位和最高法律效力,在特别行政区予以贯彻适用理所当然。特别是回归完成了港澳宪制秩序的巨大转变,香港和澳门作为直辖于中央政府的特别行政区从回归之日起重新纳入国家治理体系。中华人民共和国宪法和特别行政区基本法共同构成特别行政区的宪制基础。特别行政区作为中国的组成部分,尊重宪法在特别行政区的地位与效力,也是特别行政区履行维护国家主权、统一和领土完整义务的应有之义。

那么,宪法是否应当在特别行政区适用,由于认识不同,在实践中存在争论。一种观点认为宪法只是一部分条款适用于特别行政区,理由是,根据"一国两制"原则特别行政区实行不同于中国其他地区的制度。还有一种观点认为,只有宪法第三十一条,即规定特别行政区制度的宪法条款才适用。第三种观点认为,宪法整体上适用。这种观点表述得比较原则,听起来比部分适用说要更加全面,但是也容易被推定为"整体适用、个别条款不适用"。之所以会提出宪法是否在特别行政区适用的问题,源于两种考虑:一是认为特别行政区和内地实行不一样的制度,不但不实行社会主义制度,也不实行人民代表大会的根本政治制度和宪法规定的其他基本政治制度。二是认为两部基本法就是特别行政区的宪法,因此不需要宪法的适用。这两种观点都存在一定的误区。

首先,特别行政区之所以不实行社会主义制度,源于宪法的明确授权。20世纪80年代,为了和平解决国家统一问题,"一个国家,两种制度"首先作为一种政策,后来又作为一项基本原则用于解决香港、澳门等历史遗留问题。1982年宪法制定时,宪法第三十一条成为这一原则和政策的具体体现。其后,两个基本法在创制过程中,都明确是以宪法为依据、根据宪法的授权而制定的。

其次,基于宪法而创制的基本法虽然属于宪法相关法,但不能取代宪法本身。无论将基本法视为宪法的补充细化,还是因其地方组织法的特点而将其称为"小宪法",都不能取代宪法作为全国性根本法的作用。不但如此,从内容上来看,宪法的内容是对国家全局事务的规定,而基本法主要是就国家局部地区局部事务的规定,前者可以覆盖后者,后者不能取代前者。在特别行政区局部地区不实行社会主义制度,正是宪法作出的制度安排,没有宪法,特别行政区、特别行政区基本法及其各种制度,就没有存在的合法性基础。宪法在特别行政区的实施并不触及特别行政区的社会制度,相反,恰恰为其更好实行现有制度提供了更高的法律保障。因为宪法所规定的社会主义是在国家整体意义上的社会主义,而非每一个地区、每一个机构都要按照某一特定模式进行组织。

宪法在特别行政区的适用是整体的、全面的,同时也应当根据具体情况具体适用。宪法的规定既有原则性的普适条款,也有专门性的特别条款。原则性的条款应当普遍适用,专门性的条款针对个别特殊情况适用。实际上,从香港和澳门两个特别行政区的施政与司法实践来看,宪法在特别行政区的适用也是客观存在的事实。例如，特别行政区政府向中央人民政府汇报工作、提出议案不仅依据基本法，也需要以宪法与其他宪法相关法为依据。此外，两个特别行政区的法院也都曾经在其判词中援引宪法，并且不限于宪法第三十一条。这些政治与司法实践有力地说明，宪法在特别行政区的适用是全面的，所谓的宪法单条适用、部分适用说是偏颇的，甚至可以说是错误的。当然，在特别行政区全面适用宪法，并不是要以此干涉特别行政区的高度自治或取而代之。特别行政区需要尊重并适用宪法和基本法以行使自治权，中央政府也要尊重宪法和基本法以行使管治权。只有基于这样的共同基础，才能形成宪法共识，实现"一国两制"的伟大构想。

三、五次释法确保香港基本法全面准确实施

根据两部基本法第十八条，在特别行政区适用的法律首先是"本法"。基本法规定了特别行政区政治、经济、文化制度，居民的权利和义务，中央与特别行政区的关系等重大问题，是特别行政区行政、立法和司法的基础，也是中央和特别行政区都必须遵守的宪法性法律。香港、澳门回归后，基本法分别取代了各自原有的宪制性文件，开始在特别行政区实施。基本法的最大特点，就在于它把原则性和灵活性紧密地结合了起来，把维护国家的主权、统一和领土完整与授权特别行政区实行高度自治、保持港澳的繁荣与稳定紧密地结合了起来，是为保障国家对港澳的基本方针政策的实施的基本法律，是体现"一国两制"方针的全国性法律。

人大释法是我国宪法规定的一项基本法律制度。根据宪

法，全国人民代表大会常务委员会既是我国的立法机关，也是我国宪法和法律的最终解释机关。人们形象地把全国人民代表大会常务委员会对宪法和法律包括港澳基本法的解释简称为"人大释法"。"一国两制"是我们解决历史遗留的香港问题的基本政策。1997年7月1日香港回归，香港基本法开始在香港和内地生效。1999年12月20日澳门回归，澳门基本法开始在澳门和内地生效。从国家层面上，基本法实施的一个重要方式就是通过全国人民代表大会常务委员会的解释得到落实和完善。因此，人大释法也是全面准确落实"一国两制"政策和香港基本法的应有之义。香港基本法第一百五十八条和澳门基本法第一百四十三条分别规定，本法的解释权属于全国人民代表大会常务委员会。这就是说根据需要，全国人民代表大会常务委员会可以主动或者应请求随时对基本法的所有条款进行解释。基本法同时规定，全国人民代表大会常务委员会授权港澳特别行政区法院在审理案件时对基本法关于特别行政区自治范围内的条款自行解释。港澳特别行政区法院在审理案件时对基本法的其他条款也可解释。但如港澳特别行政区法院在审理案件时需要对基本法关于中央人民政府管理的事务或中央和港澳特别行政区关系的条款进行解释，而该条款的解释又影响到案件的判决，在对该案件作出不可上诉的终局判决前，应由港澳特别行政区终审法院请全国人民代表大会常务委员会对有关条款作出解释。如全国人民代表大会常务委员会作出解释，港澳特别行政区法院在引用该条款时，应以全国人民代表大会常务委员会的解释为准。

需要说明的是，全国人大常委会行使基本法的解释权与港澳司法独立之间并不矛盾。港澳回归后，根据基本法，港澳的司法终审权与基本法的最终解释权一分为二。一方面,港澳享有独立的司法权和终审权,另一方面,基本法的最终解释权属于全国人民代表大会常务委员会。法院的终审权与全国人民代表大会常务委员会对基本法的最终解释权是并行不悖的两个权力。比如,香港终审法院在判决书中也清晰指出,人大释法是全国人民代表大会常务委员会的制宪性权力,对香港法院有无可争辩的约束力,香港法院应该按照人大释法来处理有关案件。

1997年香港回归至今,共发生过五次人大释法[①]。全国人民代表大会常务委员会先后于1999年、2004年、2005年、2011年、2016年分别就香港永久性居民在香港以外所生中国籍子女等的居留权问题、行政长官产生办法和立法会产生办法修改的法律程序问题、补选产生的行政长官的任期问题、国家豁免原则、公职人员就职宣誓的宪制含义等问题,对基本法及其附件的

---

① 这里所讲的五次人大释法,是指全国人大常委会五次解释香港基本法。此外,1999年澳门回归后,全国人大常委会曾对澳门基本法有关条款作过一次解释,明确澳门特别行政区行政长官产生办法和立法会产生办法修改的法律程序问题。即2011年12月31日,全国人大常委会就澳门基本法附件一第七条和附件二第三条作出如下解释:第一,上述两个附件中规定的2009年及以后行政长官的产生办法、立法会的产生办法"如需修改",是指可以进行修改,也可以不进行修改。第二,上述两个附件中规定的须经立法会全体议员三分之二多数通过,行政长官同意,并报全国人民代表大会常务委员会批准或者备案,是指行政长官的产生办法和立法会的产生办法修改时必经的法律程序。只有经过上述程序,包括最后全国人民代表大会常务委员会依法批准或者备案,该修改方可生效。是否需要进行修改,澳门特别行政区行政长官应向全国人民代表大会常务委员会提出报告,由全国人民代表大会常务委员会依照《中华人民共和国澳门特别行政区基本法》第四十七条和第六十八条规定,根据澳门特别行政区的实际情况确定。修改行政长官产生办法和立法会产生办法的法案,应由澳门特别行政区政府向立法会提出。第三,上述两个附件中规定的行政长官的产生办法、立法会的产生办法如果不作修改,行政长官的产生办法仍适用附件一关于行政长官产生办法的规定;立法会的产生办法仍适用附件二关于立法会产生办法的规定。

有关条款作出解释。每一次都是针对香港遇到的重大问题，释法内容直接关乎"一国两制"方针的正确贯彻落实，关乎香港的繁荣稳定，是党中央和中央人民政府运用法治思维和法治方式治理香港的重要体现。

（一）第一次释法：解决港人在内地子女居港权争议

随着香港回归祖国，大量香港居民在内地所生子女的香港居留权问题引起香港社会广泛关注。1999年1月29日，香港终审法院作出终审判决，认为《基本法》第24条所指的香港居民所生子女，包括在其父或母成为香港永久性居民之前或之后所生的子女，以及婚生或非婚生子女；且同时宣布香港基本法第二十二条第四款中对"中国其他地区的人"进入香港的限制也不适用于这些人士。该项判决改变了香港的出入境管理制度，立即引发了香港社会的讨论和担忧。香港特别行政区政府的调查统计表明，这项判决可能引发严重的社会问题，在此标准下，内地新增加的、具有香港居留权资格的人数将超过167万，占当时香港总人口的近四分之一。吸纳如此庞大的内地人士无疑将给香港带来巨大压力，香港的土地和社会资源也根本无法应付大量新进入的人口在教育、房屋、医疗卫生、社会福利及其他方面的需要，这将严重影响香港的社会稳定和繁荣。

香港社会就该判决是否符合香港基本法产生了争议。当年5月19日，香港立法会通过决议，支持政府要求人大常委会释法。5月20日，时任香港特别行政区行政长官董建华向国务院提交报告，认为这一判决内容与香港特别行政区政府对基本法有关条款的理解不同，请求国务院提请全国人民代表大会常务委员会对基本法有关条款作出解释。国务院对报告进行研究后,向全国人大常委会提出释法议案。1999年,全国人民代表大会常务委员会对香港基本法第二十二条第四款和第二十四条第二款第(三)项作出解释。解释明确规定,所有香港永久居民在内地所生中国籍子女要进入香港特别行政区,必须依法向特别行政区有关机关提出申请,获准后方能进入,如未按法律规定办理批准手续,即属违法。同时,释法对香港特别行政区永久性居民范围进行了更为明确的界定。这次释法也与第五次释法相同,是香港社会内部包括香港终审法院与立法会和特别行政区政府之间,就某一重大议题产生分歧,并涉及中央与香港关系,在此情况下,全国人民代表大会常务委员会通过释法消除理解分歧,平息社会纷争,有力防止了大批内地人士无序来港,从而保障了香港社会的繁荣稳定和有序发展。

值得一提的是,面对人大释法,香港终审法院在该判决的附带意见中表示,特别行政区法院可审查并宣布全国人民代表大会及其常务委员会的立法行为无效。这显然违反了宪法和基本法的规定,是对全国人民代表大会及其常务委员会的地位及"一国两制"的严重挑战。对此,1999年2月8日,肖蔚云等四位曾参与基本法起草工作的内地法律专家表示:第一,全国人大是最高国家权力机关,人大的立法行为和决定是任何机构都不得挑战和否定的。第二,香港特别行政区是我国一个直辖于中央人民政府的地方行政区域,这种地位决定了特别行政区终审法院根本无权审查和宣布人大及其常委会的立法行为无效,否则相当于否定了国家主权。第三,特别行政区终审法院的管辖权是有限的,其中就包括不可质疑国家最高权力机关的立法行为。2月26日,香港终审法院作出澄清判决,表示全国人大常委会的基本法解释权、全国人大及其常委会依据基本法和基本法所规定的程序行使任何权力,是不能质疑的。这一事件意义重大,它标志着人大释法在香港落地,成为香港法治的重要组成部分,也是国家通过依法治港实现"一国两制"的成功实践。

(二)第二次释法:厘清香港政制发展程序

香港回归前,西方媒体大肆唱衰香港,认为香港回归中国之日,就是香港衰败之时。然而,回归后,香港社会不仅保持稳定,还在各方面都取得突出成就。不仅如此,中央和特别行政区政府也将根据基本法循序渐进推动民主发展视为自身的重要责任。从2003年开始,香港社会围绕政治体制发展的讨论聚焦到基本法附件一和附件二上。鉴于两个附件未对2007年以后行政长官和立法会的产生办法加以明确规定,香港社会一部分人借此大肆鼓吹要在2007年第三任行政长官选举及2008年第四届立法会选举年实现"双普选",并拒绝中央在香港政制发展过程中的主导作用。

香港未来政治体制的发展,关系到"一国两制"方针和香港基本法的贯彻实施,关系到中央与香港特别行政区的关系,关系到香港社会各阶层的利益,关系到香港的长期繁荣稳定。有鉴于此,2004年4月6日,全国人民代表大会常务委员会对基本法附件一第七条和附件二第三条作出解释。第二次释法,明确了香港政治体制是由全国人大制定的基本法规定的,香港无权自行决定或改变其政治体制。与此同时,本次释法坚持了循序渐进发展香港政制的原则。这一次释法为香港政制发展提供了清晰的法律指引,也显示了中央对循序渐进推进香港民主发展的决心和诚意,在香港政制发展史上具有里程碑意义。

（三）第三次释法：明确行政长官剩余任期

2005年3月12日，时任香港特别行政区行政长官董建华因健康原因辞职。根据基本法及特别行政区《行政长官选举条例》的有关规定，须于7月10日选举新的行政长官。但是，新行政长官的任期到底是新的五年，还是原来行政长官的剩余任期（两年），香港社会对此存在不同意见，这就是所谓的"二五之争"。特别行政区政府认为，补选产生的新的行政长官的任期应为原行政长官任期的余下部分。据此，特别行政区政府需要修订《行政长官选举条例》，把行政长官职位在原行政长官任内出缺时经补选产生的新的行政长官的任期，以清晰明确的条文规定下来。此种意见遭到包括某些立法会议员及一部分香港市民的强烈反对。有立法会议员公开表示会就《行政长官选举条例》的修订草案提出司法复核，而一旦进入司法复核程序，香港便不可能在短时间内产生新的行政长官，果真如此，将大大不利于香港的稳定与发展。为此，时任署理行政长官曾荫权向国务院提交报告，建议提请全国人民代表大会常务委员会对香港基本法第五十三条第二款就新的行政长官的任期作出解释。

国务院研究后认为，特别行政区政府面临的问题，关系到香港基本法第五十三条第二款的正确实施和新的行政长官的顺利产生，也关系到此后中央人民政府对特别行政区行政长官的任命，因此向全国人民代表大会常务委员会提出《关于提请解释〈中华人民共和国香港特别行政区基本法〉第五十三条第二款的议案》。2005年4月27日，全国人大常委会对基本法第五十三条第二款作出解释，指出行政长官未任满五年任期造成行政长官缺位的情况下，新行政长官的任期为原行政长官的剩余任期，从而避免了一场宪制危机。

(四)第四次释法:明确香港在对外事务上的权限范围

2008年5月,一家在美国注册的公司向香港特别行政区高等法院原讼法庭提起诉讼,要求执行两项国际仲裁裁决。该诉讼以刚果民主共和国为被告、中国中铁股份有限公司及旗下三家子公司为连带被告。刚果民主共和国和中国中铁股份有限公司及其子公司主张,刚果民主共和国享有国家豁免,香港法院对刚果民主共和国无司法管辖权,且刚果民主共和国多次通过外交渠道向我国政府提出交涉。鉴于案件涉及国家主权和中央人民政府的外交权力,经授权,外交部通过驻香港特派员公署向香港特别行政区政府政制及内地事务局先后发出三封函件,说明中央人民政府关于国家豁免问题的立场,指出我国一贯坚持的国家豁免原则,并且统一适用于全国,包括香港特别行政区,香港特别行政区如果实行与中央立场不一致的国家豁免原则将对国家主权造成损害等。上述函件均由香港特别行政区政府律政司司长作为证据转交香港特别行政区法院。由于案件涉及香港基本法实施的重大法律问题,香港特别行政区政府律政司司长依法以介入人身份参与诉讼。此案先后经香港高等法院原讼法庭、上诉法庭、终审法院开庭审理。

2011年6月8日,香港终审法院作出临时判决,该判决涉及对香港基本法关于中央人民政府管理的事务及中央和香港特别行政区关系条款的解释。香港特别行政区终审法院依据基本法第一百五十八条第三款规定,向全国人民代表大会常务委员会提出释法请求。同年8月26日,全国人民代表大会常务委员会作出解释,明确管理与香港特别行政区有关的外交事务属于中央人民政府的权力,香港特别行政区有责任适用或实施中央人民政府决定采取的国家豁免规则或政策,而不得偏离上述规则或政策,也不得采取与上述规则或政策不同的规则。香港终审法院据此判刚果民主共和国胜诉。

全国人民代表大会常务委员会第四次释法强调了国家豁免规则属于外交事务,香港法院无权处理以外国国家为被告或针对外国国家财产的案件。除此之外,这也是香港终审法院首次主动提请释法,意义重大,成为香港终审法院与全国人民代表大会常务委员会之间良性互动的典范。

(五)第五次释法:明确公职人员就职宣誓的宪制含义

2016年香港特别行政区举行第六届立法会选举,一些宣扬"港独"的人员报名参选。2016年10月12日,在香港特别行政区第六届立法会就职宣誓仪式上,少数当选议员故意违反法定宣誓要求,公然宣扬"港独",侮辱国家和民族。一名候任议员在宣誓时,将一面印有英文"香港不属于中国"的旗帜摊在了宣誓桌上,并在接下来的宣誓中将香港称为国家,把中华人民共和国的"共和国"英文念成了英语粗口,还将China读成"支那"。还有一些候任议员在宣誓时通过其他方式宣扬"港独",侮辱国家,丑化民族。事实上,所有立法会参选人在选举前都签署过一个法定声明,表明拥护中华人民共和国基本法,效忠中华人民共和国香港特别行政区。香港特别行政区选举管理委员会为此推出确认书,让所有参选人清楚明白拥护基本法,包括拥护第一条、第十二条和第一百五十九条第四款,即香港是中国不可分离的部分、香港直辖于中央人民政府,以及基本法的任何修改不得与国家对香港既定基本方针政策有所抵触。有些候任议员的宣誓被监誓人当场拒绝通过。他们宣扬"港独"、侮辱整个中华民族的行径立即引起香港社会和全球华人的公愤。宣誓闹剧当天，众多香港媒体以《冒犯国家同胞无资格做议员》《全港市民怒斥立法会最丑恶一天》等标题报道此事。在互联网上，许多国内外华人都表达了对此事的愤慨。

根据香港基本法第一百零四条规定，香港特别行政区行政长官、主要官员、行政会议成员、立法会议员、各级法院法官和其他司法人员在就职时，必须依法宣誓拥护中华人民共和国香港特别行政区基本法、效忠中华人民共和国香港特别行政区；根据香港本地法律《宣誓及声明条例》第二十一条，如任何人拒绝或忽略作出其必须作出的誓言，则该人必须离任；该人若未就任，则须被取消就任资格。根据香港立法会议事规则，议员如未按照《宣誓及声明条例》规定进行宣誓，则不得参与立法会会议或表决。2016年10月18日，香港立法会主席裁定5名未依法宣誓的候任议员宣誓无效，但同时准许5人重新宣誓。对于这一裁定，香港特别行政区政府和大多数市民十分不满，香港特别行政区行政长官与律政司司长于当天晚上紧急向香港高等法院申请司法复核和禁制令，要求推翻立法会主席批准2名候任议员重新宣誓的裁定，并于25日向高等法院提出申请，要求法庭颁布2名候任议员的议席悬空。香港社会包括立法会内部及立法会与特别行政区政府之间对宣言的有效性，以及是否应该重新安排宣誓等议题产生意见分歧，严重影响到立法会的正常运转和香港的政治稳定。

在这种情况下，第十二届全国人民代表大会常务委员会于2016年11月7日第二十四次会议上全票通过《全国人民代表大会常务委员会关于香港特别行政区基本法第一百零四条的解释》，依据基本法的立法原意对第一百零四条内容加以明确。该解释主要明确以下五方面内容：第一，拥护基本法和效忠特别行政区政府不仅是誓词内容，亦是担任公职人员包括立法会议员的法定资格和条件；第二，对宣誓内容和具体形式作了更为细致的规定，明确宣誓需要准确、完整、庄重；第三，明确不依法宣誓即丧失议员资格；第四，监视人裁定宣誓无效不得安排重新宣誓；最后，宣誓具有法律约束力，作假誓或有违反誓言的行为均要承担法律责任。11月15日，香港高等法院作出判决，裁定梁颂恒、游惠祯二人议员资格被取消。法官认为二人行为客观及清楚地显示，无论在形式或内容上，他们均不愿依照香港基本法第一百零四条及《宣誓及声明条例》作出立法会宣言，因此根据《宣言及声明条例》第二十一条规定，梁颂恒与游惠祯二人依法被取消继续作为立法会议员的资格。二人随后提出上诉，11月30日，上诉庭驳回二人上诉。12月2日，律政司代表行政长官，就另外四名立法会议员的誓词问题向特别行政区高等法院提起司法复核，要求法庭裁定他们的宣誓无效并颁令相应的议席悬空。

本次释法非常必要及时，不仅针对立法会宣誓事件亮明了原则底线，坚决遏制"港独"分子进入立法会，且对今后反对和惩治"港独"活动提供了坚实法律基础，维护了宪法和基本法权威及香港法治。

回顾全国人民代表大会常务委员会的五次释法经过，无论是人大主动释法，还是国务院或香港终审法院提请人大释法，每一次都是确有实际需要，都是出现了基本法条文理解上的重大分歧，都是香港无法依靠自身解决、只有通过全国人民代表大会常务委员会释法才能定分止争、维护香港的繁荣稳定。人大释法是行使国家主权的重要方式，也是回归后香港法治的重要组成部分，对确保"一国两制"和香港基本法的全面准确实施、维护香港的繁荣稳定发挥了巨大作用。

四、有关全国性法律在特别行政区的实施

根据两个基本法第十八条的规定，凡列于基本法附件三的全国性法律，由特别行政区在当地公布或立法实施。也就是说，特别行政区实施附件三所列全国性法律有两种方式：一是直接公布实施；一是全国性法律无法直接适用，需要本地制度对接、机构配合的，可决定采取本地立法方式予以实施。基本法允许特别行政区对全国性法律选择公布实施或立法实施，是"一国两制"方针政策的体现。

（一）全国性法律在香港特别行政区实施的情况

香港基本法1990年通过时，全国人民代表大会决定将6部全国性法律列入基本法附件三在香港实施。香港回归后，全国人民代表大会常务委员会分别于1997年、1998年、2005年、2017年和2020年五次增减附件三的全国性法律。截至目前，共有14部全国性法律在香港实施。

1. 1990年香港基本法通过时，全国人民代表大会决定将下列6部全国性法律，自1997年7月1日起由香港特别行政区在当地公布或立法实施，具体包括：《关于中华人民共和国国都、纪年、国歌、国旗的决议》、《关于中华人民共和国国庆日的决议》、《中央人民政府公布中华人民共和国国徽的命令》（附：国徽图案、说明、使用办法）、《中华人民共和国政府关于领海的声明》、

《中华人民共和国国籍法》(为了适应香港的实际情况,更好实施国籍法,1996年5月15日八届全国人民代表大会常务委员会第十九次会议通过《关于〈中华人民共和国国籍法〉在香港特别行政区实施的几个问题的解释》)、《中华人民共和国外交特权与豁免条例》。

2. 1997年7月1日香港回归时,全国人民代表大会常务委员会决定增加5部全国性法律在特别行政区实施,同时减少1部全国性法律。

在香港基本法附件三中增加的5部全国性法律是:《中华人民共和国国旗法》、《中华人民共和国领事特权与豁免条例》、《中华人民共和国国徽法》、《中华人民共和国领海及毗连区法》、《中华人民共和国香港特别行政区驻军法》。

在香港基本法附件三中删去的1部全国性法律是《中央人民政府公布中华人民共和国国徽的命令》(附:国徽图案、说明、使用办法)。这部法律已由新的《国徽法》取代。

3. 1998年11月4日,全国人民代表大会常务委员会决定在香港基本法附件三中增加《中华人民共和国专属经济区和大陆架法》在特别行政区实施。

4. 2005年10月27日,全国人民代表大会常务委员会决定在香港基本法附件三中增加《中华人民共和国外国中央银行财产司法强制措施豁免法》。

5. 2017年11月4日,全国人民代表大会常务委员会决定在香港基本法附件三中增加《中华人民共和国国歌法》。

6. 2020年6月30日,全国人民代表大会常务委员会根据《全国人民代表大会关于建立健全香港特别行政区维护国家安全的法律制度和执行机制的决定》,在香港基本法附件三中增加全国性法律《中华人民共和国香港特别行政区维护国家安全法》。

这里重点介绍香港维护国家安全法的有关情况。党中央在坚定维护"一国两制"制度、确保全面准确贯彻"一国两制"方针上的一个主要举措，就是建立健全特别行政区维护国家安全的法律制度和执行机制。多年来，澳门特别行政区积极履行基本法规定的宪制责任，在2009年制定维护国家安全法的基础上，不断通过本地立法完善或填补维护国家安全的法律保障，积极践行总体国家安全观，2018年设立由行政长官担任主席的澳门特别行政区维护国家安全委员会，为确保国家和澳门特别行政区的安全稳定发挥了重要作用。而在香港特别行政区，自2014年非法"占中"事件发生以来，持续发生暴力犯罪活动，严重破坏香港繁荣稳定，严重挑战"一国两制"原则底线，于理于法不容。究其原因，就是割裂了"一国"和"两制"的关系，试图以香港特别行政区的高度自治权来对抗中央的全面管治权。积极运用多种法定方式和手段，是应对特别行政区制度方面新问题新挑战的客观需要。经过慎重研究，党中央决定在国家层面采取"决定＋立法"的方式，分两步推进香港特别行政区维护国家安全的制度机制建设：第一步，十三届全国人大三次会议根据宪法和香港特别行政区基本法有关规定，于2020年5月28日通过关于建立健全香港特别行政区维护国家安全的法律制度和执行机制的决定，自公布之日起施行；第二步，十三届全国人大常委会第二十次会议根据宪法、香港特别行政区基本法和全国人大有关决定的授权，于2020年6月30日通过《中华人民共和国香港特别行政区维护国家安全法》，国家主席签署主席令予以公布，自公布之日起施行，并作出关于增加基本法附件三所列全国性法律的决定,将香港特别行政区维护国家安全法列入香港特别行政区基本法附件三,明确由香港特别行政区在当地公布实施。全国人大作出的关于建立健全香港特别行政区维护国家安全的法律制度和执行机制的决定和全国人大常委会通过的香港特别行政区维护国家安全法,是综合运用多种法定方式和手段完善特别行政区制度、健全国家对香港特别行政区治理体系的重要实践,是全国人大及其常委会根据新的形势和需要,依法充分发挥职能作用的重要体现,在20多年"一国两制"实践进程中具有重大制度创新意义,对于新形势下坚持和完善"一国两制"制度体系,维护国家主权、安全、发展利益,维护香港长治久安和长期繁荣稳定,具有十分重要而深远的意义。

(二)全国性法律在澳门特别行政区实施的情况

澳门基本法1993年通过时,全国人大决定将8部全国性法律列入基本法附件三在澳门实施。1999年澳门回归时决定增加2部全国性法律,2005年、2017年又各增加一部。截至目前,共有12部全国性法律在澳门实施。

1. 1993年澳门基本法通过时,全国人大决定下列8部全国性法律自1999年12月20日起由澳门特别行政区在当地公布或立法实施,具体包括:《关于中华人民共和国国都、纪年、国歌、国旗的决议》、《关于中华人民共和国国庆日的决议》、《中华人民共和国国籍法》、《中华人民共和国外交特权与豁免条例》、《中华人民共和国领事特权与豁免条例》、《中华人民共和国国旗法》、《中华人民共和国国徽法》、《中华人民共和国领海及毗连区法》。

2. 1999年12月20日澳门回归时,全国人民代表大会常务委员会决定增加两部全国性法律在澳门特别行政区实施:《中华人民共和国专属经济区和大陆架法》、《中华人民共和国澳门特别行政区驻军法》。

3. 2005年10月27日,全国人民代表大会常务委员会决定在澳门基本法附件三中增加《中华人民共和国外国中央银行财产司法强制措施豁免法》。

4. 2017年11月4日,全国人民代表大会常务委员会决定在澳门基本法附件三中增加《中华人民共和国国歌法》。

这里需要注意的是,在香港特别行政区适用的全国性法律比澳门特别行政区多一部,即《中华人民共和国政府关于领海的声明》。这是因为澳门传统的管辖区域只包括陆地,不包括海域。澳门周围的海域在法律上一直归属珠海,只是习惯上由澳门管理。根据1999年12月7日国务院通过的《中华人民共和国澳门特别行政区行政区域图》,澳门特别行政区包括澳门半岛、氹仔岛和路环岛,很明显只有陆地,不包括海域。但是中央同意澳门特别行政区维持澳门原有的习惯水域管理范围不变。而根据1997年5月7日国务院通过的《中华人民共和国香港特别行政区行政区域图》,香港特别行政区的区域明确包括陆地和海上两个部分。因此,《中华人民共和国政府关于领海的声明》对于香港是有实质意义的,但没有必要列入澳门基本法附件三在澳门特别行政区适用。然而,整体来看,由于这部法律涉及国家的主权,澳门特别行政区同样要尊重、遵守这部法律。

(三)非常情况下全国性法律在特别行政区的实施

上述是在正常情况下全国性法律在特别行政区实施的情况。两个基本法都规定,全国人民代表大会常务委员会决定宣布战争状态或因特别行政区内发生特别行政区政府不能控制的危及国家统一或安全的动乱而决定特别行政区进入紧急状态，中央人民政府可发布命令将有关全国性法律在特别行政区实施。根据这一规定，中央人民政府在上述规定的特殊情况下，可以发布命令把有关全国性其他法律在特别行政区实施。

五、为特别行政区制定其他法律或作出决定

除宪法、基本法和被列入基本法附件三的全国性法律在特别行政区实施外，回归后全国人民代表大会及其常务委员会还在宪法和基本法赋予的职权范围内为特别行政区制定了其他法律或作出决定。

（一）香港、澳门特别行政区全国人民代表大会代表产生办法

两个基本法的第二十一条都规定，特别行政区居民中的中国公民依法参与国家事务的管理。人民代表大会制度是我国的根本政治制度，全国人民代表大会是最高国家权力机关，因此特别行政区居民参与国家管理的主要方式是参加全国人民代表大会的活动。但是，由于特别行政区的政治体制不同于内地，不设人民代表大会及其常务委员会，也不能适用内地的选举法。全国人民代表大会代表的产生又不属于特别行政区高度自治的事项，也不能适用特别行政区本地立法机构成员选举的法律。特别行政区全国人民代表大会代表的产生属于中央负责的事项，只能由全国人民代表大会制定单行的法律来规定。

为此，1997年3月14日，第八届全国人民代表大会第五次

会议通过了《香港特别行政区选举第九届全国人民代表大会代表的办法》。此后，全国人大常委会于1998年10月26日作出关于补选出缺的香港特别行政区第九届全国人民代表大会代表的决定，于1999年1月30日作出关于香港特别行政区第九届全国人民代表大会代表辞去代表职务的办法的决定，对《香港特别行政区选举第九届全国人民代表大会代表的办法》作了补充和完善。1999年3月，第九届全国人民代表大会第二次会议通过了《澳门特别行政区选举第九届全国人民代表大会代表的办法》。这两个办法是全国人民代表大会为特别行政区制定的单行法律，是我国关于在特别行政区选举产生全国人民代表大会代表的特别法。从那以后，每届全国人民代表大会的最后一次会议都要通过下一届港澳全国人民代表大会代表的产生办法，对以前的产生办法进行必要的调整或修改。2002年3月15日，第九届全国人民代表大会第五次会议通过《香港特别行政区选举第十届全国人民代表大会代表的办法》和《澳门特别行政区选举第十届全国人民代表大会代表的办法》。2007年3月16日，第十届全国人民代表大会第五次会议通过《香港特别行政区选举第十一届全国人民代表大会代表的办法》和《澳门特别行政区选举第十一届全国人民代表大会代表的办法》。2012年3月14日，第十一届全国人民代表大会第五次会议通过《香港特别行政区选举第十二届全国人民代表大会代表的办法》和《澳门特别行政区选举第十二届全国人民代表大会代表的办法》。2017年3月15日，第十二届全国人民代表大会第五次会议通过《香港特别行政区选举第十三届全国人民代表大会代表的办法》和《澳门特别行政区选举第十三届全国人民代表大会代表的办法》。

（二）对香港特别行政区政制发展问题作出决定

香港基本法的一个重要内容就是要推动香港民主的发展，使民主制度化、法律化。香港特别行政区行政长官和主要官员必须由香港永久居民中的中国公民担任，中央不派官员到特别行政区政府任职。从"英人治港"到"港人治港"，这本身就是巨大的民主进步，是香港人当家作主的生动表现，是香港走向民主的里程碑。香港基本法还规定，根据香港的实际情况和循序渐进的原则，行政长官和立法会全体议员最终实现普选产生。由此可见，香港基本法规定的政治体制是一个民主的、科学的政治体制，更为重要的是，它还明确规定了香港发展政制、走向民主的原则和步骤，为在香港最终实现全面民主指明了发展方向。相比香港以前的宪法性法律《英皇制诰》和《皇室训令》，香港基本法的原则、精神和内容都是十分民主的。一个不可否认的事实是，香港居民只是在1997年后按照香港基本法的规定，才开始真正当家作主，行使自己的民主权利，香港政治体制的真正民主化是从回归祖国重新纳入国家治理体系后才开始的。

香港回归以来，香港居民获得了前所未有的民主权利。根据香港基本法，香港居民有史以来第一次通过法定形式参加了行政长官的产生过程，行政长官的选举结果与各种事前民意调查结论高度一致，表明了行政长官具有广泛的民意基础。在立法会60名议员选举方面，分区直接选举议员人数1998年第一届立法会是20名，2000年第二届立法会扩大到24人，2004年第三届立法会直选议员扩大到30人，占到议员人数的一半。

香港特别行政区是直辖于中央人民政府的享有高度自治权的地方行政区域。香港特别行政区的高度自治权来源于中央的授权。香港特别行政区的政治体制是由全国人民代表大会制定的香港基本法予以规定的。我国是单一制国家,不是联邦制,地方无权自行决定或改变其政治体制。香港政治体制的发展,涉及中央和特别行政区的关系,必须在香港基本法的框架内进行。修改行政长官的产生办法和立法会的产生办法,是香港政治体制发展中的重大问题;是否需要修改和如何修改,决定权在中央。这是宪法和香港基本法确立的一项极为重要的原则,也是"一国两制"方针的应有之义。尽管香港社会对政制发展的路径存在争议,但中央推动香港民主的决心没有变、步伐没有停。

2004年4月6日,为进一步推动香港民主政治发展,全国人民代表大会常务委员会解释了香港基本法附件一第七条和附件二第三条,明确了政制发展的启动程序,即:第一步,是否需要进行修改,行政长官应向全国人民代表大会常务委员会提出报告,由全国人民代表大会常务委员会依照香港基本法第四十五条和第六十八条规定,根据香港特别行政区的实际情况和循序渐进的原则确定;第二步,修改行政长官产生办法和立法会产生办法,应由香港特别行政区政府向立法会提出;第三步,行政长官的产生办法和立法会的产生办法修改时,须经立法会全体议员三分之二多数通过;第四步,行政长官的产生办法和立法会的产生办法修改时,须经行政长官同意;第五步,行政长官的产生办法和立法会的产生办法修改后,只有报全国人民代表大会常务委员会批准或者备案,该修改方可生效。据此,2004年4月15日,香港特别行政区行政长官董建华向全国人民代表大会常务委员会提交了《关于香港特别行政区2007年行政长官和2008年立法会产生办法是否需要修改的报告》。4月26日,全国人民代表大会常务委员会通过决定,批准香港特别行政区朝着更加民主化的方向修改2007年行政长官和2008年立法会产生办法。根据这一决定,特别行政区政府经过18个月的广泛咨询,于2005年12月21日向香港立法会提出了一个更加民主的政制改革方案。尽管这个方案没有获得立法会全体议员三分之二多数通过,中央和特别行政区政府仍然表示将依照基本法进一步推动香港民主的发展。

2007年12月12日,香港特别行政区行政长官曾荫权向全国人民代表大会常务委员会提交了《关于香港特别行政区政制发展咨询情况及2012年行政长官和立法会产生办法是否需要修改的报告》。全国人民代表大会常务委员会依据香港基本法的有关规定和《全国人民代表大会常务委员会关于〈中华人民共和国香港基本法〉附件一第七条和附件二第三条的解释》,于2007年12月29日通过了《全国人民代表大会常务委员会关于香港特别行政区2012年行政长官和立法会产生办法及有关普选问题的决定》,明确指出:2012年香港特别行政区第四任行政长官的具体产生办法和第五届立法会的具体产生办法可以作出适当修改;2017年香港特别行政区第五任行政长官的选举可以实行由普选产生的办法;在行政长官由普选产生以后,香港特别行政区立法会的选举可以实行全部议员由普选产生的办法。2010年6月24日、25日,香港特别行政区立法会均以超过全体议员总数三分之二的多数票赞成,先后通过了关于2012年行政长官和立法会产生办法的修订议案,从而通过了香港2012年政改方案。根据这两项议案,分别对2012年特别行政区行政长官和立法会的产生办法作出修改。其中,对2012年特别行政区行政长官产生办法的修改内容包括:行政长官选举委员会人数由800人增至1200人,行政长官选举委员会由工商、金融界、专业界、劳工、社会服务、宗教等界,特别行政区立法会议员、区议会议员的代表、乡议局的代表、港区全国人民代表大会代表、港区全国政协委员的代表,共四大界别人士组成,每个界别300人,不少于150名的行政长官选举委员会委员可联合提名行政长官候选人等。对2012年特别行政区立法会产生办法的修改内容包括：立法会议席总数由60席增至70席,其中功能组别和分区直选议席各为35席。该方案获得通过,迈出香港民主发展进程中的一大步。

2013年12月4日至2014年5月3日,香港特别行政区政府就2017年行政长官产生办法和2016年立法会产生办法进行了广泛、深入的公众咨询。咨询过程中,香港社会普遍希望2017年实现行政长官由普选产生,并就行政长官普选办法必须符合香港基本法和全国人民代表大会常务委员会有关决定、行政长官必须由爱国爱港人士担任等重要原则形成广泛共识。对于2017年行政长官普选办法和2016年立法会产生办法,香港社会提出了各种意见和建议。在此基础上,香港特别行政区行政长官梁振英就2017年行政长官和2016年立法会产生办法修改问题向全国人民代表大会常务委员会提出报告。2014年8月31日,全国人民代表大会常务委员会就香港特别行政区行政长官普选问题和2016年立法会产生办法作出决定,明确了行政长官普选的核心要素和制度框架,明确了2016年立法会产生办法不作修改。决定还明确,从2017年开始,香港特别行政区行政长官可以实行由普选产生的办法,在实行行政长官普选时,须组成一个有广泛代表性的提名委员会,按照民主程序产生2至3名行政长官候选人,每名候选人均须获得提名委员会全体委员半数以上的支持。这既是一项重大法律决定，也是一项重大政治决断，体现了中央落实香港行政长官普选的坚定立场，有利于香港更好地凝聚社会共识、达成普选目标，走好香港政制发展的关键一步。香港特别行政区政府通过广泛、深入的公众咨询，2015年4月22日向立法会提交了行政长官普选法案。由于立法会内反对派议员联手否决，法案未能获得香港基本法规定的全体议员三分之二多数支持而未获通过。

此后几年，香港社会出现的乱象表明，香港特别行政区现行的选举制度机制存在明显的漏洞和缺陷。为此，2021年3月，十三届全国人大四次会议通过了关于完善香港特别行政区选举制度的决定，明确了修改完善香港特别行政区选举制度应当遵循的基本原则和修改完善的核心要素内容，同时授权全国人大常委会根据上述决定修改香港特别行政区基本法附件一和附件二。根据上述决定，十三届全国人大常委会第二十七次会议对香港特别行政区行政长官和立法会的产生办法及表决程序作出了系统修改和完善。修订后的香港特别行政区行政长官的产生办法明确规定了选举委员会的规模、组成、任期和委员身份资格，选举委员会五大界别内界别分组划分和名额分配，选举委员会委员产生方式，行政长官产生方式，选举委员会设召集人制度，健全完善候选人资格审查制度机制等。修订后的香港特别行政区立法会的产生办法和表决程序明确了立法会的规模和构成，选举委员会选举议员的产生方式，功能团体选举议员的产生方式，分区直接选举议员的产生方式，健全完善立法会议员候选人资格审查制度机制，并明确了立法会对法案和议案的表决程序等。同时，全国人大常委会还明确了对相关办法和法案、议案表决程序的修改权。全国人大及其常委会以"决定＋

修法"的模式为完善香港特别行政区选举制度、确保香港特别行政区政治体制有效运行作了具体明确的制度安排,为始终坚持"爱国者治港"、确保"一国两制"实践行稳致远提供了有力法治保障。

(三) 对香港特别行政区作出新的授权

香港回归前的1996年,全国人民代表大会常务委员会即授权香港特别行政区政府指定其入境事务处为香港特别行政区受理国籍申请的机关,根据国籍法及其解释规定对所有国籍申请事宜作出处理。香港回归后的2006年,全国人民代表大会常务委员会授权香港对深圳湾口岸港方口岸区依照特别行政区法律实施管辖。2017年,全国人民代表大会常务委员会作出批准"一地两检"合作安排的决定。这里重点介绍最后一个决定。

广深港高铁是内地与香港特别行政区大型基础设施建设重大合作项目,其中,由香港特别行政区政府投资兴建的香港段将于2018年第三季度建成通车。为实现香港特别行政区与全国高铁网络互联互通,保障广深港高铁香港段的运输、经济和社会效益最大化,中央有关部门、广东省人民政府与香港特别行政区政府经反复研究,并参考了此前在广东省深圳湾设立内地口岸区和港方口岸区并实施"一地两检"的模式,一致认为,在广深港高铁香港特别行政区西九龙站(以下简称"西九龙站")设立口岸并实施"一地两检"是最佳方案。该方案的主要内容是,在西九龙站设立口岸,分为香港口岸区和内地口岸区,由双方分别按照各自法律,对乘坐高铁往来于内地与香港特别行政区的人员及其随身物品和行李,进行出入境边防检查、海关监管、检验检疫等出入境监管。鉴于在西九龙站实施"一地两检"涉及在香港特别行政区区域内设立内地口岸区以及内地与香港特别行政区管辖权(包括司法管辖权)的划分和法律适用,需要根据《中华人民共和国香港特别行政区基本法》明确相应的法律依据和具体实施办法,中央有关部门和香港特别行政区政府经过深入研究后同意采取"三步走"程序作出有关安排,即:第一步,内地和香港特别行政区签署《内地与香港特别行政区关于在广深港高铁西九龙站设立口岸实施"一地两检"的合作安排》(以下简称《合作安排》);第二步,由国务院提请全国人民代表大会常务委员会批准《合作安排》;第三步,双方通过各自法律程序落实《合作安排》。2017年7月25日,香港特别行政区政府公布了在香港西九龙高铁站实行"一地两检"的框架安排。11月15日,香港特别行政区立法会通过动议支持在西九龙高铁站实行"一地两检"。经国务院授权,2017年11月18日,时任广东省人民政府省长马兴瑞代表内地与时任香港特别行政区行政长官林郑月娥正式签署《合作安排》,完成了"三步走"程序的第一步。2017年12月27日,全国人民代表大会常务委员会作出批准"一地两检"合作安排的决定。

"一地两检"合作安排与香港基本法的理解和适用密切相关,主要包括以下三个方面:

一是香港特别行政区与内地签署《合作安排》的权力来源。香港特别行政区政府与内地有关方面就在西九龙站设立口岸并实施"一地两检"的相关问题协商作出适当安排,不改变香港特别行政区行政区域范围,不影响香港特别行政区依法享有的高度自治权,不减损香港特别行政区居民依法享有的权利和自由,是符合香港特别行政区基本法规定的。根据宪法,香港特别行政区基本法授权香港特别行政区实行高度自治(第二条),实行单独的出入境管理制度(第二十二条第四款、第一百五十四条第二款),香港特别行政区政府享有管理香港特别行政区境内的土地(第七条),提供经济和法律环境以鼓励投资、技术进步并开发新兴产业(第一百一十八条),制定适当政策促进和协调各行业发展(第一百一十九条)等权力。因此,在香港特别行政区区域内设立口岸并实施"一地两检",是落实香港特别行政区基本法规定的有关权力的体现,为香港特别行政区与内地协商签署《合作安排》提供了法律基础。也就是说,香港特别行政区依法享有的高度自治权,是其与内地作出上述"一地两检"安排的权力来源。

二是与全国性法律在香港特别行政区实施有关规定的关系。香港特别行政区基本法第十八条规定,"全国性法律除列入本法附件三者外,不在香港特别行政区实施","任何列入附件三的法律,限于有关国防、外交和其他按本法规定不属于香港特别行政区自治范围的法律"。该条规定的是全国性法律延伸适用至整个香港特别行政区的情况,包括有关范畴及其适用途径。具体说,就是该条规定中有关全国性法律实施的范围是整个香港特别行政区,实施主体主要是香港特别行政区,适用对象是香港特别行政区的所有人。而在西九龙站内地口岸区实施全国性法律,其实施范围只限于内地口岸区,实施主体是内地的有关机构,适用对象主要是处于内地口岸区的高铁乘客。这种情况与香港特别行政区基本法第十八条所规定的在香港特别行政区实施全国性法律的情况不同,不存在抵触香港特别行政区基本法第十八条规定的问题。《合作安排》还明确规定,就内地法律的适用以及管辖权的划分而言,西九龙站内地口岸区被视为"处于内地"。全国人民代表大会常务委员会批准《合作安排》并作出决定,即可为全国性法律仅在西九龙站内地口岸区实施提供充足法律依据。

三是与全国人民代表大会常务委员会有关授权条文的关系。香港特别行政区基本法第二十条规定,"香港特别行政区可享有全国人民代表大会和全国人民代表大会常务委员会及中央人民政府授予的其他权力"。有建议认为,全国人民代表大会常务委员会可据此授权在西九龙站设立口岸并实施"一地两检"。国务院认为,《合作安排》涉及的法律问题比较复杂,需要通过"三步走"程序解决不同层面的法律问题。其中,全国人民代表大会常务委员会既要确认香港特别行政区依据其享有的高度自治权与内地协商签署《合作安排》符合宪法和香港特别行政区基本法,又要授权内地在西九龙站设立内地口岸区并派驻机构依照内地法律履行职务,采用作出批准决定的方式,更为适当。

根据全国人民代表大会常务委员会批准的《合作安排》,有关方面均已完成法律程序,"一地两检"已经成功实施。在西九龙站实施"一地两检"有利于实现香港特别行政区与全国高铁网络的互联互通及广深港高铁香港段的运输、经济、社会效益最大化,有利于促进香港特别行政区与内地之间的人员往来和经贸活动,有利于深化香港特别行政区与内地的互利合作,有利于香港特别行政区更好地融入国家发展大局,对于保持香港特别行政区长期繁荣稳定具有重要意义。

(四)对澳门特别行政区作出新的授权

澳门回归前的1998年,全国人民代表大会常务委员会即授权澳门特别行政区政府指定其有关机构,根据国籍法及其解释规定对所有国籍申请事宜作出处理。与香港不同,澳门国籍问题的特殊性表现为存在一个具有中国血统但又具有葡萄牙血统的葡萄牙后裔居民问题。他们希望对其国籍问题可以采取一个灵活务实的解决方法。正是基于这一历史背景和现实情况，1994年4月，葡萄牙总理席尔瓦访华时，李鹏总理表明了"中国政府无意强求在澳门出生的葡后裔居民做中国公民，允许其根据自愿的原则自由选择国籍"的立场。为贯彻自由选籍这一立场，全国人民代表大会常务委员会明确规定："凡具有中国血统但又具有葡萄牙血统的澳门特别行政区居民，可根据本人意愿，选择中华人民共和国国籍或葡萄牙共和国国籍。确定其中一种国籍，即不具有另一种国籍。上述澳门特别行政区居民，在选择国籍之前，享有澳门特别行政区基本法规定的权利，但受国籍限制的权利除外。"这一条规定充分体现了灵活、务实、宽松处理葡萄牙后裔居民国籍问题的原则，有利于社会稳定，有利于澳门的平稳过渡和顺利交接。

澳门回归后的2009年，全国人民代表大会常务委员会授权澳门特别行政区对设在横琴岛的澳门大学新校区实施管辖。澳门大学是澳门目前规模较大、在澳门高等学校中具有代表性的综合性公立大学，当时在校学生近6600人。由于校园面积仅有5.4万平方米，教学设施拥挤不堪，学校发展受到严重制约。鉴于澳门特别行政区地域狭小，已无适合的土地供澳门大学扩建，澳门特别行政区于2009年4月24日请求中央政府同意在与澳门隔河相望的广东省珠海市横琴岛，为澳门大学提供面积约1平方公里的新校址，由专用通道与澳门特别行政区连接；同时提出，为了使澳门大学迁址到横琴岛后办学宗旨、理念、特色和管理模式等保持不变，请求国务院参照全国人大常委会授权香港特别行政区对深圳湾口岸港方口岸区依照香港特别行政区法律实施管辖的先例，提请全国人大常委会授权澳门特别行政区对横琴岛澳门大学新校区依照澳门特别行政区法律实施管辖。为了支持澳门特别行政区发展教育、培养人才,促进澳门特别行政区更好更快发展,国务院同意澳门特别行政区关于将澳门大学迁址到广东省珠海市横琴岛的请求。澳门大学迁址到广东省珠海市横琴岛后,需要按照澳门特别行政区法律实施管辖。为此,根据国务院提出的议案,全国人民代表大会常务委员会作出决定:"授权澳门特别行政区自横琴岛澳门大学新校区启用之日起,对该校区依照澳门特别行政区法律实施管辖。"同时规定:"横琴岛澳门大学新校区与横琴岛的其他区域实行隔离式管理。""横琴岛澳门大学新校区的范围,由国务院规定。""横琴岛澳门大学新校区土地使用权取得方式和使用期限,由国务院依照有关法律的规定确定。"在全国人大常委会作出授权决定、国务院对广东省人民政府和澳门特别行政区政府做出批复后,澳门特别行政区政府同广东省珠海市人民政府签订以租赁方式取得横琴岛澳门大学新校区的土地使用权的国有土地租赁合同。关于横琴岛澳门大学新校区的选址和用地范围,经珠海市与澳门特别行政区政府协商,国务院决定,横琴岛澳门大学的校址选在横琴口岸南侧,环岛东路和十字门水道之间面积为10926平方公里的区域内,由专用通道通往澳门特别行政区。考虑到澳门特别行政区基本法第五条规定,澳门特别行政区保持原有的资本主义制度和生活方式五十年不变,同时参照土地管理法律法规有关教育用地出让的最高年限为50年的规定,国务院决定,横琴岛澳门大学新校区的土地使用期限自该校区启用之日起至2049年12月19日止;经双方协商并按程序报国务院批准,可提前终止土地使用权或者在租赁期满后续期。

  邓小平同志在20世纪80年代创造性地提出的"一国两制"伟大构想,最初目的是为了解决台湾问题。目前,"一国两制"已在香港、澳门特别行政区成功付诸实践,必将为"一国两制"在台湾的落实提供有益借鉴。回顾全国人大及其常委会依法行使有关职权,建立、发展和实施特别行政区制度的伟大历程,我们深刻感受到,宪法和基本法是"一国两制"坚实的法治保障,不仅对于保证香港和澳门特别行政区长期繁荣稳定具有重大意义,也为解决台湾问题、实现祖国完全统一积累了重要经验。改革开放40多年来,全国人大及其常委会认真贯彻落实党中央对台大政方针,依法行使职权,为发展两岸关系、促进祖国和平统一作出了积极努力。1994年3月,全国人大常委会通过台湾同胞投资保护法;2005年3月,十届全国人大三次会议高票通过反分裂国家法;长期以来,台湾籍人大代表依法积极参与国家事务管理。实践证明,"和平统一、一国两制"是实现国家统一的最佳方式,体现了海纳百川、有容乃大的中华智慧。2014年10月,党的十八届四中全会提出,"运用法治方式巩固和深化两岸关系和平发展,完善涉台法律法规,依法规范和保障两岸人民关系、推进两岸交流合作。运用法律手段捍卫一个中国原则、反对'台独',增进维护一个中国框架的共同认知,推进祖国和平统一。"2019年1月2日,习近平总书记在《告台湾同胞书》发表40周年纪念会上的重要讲话提出新时代推动两岸关系和平发展、推进祖国和平统一进程重大决策主张,明确提出探索"两制"台湾方案,创造性地提出开展两岸民主协商,就两岸关系和平发展达成制度性安排,体现了开放、自信、务实的态度,开启了新时代和平统一的新征程,必将对两岸关系的未来发展产生深远影响。我们坚信,在党中央的坚强领导下,"一国两制"的伟大实践将继续丰富,涉台立法将不断完善,为解决台湾问题、实现祖国完全统一打下坚实法治基础。

第十章

宪法实施和监督稳步发展

我国宪法实施和监督制度的确立和发展,与人民代表大会制度的坚持和完善密切相关。新中国第一部宪法1954年宪法就确立了全国人大监督宪法实施的制度,但实践中没有得到很好落实。总结这一教训,1982年宪法和此后陆续制定的一系列法律对保障和监督宪法实施作出了更为完备的规定,进行了持续的探索和实践,逐步形成了中国特色的宪法监督制度。全面回顾和深入总结这段历史进程,继续推进宪法实施和监督特别是合宪性审查,对于继续深化改革开放,坚持和完善人民代表大会制度,更好发挥中国特色社会主义制度优势具有极为重要的现实意义。

一、"是不是搞一个有权威的机构来监督宪法的实施"

1982年宪法制定工作一开始,不少人就担心有了一部好宪法,会不会还像1954年宪法那样得不到真正的实施。大家的担心主要有三个方面:一是担心"文化大革命"中"无法无天"的现象重演;二是担心宪法流于形式,束之高阁,成为一纸空文;三是担心"权比法大"的问题难以解决。宪法修改委员会秘书处就此广泛征求各方面的意见:有的主张全国人大应设宪法委员会,保证宪法的实施;有的主张设立宪法法院,隶属于全国人大常委会;有的主张由最高人民检察院监督宪法的实施。还有的认为宪法实施要监督,但不必再设立宪法法院,由全国人大常委会进行监督就行。修宪委员会秘书处对此作了专门研究。

1980年12月5日,宪法修改委员会秘书长胡乔木在向中央书记处做的《关于宪法修改的几个问题》的报告中说:"鉴于过去对宪法的实施没有得到应有的保证,以致十年动乱,宪法横遭废弃,应吸取教训,对保障宪法的实施作出专门规定;明确规定宪法是国家根本大法的地位,违反宪法的任何法律、法令、决定,均属无效,有的还要受到有关法律的制裁;并要规定有专门的机关(例如检察院,也有人主张设立宪法法院)处理违反宪法的案件,以确保宪法的遵守和执行。还要严格规定修改宪法的程序,以维护宪法的尊严和稳定性。"

1981年6月15日,宪法修改委员会秘书处在《关于修改宪法的一些问题的汇报》(三次修改稿)中提出:"在征求意见中,许多人认为,概括过去的经验教训,需要成立专门的保障宪法实施的机构。世界各国关于保障宪法实施的机构,有的是最高国家权力机关,如苏联;有的是宪法法院,如南斯拉夫、捷克斯洛伐克等;有的是最高法院,如美国;有的是宪法委员会,如法国。《讨论稿》根据我国的实际情况,在国家机构一章中,用专章规定设立全国人民代表大会宪法委员会,作为保障宪法实施的专门机构。"关于宪法委员会的性质、地位和职权,有两种不同的意见:"一种认为,宪法委员会的地位与全国人大常委会相等,仅对全国人大负责并报告工作。""另一种意见认为,宪法委员会的地位应低于人大常委会,对人大及其常委会负责并报告工作;它协助人大或者人大常委会监督宪法的实施,对法律、法令和其他法规的合宪性,提出意见或报告。"同时,特别强调"秘书处多数倾向于前一种意见"。

1982年4月底到8月,全国人大常委会将"宪法修改草案"向全民公开征求意见。之后,9月2日至14日,彭真先后五次召集宪法修改委员会秘书处工作人员研究宪法修改问题,指出:这次全民讨论,总的来说,大家对宪法修改草案是赞成的。有人说,宪法规定得挺好,就怕将来不能执行。有人提出搞宪法委员会,也有提设立宪法法院的。这个问题要作为一个重要问题考虑和提出。怎么监督宪法执行?主要靠人民,十亿人。专门机构要不要,可以提两个方案,权衡一下。这个问题可以研究。就是设宪法委员会,也要设在全国人大和人大常委会下,全国人大要一元化不要多元化。放在谁手里?放在大多数人手里可靠。随后,彭真同志征求了邓小平等领导同志的意见,经慎重研究,没有采用设宪法监督机构的方案。[①]

1982年11月,提交五届全国人大五次会议审议的宪法修改草案,没有关于宪法委员会的规定。审议中,许多代表团又提出设立宪法委员会的意见。宪法工作小组组长胡绳在主席团会议上作了说明。他说,如果整个一个国家宪法和法律的每一个条文,从每一件国家大事以至到每一个公民的自由权利都有一个专门的机构来保证,这是不可能的。他认为,保证宪法的实施,依靠整个国家机构,首先是人大、人大常委会,然后是整个司法机关、检察机关、行政机关,再加上全国人民来保证宪法的实施,这才是保证宪法实施的一套完整的体系。彭真同志补充讲话说,大家关心宪法能不能执行的问题,是不是搞一个有权威的

---

① 参见《彭真传》第四卷,中央文献出版社2012年版,第1472—1473页。

机构来监督宪法的实施？这个问题在起草过程中反复考虑过。他认为还是人大常委会来行使监督宪法实施的权力比较适宜。当然，随着情况的发展，是不是还可以搞一些具体的规定，那要等将来再说。我们理解，彭真同志这样说的意思是，即便不设专门机构来监督宪法的实施，也需要随着情况的发展，制定一些人大和人大常委会行使监督宪法实施权力的具体制度。

二、1982年宪法对保障和监督宪法实施发出明确信号

1982年宪法最终虽然没有规定设立宪法监督的专门机构，但对如何保障和监督宪法实施，作出了比前三部宪法更加明确、更加有力的规定。主要包括：

一是确认了宪法的国家根本法地位并赋予其具有最高的法律效力。

二是规定一切组织和个人都负有严格遵守宪法、维护宪法和保证宪法实施的职责。比如，强调"一切国家机关和武装力量、各政党和社会团体、各企业事业组织都必须遵守宪法和法律。一切违反宪法和法律的行为，必须予以追究"。"任何组织或者个人都不得有超越宪法和法律的特权。"这些规定清晰表明，宪法高于一切法律法规，宪法大于一切组织和个人。

三是对监督宪法实施和解释宪法的机关作了进一步规定。如增加规定全国人大常委会解释宪法和监督宪法实施，首次在宪法条文中填补了全国人大闭会期间无人监督宪法实施的"空白"。

四是规定全国人大有权改变或撤销全国人大常委会不适当

的决定；全国人大常委会有权撤销国务院制定的同宪法、法律相抵触的行政法规、决定和命令，有权撤销省级国家权力机关制定的同宪法、法律和行政法规相抵触的地方性法规；国务院有权改变或撤销各部、各委员会发布的不适当的命令、指示和规章，改变或撤销地方各级国家行政机关的不适当的命令和决定，等等。这些规定为纠正违宪违法的规范性文件提供了根本法依据。

三、1982 年宪法颁布后宪法实施和监督并非"按兵不动"

1982 年宪法颁布后，彭真同志多次就宪法实施和监督问题发表谈话、讲话。他反复强调，宪法的许多规定，主要靠国家机关来贯彻执行。一切国家机关，包括权力机关、行政机关、审判机关和检察机关，以及一切企业、事业组织，首先要自己模范自觉地遵守宪法，同时要按照各自的职责，同各种违反宪法、危害社会主义制度和侵犯公民权利的行为，进行坚决的斗争。宪法赋予全国人大及其常委会监督宪法实施的职权。地方各级人大应当按照宪法的规定，切实地保证宪法和法律在本行政区域内的遵守和执行。全国人大及其常委会要认真地依照宪法履行职责，纠正和追究重大的违宪行为。1983 年 12 月 24 日，彭真同志在同全国人大常委会秘书长、副秘书长谈话时说，实施和维护宪法，从全国人大常委会来讲，这一关主要由你们把，出了问题要找你们。他还说，我这个委员长如果违反宪法，我就辞职；你们要是违反宪法，也要辞职。正因为彭真同志对宪法权威和尊严的重视与坚守，现行宪法颁布实施后，我国的宪法文本并没有"沉睡"，宪法的实施和监督也更不是"按兵不动"。

1985年在现行宪法实施两年多的时候,彭真同志说,对违宪的事情不能老是提醒、打招呼,到了需要处理的时候了;该处理而不处理,我们就有愧职守;不是要搞很多,找一两个典型,把事实搞清楚,依照法律程序处置一两个,可以教育大家遵守宪法、法律,不能马虎了。在彭真同志的坚持下,全国人大常委会坚决支持和监督一些地方违反宪法和法律的行为。比如,在选举、任免国家机关工作人员时,一些地方不尊重人大、人大常委会依法行使职权,不尊重代表、委员的民主权利,对依法应由人大及其常委会选举或任命的干部,未履行法律程序就由上级机关直接任命或对外公布。当时内蒙古自治区党委提名的经贸厅厅长人选,自治区人大常委会还没有通过时,自治区党委书记就坚持对外公布。自治区人大常委会负责人提出意见,还受到这位书记的批评。这件事反映到全国人大常委会后,彭真委员长和党内副委员长进行了研究,向中央书记处报告。习仲勋同志批评了这位书记。

四、20 世纪 90 年代开始起草的监督法曾多次专题研究宪法监督问题

1990 年 3 月 12 日,十三届六中全会通过的《中共中央关于加强党同人民群众联系的决定》中指出:"对各级领导机关和领导干部必须加强监督,要建立和完善党内监督与党外监督,自上而下的监督和自下而上的监督制度。""建议全国人大常委会拟定实行工作监督和法律监督的监督法。"3 月 20 日至 4 月 5 日举行的七届全国人大三次会议上,代表们强烈要求尽快制定监督法。大会批准的常委会工作报告提出,"特别是要抓紧监督法

的草拟工作"。

大会闭幕后,监督法的起草工作正式启动。这次起草监督法将"监督宪法的实施"放在最重要的位置,专列一章加以规定。遇到的难点是关于建立宪法监督委员会的问题。讨论中,各方面比较一致的意见是,同意建立宪法监督的专门机构——宪法监督委员会。理由有三:一是宪法监督专业性强,工作量大,没有专门机构很难承担这项任务。二是设立宪法监督机构是世界各国宪法监督的发展趋势,已有70多个国家建立了宪法监督委员会、宪法法院或宪法法庭等专门机构。三是设立宪法监督委员会在我国已酝酿多年,意见比较一致,有一定的思想基础和理论准备。多数同志认为,从我国实际出发,目前增设一个专门委员会性质的宪法监督委员会比较容易,不需要修改宪法,也适合人民代表大会制度的体制。有这样一个专门委员会,再吸收一些专家作顾问,是能够把宪法监督的有关任务承担起来的。遗憾的是,由于对监督法草稿的规定有不同看法以及其他一些原因,1990年底监督法的起草工作暂时停止。

八届全国人大常委会任期内,再次启动监督法的起草工作,对宪法监督问题继续进行深入研究和探索。起草过程中,焦点问题仍然是建立什么样的宪法监督的专门机构。尽管提出的方案各不相同,但较多的意见是增设全国人大领导下的"宪法监督委员会"。理由是:我国实行的人民代表大会制度,如果由人大以外的检察机关、审判机关或其他的某个机关单独行使违宪审查权是不合适的。从法理上讲,全国人大在国家机关中最具有权威,其他国家机关只能被它监督而不能倒转过来。所以行使违宪审查权的国家机构职能从现行人大制度入手才具有可行性。关于这个"宪法监督委员会"的规格,一部分同志认为应当与全国人大常委会平行,而多数同志则主张应该是类似专门委员会性质的机构,作为第一步先建立起来,在实行过程中逐步总结经验。此外,还就宪法监督的内容和范围、方式和程序作了深入研究,提出了方案。1993年八届全国人大一次会议修改宪法部分内容时,许多人都提出全国人大应建立专门委员会性质的宪法监督委员会。中央修宪小组也倾向于设立这样的宪法监督机构。中共中央在《关于修改宪法部分内容的建议的说明》中提出:"根据宪法第七十条的规定,全国人大可以设立专门委员会性质的宪法监督委员会,宪法可以不做规定。"八届全国人大常委会任期内,监督法虽然没有制定出来,但对宪法实施和监督问题作了深入的理论研究和实践探索。

1998年3月,九届全国人大常委会组成后,监督法再次列入立法规划。2001年重新成立了监督法起草小组。这次起草监督法,不再把监督宪法实施单列一章,而是把监督宪法实施和监督法律实施合成一章。2002年8月23日,在九届全国人大常委会第二十九次会议上,全国人大法律委员会主任委员王维澄受委员长会议委托,作了监督法(草案)的说明。审议中对有关宪法监督问题提出的主要意见是:监督法最重要的内容和任务是对违反宪法的情况进行监督,应当研究设立专门的宪法监督机构,协助全国人大及其常委会对违宪行为进行监督。主要理由是:(1)监督宪法实施的问题,我们国家一直没有解决。立宪几十年,宪法所规定的基本原则和具体条款,在现实生活中落实得怎么样以及违反宪法应当追究什么责任等问题,监督法都不能回避。(2)既然把宪法放在崇高的地位上,就要把违宪的行为视为最大的错误。应当建立一个宪法委员会专门处理违宪事项。(3)我们党是执政党,必须在宪法和法律范围内活动。

人大及其常委会有权监督党组织和党的领导干部的违宪违法行为,在这方面监督法应当有所规定。(4)建议全国人大设立宪法委员会,审查规章以上规范性文件的违宪违法问题,对规章以下的规范性文件可以交由法院处理。在监督法草案征求意见过程中,一些地方和部门对"关于宪法实施的监督"部分提出的意见是:对宪法实施的监督是国家政治生活的大事,是全国人大及其常委会的专属权,与对法律实施的监督有很大的区别,在监督法中应占有突出地位。建议设立专门的宪法监督机构,如在全国人大设立宪法委员会或建立宪法法院,并对违宪审查的主体、启动机制、程序、裁决方式、裁决执行以及相应的责任作出规定。由于争论很大,很难形成共识,监督法草案初审后,九届全国人大常委会一直没有再次审议。

五、地方法院的"越权"行为凸显加强宪法监督的紧迫性

1982年宪法颁布后,全国人大常委会虽然密切关注宪法的实施情况,也通过各种途径和方式纠正了一些比较典型的违宪违法的做法,但在宪法监督的工作机构、启动机制、具体程序等问题上一直没有形成普遍的共识,宪法的实施和监督处于"犹抱琵琶半遮面"的状态,内部有研究、有推动、有实践,外部则不知情、不了解。这种状况,对人大的权威、宪法的权威不可避免会产生影响。比较突出的例子就是地方法院屡屡"越权",试图行使"违宪审查权",审查并宣布地方人大制定的地方性法规违反上位法。

1998年12月15日,甘肃省酒泉地区中级人民法院的一位

法官在审理一起消费者权益保护的行政诉讼案件中，认为甘肃省人大常委会制定的地方性法规《甘肃省产品质量监督管理条例》不符合两部全国性的法律即《产品质量法》和《行政处罚法》，因此拒绝按照甘肃省人大常委会制定的地方性法规判案，实际上是通过司法判决中止了地方性法规的效力。这是新中国历史上，第一次出现一个地方法院法官对权力机关的立法行为行使司法审查权，并判定其是否符合上位法，是否应该适用。这个案件在当地引发了一场"宪法危机"。1999年，甘肃省技术监督局就此案向甘肃省人大常委会提出了请示报告。1999年8月17日，省人大专门召开主任会议听取案件情况，认为酒泉地区中级人民法院判决书"严重侵犯了宪法和地方组织法赋予地方人大及其常委会的立法权，超越审判权限，没有正确领会法律、法规，违法判决，直接损害了地方性法规的严肃性，影响了社会主义法制的统一"，并认定"这是一起全国罕见的审判机关在审判中的严重违法事件"，要求甘肃省高院提审此案并撤销酒泉地区中院判决书。同时，要求省高院对酒泉中院在全省法院系统公开批评，并提出追究有关责任人责任的意见。

一波未平一波又起。2003年5月27日，河南省洛阳市中级人民法院的一位法官在审理一起玉米种子赔偿案中，认定《种子法》实施后，玉米种子价格已经由市场调节，《河南省农作物种子管理条例》作为法律位阶较低的地方性法规，其与《种子法》相冲突的条款自然无效，根据这部条例制定的有关规范性文件与《种子法》相冲突的条款也是无效条款。2003年10月13日，河南省人大常委会主任会议对此专门审议，并认定："洛阳市中级人民法院作为一级审判机关，在其民事判决中宣告省人大常委会通过的地方性法规有关内容无效，其实质是对省人大常委会通过的法规的违法审查,违背了我国的人民代表大会制度,侵犯了权力机关的职权,暴露了一些审判机关对人民代表大会制度意识的淡薄,是严重违法行为。"主任会议决定:"为了维护地方性法规在全省贯彻执行的严肃性,请省法院对洛阳市中级人民法院的严重违法行为作出认真、严肃的处理,认真查找、分析再次出现类似情况的原因,真正采取切实措施,以避免类似情况的再次发生,并将处理结果报告省人大常委会。"河南省高级人民法院在对该案进行二审的同时,于10月21日向全省各级法院通报此事,在作出检讨、分析原因的同时,强调:"根据我国宪法和立法法的规定,省级人民代表大会及其常委会有权根据本行政区域的具体情况和实际需要,在不同宪法、法律和行政法规相抵触的前提下,制定地方性法规。人民法院在审理具体案件过程中,认为地方性法规与宪法、法律相抵触时,要严格按照立法法规定的程序,逐级报请至最高人民法院,由最高人民法院向全国人大常委会书面提出进行审查的要求,由全国人大常委会按程序办理。无论案件具体情况如何,均不得在判决书中认定地方性法规的内容无效。今后如再发生类似情况,将严肃追究有关领导和直接责任人的责任。"洛阳市中级人民法院于10月28日"表态":"案件承办人在判决书中认定省人大常委会通过的地方性法规有关条款无效,超越了人民法院的审判职权,违背了我国的人民代表大会制度,损害了国家权力机关的权威,构成了严重的违法行为,造成了严重的不良影响。中院党组正以高度负责的态度深刻总结教训,严肃认真地处理有关责任人员。""省级人大及其常委会通过的地方性法规的效力只能由全国人大及其常委会按照程序审查确认。人民法院作为审判机关,只能在审判案件中适用法律,无权对人大及其常委会通过的地方性法规的效力进行审查评判,尤其不能在判决书中宣告地方性法规无效。这是一个十分严肃的政治问题,全市法院各级领导和全体法官务必保持清醒的头脑。要切实找准自己的定位,摆正立法和司法、监督和被监督的关系,坚决维护国家权力机关的政治地位和权威。"

这是继甘肃省酒泉地区中级人民法院判决甘肃省人大常委会制定的地方性法规与全国性立法冲突而无效后,人民法院对地方人大立法进行审查并判定其无效的又一典型司法案件。此前,河南省沁阳市人民法院在审理一起案件中也曾经"错误地"审查了地方性法规,于1998年被河南省高级人民法院予以通报(豫高法[1998]111号)。这样,对人大立法进行司法审查的案件在全国至少发生了三起。这三起案件的最终处理结果,遏制住了有关法官审查地方立法效力的"冲动",维护了人大及其常委会的权威。但也提出了一个十分深刻的问题:如果全国人大及其常委会没有及时行使审查权和撤销权,人民法院在判决中如何对待地方性法规与上位法的冲突问题?如果没有专门机构协助全国人大及其常委会行使"监督宪法和法律实施"的职权,违反上位法的地方性法规岂不是成为法制统一的绊脚石?

2000年,九届全国人大三次会议通过了《中华人民共和国立法法》,这是我国立法制度史上一件具有里程碑意义的大事,也是备案审查制度发展沿革的一个重要节点。立法法设专章规定备案审查,规定有关国家机关、社会团体、企业事业组织和公民可以对法规提出审查要求或者审查建议,还规定了对备案法规、规章的审查程序,第一次从法律层面较为全面、系统地规范备案审查工作,标志着规范性文件备案审查制度的确立和形成。对行政法规、地方性法规、司法解释开展备案审查,是宪法法律赋予全国人大及其常委会的一项重要职权，是全国人大及其常委会履行宪法监督职责的一项重要工作。因此，建立备案审查制度，在一定程度上有利于强化对行政法规、地方性法规、司法解释的备案审查，维护法制统一和宪法权威。

六、"齐玉苓案"提出能不能搞"宪法司法化"的重大问题

由于长期以来全国人大及其常委会监督宪法实施的实践比较少且很少对外公开，也没有建立专门的负责宪法监督的机构，我国的宪法监督一直处于"藏在深闺人不识"的状态。如此一来，宪法在我国的法律适用过程中面临尴尬处境：一方面，它在法律体系中居于根本大法的地位，具有最高的法律效力，是各种法律法规的"母法"；另一方面，它的很大部分内容在法律适用特别是司法实践中被长期"虚置"，没有产生实际的法律效力。因此，2001年8月13日最高人民法院公布的一项司法解释（《最高人民法院关于以侵犯姓名权的手段侵犯宪法保护的公民受教育的基本权利是否应承担民事责任的批复》），在法学界和法律界引起强烈震动。有人欢呼：该司法解释首次宣告了宪法的司法适用效力，开启了对公民的基本权利的侵害援用宪法进行保护的先例，对推进中国的宪法监督起到重要而深远的意义。也有人对此提出质疑：宪法能否司法化并且在司法判决中被直接援引？法院能否成为适用宪法、解释宪法的主体？

这项司法解释的缘起，正是"齐玉苓案"。齐玉苓和陈晓琪原同系山东省滕州市第八中学初中毕业生。1990年齐玉苓通过了中专预选考试而取得了报考统招及委培的资格，而陈晓琪

在中专预选考试中落选。同年齐玉苓被山东省济宁市商业学校录取，但齐玉苓的"录取通知书"被陈晓琪领走。陈晓琪以齐玉苓的名义到济宁市商业学校报到就读。1993年毕业后，陈晓琪继续以齐玉苓的名义被分配到中国银行滕州市支行工作。1999年齐玉苓在得知陈晓琪冒用其姓名上学并就业这一情况后，以陈晓琪及有关学校和单位侵害其姓名权和受教育权为由诉至法院，要求被告停止侵害，并赔偿经济损失和精神损失。此案提出了一个值得探讨的问题：公民在宪法上所享有的受教育的基本权利能否通过诉讼程序获得保障和救济？或者说宪法是否可以作为法院裁判案件的法律依据而在裁判文书中直接援引？简而言之，就是能不能搞"宪法司法化"？

经过一段时间的热烈争论和理性反思，法学界的主流意见逐渐清晰明朗。董和平教授撰文指出："齐玉苓案本来只是一个普通的侵犯姓名权的民事案件，即使其侵权后果涉及宪法上的受教育权和劳动权保障问题，也完全可以作为侵权严重程度的考量因素依据现有的民事法律制裁违法，恢复和保障受害人的法定权利，根本无须上升到宪法受教育权保障的高度去处理。最高人民法院的'批复'舍弃了直接的而且有法可依的权利保护方式，越权开辟了一条有立法空白的司法解释途径，其违宪性和不合理性是显而易见的。""宪法司法化概念的提出从其初衷来讲是值得肯定的，要求强化宪法的'法律'性和对现实社会生活的规范性，使宪法实实在在发挥'法'的作用，实际上抓住了我国现阶段宪制实践中宪法被虚置而没有应有权威这一核心弊端，谋求对此有改进是有积极意义的。但是，宪法司法化这一论点本身却是缺乏立论上的理论与实践依据的，与我国现行的宪法规定和宪制体制是相违背的，以宪法司法化的方式推进和改善我国宪法适用状态有害无益。"胡锦光教授撰文指出："法院包括最高法院没有从宪法中获得宪法解释权,也没有从全国人大或者全国人大常委会获得授权,因此,法院对宪法并没有解释权。我国宪法对宪法解释权作出如此配置,说明没有将在公民认为自己的宪法权利受到侵犯时为公民提供宪法救济的权力授予法院,法院也就无权受理宪法案件。"许崇德教授进一步指出："'宪法司法化'不仅语义不清晰,而且表述的内容欠妥。全国人大及其常委会解释宪法,监督宪法的实施,已由宪法明文规定。这个体制从我国的国情出发,符合人民代表大会制度的本质要求。""宪法确定了的体制,是不宜轻易改变的。事实表明,我国的宪法监督制度正朝着逐渐完善的方向发展。当前的任务是如何更好更快地去促进这种发展,而不是要偏离它,另用最高法院行使违宪审查权的美国式体制去取代它。"

2008年12月18日,最高人民法院发布公告:该院审判委员会第1457次会议于2008年12月8日通过了《关于废止2007年底以前发布的有关司法解释(第七批)的决定》,其中包括以"已停止适用"为理由,废止了《最高人民法院关于以侵犯姓名权的手段侵犯宪法保护的公民受教育的基本权利是否应承担民事责任的批复》,该决定自2008年12月24日起施行。延续七年之久的"宪法司法化"争议,至此画上句号。"宪法司法化"这条路,由于不符合我国人民代表大会制度,并非加强宪法监督的正途。特别是极少数人鼓吹"宪法司法化",主张将监督宪法实施和解释宪法的职权交由法官和法院行使,这就改变了我国宪法规定的宪法监督和解释制度,改变了我国国家机构的职权配置。将监督宪法实施和解释宪法的职权由法官和法院行使,这是西方国家"三权分立"政体的运行模式,是与我国人民代表大会制度相悖的,也是违反我国宪法规定的。但与此同时,社会各界继续提出了这样的疑问:我国的宪法应当如何实施和监督?既然法院推进宪法司法化这条路径走不通,那么只能寄望于宪法规定的享有宪法解释权和监督权的全国人大及其常委会。

七、"孙志刚案"成为激活宪法监督制度的重要契机

2003年3月17日,就职于广州一服装公司的大学生孙志刚未携带身份证逛街时,被广州黄村街派出所以没有暂住证为由予以收容。3月18日,孙被送往广州收容遣送中转站,后又被收容站送往广州收容人员救治站,并于3月20日死亡。中山大学中山医学院法医鉴定中心的鉴定表明:"综合分析,孙志刚符合大面积软组织损伤致创伤性休克死亡"——即孙志刚是被打死的。事件披露后,受到社会各界关注,也引起中央有关领导高度重视,涉案的13名犯罪嫌疑人全部被公安机关缉捕归案,3名在此案中涉嫌渎职的工作人员也被检察机关立案侦查。5月14日,三位法学博士以普通公民身份向全国人大常委会提出审查《城市流浪乞讨人员收容遣送办法》的建议。三位博士上书的主要内容及媒体的相关评论集中在三点:一是收容遣送制度有违法治精神,应予废除。收容遣送制度使得民工、流浪人员等社会弱势群体的人身自由极易受到侵犯,有违法治精神。收容遣送制度的实行基于中国城乡二元制的社会结构,在当时具有社会福利和综合治理的性质,在收容救济城市流浪乞讨人员的同时,保持了城市的稳定和秩序。但是,随着现代化和城市化进程的展开,呼唤迁徙自由的声音日益高涨,户籍制度日益松动,收容遣送制度已经并将更加变得不合时宜。一些地方擅自扩大收

容遣送对象,使得收容遣送制度事实上成为城市驱赶外来民工的工具。从依法治国的精神出发,没有法律依据的行政制度不应长久存在,对收容和限制人身自由的范围作不适当扩展的越权行为必须予以纠正。即使是出于社会治安综合治理的需要,也应该重新依法制定相关法规,做到依法行政。如果民工在城市中违背了有关法律法规,应当按刑法或治安管理处罚条例的规定进行处理,而不应当用强制的方法将其送回户籍所在地。以行政手段为主导的收容遣送制度,在城市化发展的今天"治理功能"越来越弱,相反,依附于这个制度上的权力却越来越暴露出容易被滥用的危险。暂住证和收容都涉及相当大的利益驱动,其中的办证、罚款、放人的获利都是巨大的,牟利的特征相当明显,存在着很大的利益诱惑,制度本身又没有很好的约束机制,必然导致某些警察滥用搜查权和非法限制人身自由的行为。在这个过程中,也就发生了许多侵犯公民权利的恶性事件。二是《收容遣送办法》违反了宪法和《立法法》的有关规定,应予改变或撤销。我国宪法规定,公民的人身自由不受侵犯。《立法法》规定,对公民政治权利的剥夺、限制人身自由的强制措施和处罚,只能制定法律。只能由法律规定的事项而尚未制定法律的,全国人大及其常委会有权授权国务院对其中的部分事项先制定行政法规,但是有关犯罪和刑罚、对公民政治权利的剥夺和限制人身自由的强制措施和处罚、司法制度等事项除外。《收容遣送办法》是1982年制定的行政法规,其中有关限制人身自由的内容,与我国宪法和《立法法》相抵触。《立法法》规定,法律的效力高于行政法规、地方性法规、规章。对于"超越权限的"和"下位法违反上位法规定的"法律、行政法规、地方性法规、自治条例和单行条例、规章,由有关机关依照本法第八十八条规定的权限予以改变或者撤销。可见,《收容遣送办法》属于应予改变或者撤销的行政法规。三是全国人大常委会应尽快启动违宪审查机制。三位公民依法"上书",行使法律赋予的权利,是公民宪法意识增强的表现。这也是中国公民首次行使违宪审查建议权,对启动违宪审查制度有重要意义,成为依法治国进程中一个重大标志性事件。

当时供职于全国人大常委会办公厅新闻局的牛龙云为《瞭望》撰文,介绍了法律规定框架下对公民违宪审查建议的处理程序:公民的建议书由全国人大常委会工作机构进行研究,必要时,送有关的专门委员会进行审查、提出意见。专门委员会认为被提请审查的行政法规同宪法或法律相抵触的,可以向制定机关(本案中是国务院)提出书面审查意见;也可以由法律委员会与有关的专门委员会召开联合审查会议,要求制定机关到会说明情况,再向制定机关提出书面审查意见。制定机关应当在两个月内研究提出是否修改的意见,并向全国人民代表大会法律委员会和有关的专门委员会反馈。如果法律委员会和有关的专门委员会审查认为行政法规同宪法或法律相抵触而制定机关不予修改的,可以向委员长会议提出书面审查意见和予以撤销的议案,由委员长会议决定是否提请常委会会议审议决定。但中国目前还没有法律对公民建议书的反馈渠道和程序、回复时间等作出规定,应通过立法对此予以明确规定,使违宪审查机制具有更强的操作性。牛龙云综合分析各种因素后,认为事情的结果可能是:有关的专门委员会和法律委员会审查后,若认为《收容遣送办法》同宪法或法律相抵触,即可向国务院提出书面审查意见,由国务院自行决定撤销或修改。《收容遣送办法》被提请全国人大常委会会议审议然后被撤销的可能性不大。

事情的发展方向与牛龙云的预估基本吻合。2003年6月18日,时任国务院总理温家宝主持召开国务院常务会议。会议认为,二十多年来,我国经济社会发展和人口流动状况发生了很大变化,1982年5月国务院发布施行的《城市流浪乞讨人员收容遣送办法》,已经不适应新形势的需要。为从根本上解决城市生活无着的流浪乞讨人员的问题,完善社会救助制度和相关法规,会议审议并原则通过了《城市生活无着的流浪乞讨人员救助管理办法(草案)》,同时决定废止《城市流浪乞讨人员收容遣送办法》。至此,孙志刚事件画上了一个句号。以一个年轻人的生命为高昂代价,引发了社会各界对人权的重视和反思;中央从善如流,最终决定废止收容遣送办法。孙志刚事件的解决过程,虽然并没有正式启动全国人大常委会的违宪审查程序,但向全社会发出了明确信号:必须高度重视下位法与上位法甚至宪法相抵触的问题,只有进一步加强宪法监督,才能从根本上避免孙志刚悲剧的发生。

八、制定监督法、设立法规备案审查室回应各方面的期待和呼吁

顺应各方面的期待和呼吁,在党中央、全国人大常委会的高度重视下,2004年5月,全国人大常委会法制工作委员会成立法规备案审查室。这对于维护法制统一,加强宪法监督具有重要意义。特别是2006年十届全国人大常委会制定出台的监督法,将调整范围确定为规范人大常委会的监督工作,同时将规范性文件的备案审查作为人大常委会日常监督工作的重要组成部分和法律监督的主要内容。在我国,宪法具有最高的法律效力,

一切法律、行政法规、地方性法规、自治条例和单行条例、规章等都不得同宪法相抵触，所以备案审查也是宪法实施和监督的重要形式。按照宪法法律的规定，全国人大常委会对行政法规、地方性法规、自治条例和单行条例，以及最高人民法院和最高人民检察院的司法解释等进行备案审查。有关国家机关、社会团体、企业事业组织以及公民认为规范性文件同宪法法律相抵触的，可以依法向全国人大常委会书面提出进行审查的要求或建议。全国人大常委会也可以主动进行审查。全国人大常委会有权撤销国务院制定的同宪法、法律相抵触的行政法规、决定和命令；有权撤销省、自治区、直辖市国家权力机关制定的同宪法、法律和行政法规相抵触的地方性法规和决议；有权撤销省、自治区、直辖市人大常委会批准的违背宪法和有关法律规定的自治条例和单行条例。关于备案审查工作的规定，除了宪法的规定，主要体现在监督法第五章，同时，立法法也从规范立法权限、解决法律抵触、维护法制统一的角度对备案审查作出了具体规定。

  从成立时起，法规备案审查室坚持对公民、组织提出的审查建议逐件进行登记、研究。从备案审查室成立到 2014 年 10 年间，对 1132 件公民、组织提出的审查建议进行了研究。对国务院报备的行政法规和"两高"报备的司法解释逐件进行主动审查。此外还对地方性法规开展了有重点的主动审查研究工作。对审查中发现的问题依法进行了纠正，取得了很多实实在在的成绩。但是由于种种原因，这段时期备案审查工作刻意保持低调，对审查中发现的问题主要通过与制定机关沟通协商，取得一致意见后，由制定机关自行纠正。对纠正的案例也不对外进行宣传报道。乔晓阳主任委员形象地将这一时期的备案审查工作形容为"鸭子凫水"，意思是虽然从水面上看起来鸭子保持不动，但鸭子的脚在水下还是很忙的。由于没有运用适当的方式将备案审查工作情况对外公布,长期以来社会各界对备案审查制度运行情况缺乏了解,备案审查制度的作用和效果没有以公众看得见的方式显现出来。

党的十八届三中全会以来,情况发生很大变化,备案审查工作面临新形势新挑战。一方面,随着全面深化改革和推进全面依法治国进程不断深入,人民群众对良法善治的需求日益提高。党的十八届三中、四中全会对健全规范性文件备案审查制度、加强备案审查制度和能力建设、将所有规范性文件纳入备案审查范围提出明确要求。另一方面,2015年立法法修改对国家立法体制作出重大调整,赋予设区的市人大及其常委会地方立法权,地方立法主体大幅增加,全国人大常委会通过备案审查制度维护法制统一的任务加重。

面对新时代新形势带来的新任务新要求,全国人大常委会在不断加大审查纠正力度的同时,在完善备案审查制度和工作机制、推进备案审查信息化建设等方面作出新的探索和调整,备案审查工作取得了新成绩。比如,备案审查工作力度进一步加强。2015年以来,对公民、组织提出的2000余件审查建议进行研究。根据公民审查建议,先后对有关地方人大议事规则、道路交通管理、建设项目审计、计划生育管理、著名商标制度等方面的地方性法规和有关附条件逮捕、夫妻共同债务认定、民事诉讼监督等方面的司法解释中存在的问题提出处理意见,这些问题都得到了纠正和妥善处理。通过主动审查,推动制定机关对有关非法行医罪犯罪构成、民事诉讼拘传原告和被执行人等司法解释作出妥善处理。针对涉及预算审查监督、地方选举制度、行政审批制度改革、自然保护区等内容的地方性法规进行专项审查研究,对其中存在的问题予以纠正。又如,实现备案审查工作显性化。2017年12月,十二届全国人大常委会第三十一次会议首次听取和审议了法制工作委员会所做的备案审查工作情况报告。工作报告全面总结了十二届全国人大五年来备案审查工作所取得的成果和进展,首次向社会公布了全国人大常委会通过备案审查制度纠正法规、司法解释的案例。这标志着备案审查作为全国人大常委会的一项重要工作正式浮出水面。在分组审议备案审查工作情况报告时,常委会组成人员对备案审查工作取得的成绩给予了高度肯定。时任全国人大常委会副秘书长信春鹰说,这个报告内容翔实,第一次向社会公布了备案审查制度的运行情况。这也是备案审查制度的一项历史性突破。备案审查制度从过去的"备而不审、审而不纠、纠而不改",到现在的"有件必备、有备必审、有错必纠",经历了长期的过程,经过各方面不懈努力,走到现在,实现了有意义的历史性突破。备案审查现在不是"鸭子凫水"了,是乘风破浪的一艘航船。在常委会闭幕会上,时任全国人大常委会委员长张德江在讲话中强调:"本次会议听取审议了法制工作委员会关于备案审查工作情况的报告,开了一个好头,要认真总结经验,形成制度,坚持下去。"

总之,人大备案审查制度作为保障宪法法律实施、维护国家法制统一的宪法性制度,在实现国家治理体系和治理能力现代化目标进程中发挥着重要的、不可替代的作用。设立备案审查室、推进规范性文件备案审查工作,不仅有利于维护法制统一,也为加强宪法监督打下了坚实基础。

九、党的十八大以来我国宪法实施取得新成就、迈出新步伐

习近平总书记强调,全面贯彻实施宪法是全面依法治国、建设社会主义法治国家的首要任务和基础性工作,我们要坚持不懈抓好宪法实施工作,把全面贯彻实施宪法提高到一个新水平。宪法实施是宪法监督的前提和基础,宪法只有从纸面走向现实,从理论走向实践,真正活起来、用起来,才能为推进宪法监督、维护宪法权威打下扎实的基础。党的十八大以来,在党中央坚强领导下,在各方面共同努力下,我国宪法实施取得新成就、迈出新步伐。

一是设立国家宪法日。2014年,贯彻党的十八届四中全会精神,全国人大常委会以立法形式把每年12月4日设立为国家宪法日,在全社会弘扬宪法精神。

二是实行宪法宣誓制度。国家公职人员在任职时向宪法宣誓,是世界上多数国家普遍采取的一种制度。党的十八届四中全会提出建立宪法宣誓制度。实行宪法宣誓制度,是深入推进依法治国、依宪治国的重大举措。2015年7月,全国人大常委会以立法的形式作出关于实行宪法宣誓制度的决定。2018年2月,全国人大常委会修订了宪法宣誓决定。75个字的宪法宣誓誓词,体现了国家工作人员对祖国对人民应有的忠诚、强烈的担当和庄严的承诺。在十三届全国人大一次会议上首次举行宪法宣誓,全国人民共同见证了这一庄严历史时刻。

三是实施宪法规定的特赦制度。特赦是我国宪法规定的对特定罪犯免除或者减轻刑罚的制度。按照党中央决策部署,在

纪念中国人民抗日战争暨世界反法西斯战争胜利70周年之际，对参加过中国人民抗日战争、中国人民解放战争等四类部分服刑罪犯实行特赦。2015年8月，全国人大常委会通过关于特赦部分服刑罪犯的决定，国家主席发布特赦令，这是我国改革开放以来第一次实行特赦，具有重大政治意义和法治意义。特赦制度是宪法中具有直接适用性质的制度，其实施不必通过立法等其他途径和方式。

四是根据宪法精神处理重大问题。2016年，全国人大常委会在处理辽宁拉票贿选案时，辽宁省十二届人大常委会共有组成人员62名，其中有38名因代表资格终止，其常委会组成人员的职务相应终止。这样，辽宁省人大常委会组成人员已不足半数，无法召开常委会会议履行职责。一个省级人大常委会出现这种情况，新中国历史上还没有过，需要根据我国宪法和有关法律精神作出创制性安排。为此，全国人大常委会决定成立辽宁省十二届人大七次会议筹备组，代行省人大常委会部分职权。这是必要的、可行的，符合宪法精神，符合选举法和地方组织法的原则。

五是根据宪法和基本法主动进行释法。2016年11月，全国人大常委会依据宪法和香港基本法赋予的权力，作出了关于香港基本法第一百零四条的解释，坚决反对"港独"行径。"港独"的本质是分裂国家，严重违反"一国两制"方针，严重违反宪法和香港基本法。全国人大常委会主动释法，一锤定音，充分表明中央贯彻"一国两制"方针的坚定决心和反对"港独"的坚定立场。

六是通过立法实施宪法规定的重要制度。2015年8月，制定国家勋章和荣誉称号法，把国家荣誉最主要、最基本的制度建立起来；配合中央有关部门起草建立健全党和国家统一的功勋荣誉制度体系相关文件，协同做好国家功勋荣誉表彰制度的顶层设计。2017年8月，全国人大常委会通过《中华人民共和国国歌法》，同之前已经施行的国旗法、国徽法一道，构成和落实了宪法规定的关于国家象征和标志的重要制度。之后，常委会依法作出决定，将国歌法列入香港、澳门特别行政区基本法附件三，在两个特别行政区实施；通过刑法修正案（十），对侮辱国歌行为的刑事责任作出规定。

七是作出合宪性判断和相关决定。2017年12月，全国人大常委会批准了内地与香港特别行政区关于在广深港高铁西九龙站设立口岸实施"一地两检"的合作安排，确认有关合作安排符合宪法和香港基本法，解决了在香港特别行政区行政区域范围内实施"一地两检"的合宪性、合法性依据问题。

十、十三届全国人大设立宪法和法律委员会，继续推进宪法实施和监督

习近平总书记在党的十九大报告中提出，完善人大专门委员会设置，加强宪法实施和监督，推进合宪性审查工作，维护宪法权威。2018年3月13日，十三届全国人大一次会议根据宪法修正案的有关规定，表决产生了全国人大宪法和法律委员会。3月14日，宪法和法律委员会召开第一次全体会议，开始履行职责。6月22日，全国人大常委会通过有关决定，明确由宪法和法律委员会承担有关法律规定的原法律委员会的职责，同时赋予推动宪法实施、开展宪法解释、推进合宪性审查、加强宪法监督、配合宪法宣传等工作职责。设立宪法和法律委员会，从专

门委员会层面上加强宪法方面的职能和工作，目的是为了弘扬宪法精神，增强宪法意识，加强宪法实施和监督，推进合宪性审查工作。

推进合宪性审查工作，各方面都负有重要责任。全国人大及其常委会通过的法律和作出的决定决议，应当确保符合宪法规定、宪法精神。有关方面拟出台的法规规章、重要政策和重大举措，凡涉及宪法有关规定如何理解、如何适用的，都应当事先经过全国人大常委会合宪性审查，必要时通过适当方式作出合宪性安排，确保与宪法规定、宪法精神相符合。成立以来，宪法和法律委员会继续加强和改进法律案统一审议工作，增强宪法意识、坚持宪法原则，对拟提请常委会表决通过的每部法律草案是否符合宪法进行审议，认真研究、妥善处理、及时回应各方面对宪法问题的重大关切，确保常委会通过的法律、作出的决定决议与宪法的原则、规定、精神保持高度一致，推进以宪法为核心的中国特色社会主义法律体系不断完善。比如，在统一审议英雄烈士保护法草案过程中，针对有关方面提出的草案对英雄烈士的范围规定得比较原则、"英雄"作为法律概念不够明确具体的问题，通过回溯宪法序言的精神和人民英雄纪念碑碑文，明确提出将英雄烈士的范围确定为近代以来，为国家、为民族、为人民作出牺牲和贡献的英烈先驱和革命先行者，重点是中国共产党、中国共产党领导的人民军队和中华人民共和国在90多年奋斗历史上涌现出的无数英雄烈士。又如，在统一审议《关于在上海设立金融法院的决定（草案）》过程中，认真研究和遵循宪法第一百二十九条和人民法院组织法关于专门人民法院的规定，借鉴以往设立知识产权法院决定的实践，提出由全国人大常委会作出在上海设立金融法院的决定，并对法官的任免、案件管辖范围及法律监督等作出规定符合宪法精神的审议意见。再如,在统一审议刑事诉讼法、人民法院组织法、人民检察院组织法修正案草案的过程中,有关方面提出这些法律都是由全国人民代表大会制定的,且修改内容较多、修改幅度较大,由全国人大常委会审议通过,是否符合宪法第六十七条第三项关于"在全国人民代表大会闭会期间,对全国人民代表大会制定的法律进行部分补充和修改,但是不得同该法律的基本原则相抵触"的规定。宪法和法律委员会经过反复研究,认真分析,认为三部法律的修改内容仍然属于补充、完善、调整、优化性质,没有违反原法律的基本原则,最后在充分说理的基础上,提出草案由全国人大常委会审议通过符合宪法有关规定的审议意见。

十一、推进新时代法治中国建设,要大力加强宪法实施和监督

习近平总书记在党的十九大报告中明确提出:"加强宪法实施和监督,推进合宪性审查工作,维护宪法权威。"中国特色社会主义进入了新时代,对党和国家推进全面依法治国特别是依宪治国、依宪执政提出了新的更高要求。我们必须更加注重发挥宪法的国家根本法作用,以宪法为根本活动准则,加强宪法实施和监督,维护宪法尊严和权威,把依法治国、依宪治国提高到一个新水平。

一是要不断加强宪法学习宣传教育。广泛深入持续开展宪法学习宣传教育,是全面贯彻实施宪法、全面依法治国的重要基础性工作。宪法在国家制度体系中具有统领性、总括性,宪法所规定的内容都属于国家重大问题和重大事项,事关全局和长远。

因此,宪法的精神、原则和核心要义,必须经常讲、反复讲。

党的十八大以来,为推进宪法的宣传教育,创设了若干重要制度,如设立国家宪法日,实行宪法宣誓制度等,要把这些制度运用实施好,充分发挥其功效。同时,还需要通过灵活多样的形式和手段,鲜活生动的语言和事例,把宏大叙事与具象表达结合起来,采取人民群众喜闻乐见的形式,使宪法走入日常生活、走入人民群众,推动宪法精神进企业、进农村、进机关、进校园、进社区、进军营、进网络。要使广大人民群众认识到,宪法不仅是全体公民必须遵循的行为规范,而且是保障公民权利的法律武器。要增强全社会特别是公职人员的宪法观念,增强恪守宪法原则、弘扬宪法精神、履行宪法使命的自觉性和坚定性,为全面贯彻实施宪法打牢坚实思想基础,营造良好社会氛围。

二是要将宪法精神贯彻到立法工作的全过程和各方面。2018年修改宪法,作出了一系列重大制度安排。尽快将这些重大制度安排落实到具体法律中,是贯彻实施宪法的应有之义,也是新时代推进全面依法治国的必然要求。要结合落实党的十九大确定的改革任务,深入贯彻宪法修改精神,抓紧开展相关法律的立改废释工作。要区分轻重缓急,及时将体现宪法精神和要求的立法项目尽快制定出台。要结合监察法颁布实施,修改完善相关法律;要配合国家机构改革,做好相关法律梳理和修改工作;要聚焦社会主义事业总体布局和奋斗目标,有针对性地开展重点领域立法,加快完善以宪法为核心的中国特色社会主义法律体系,以更加完备的法律推动宪法实施。

要将宪法作为立法的根本依据。习近平总书记指出,宪法规定的是国家的重大制度和重大事项,在国家和社会生活中具有总括性、原则性、纲领性、方向性。宪法是所有立法活动的根本依据,立法活动最首要和最核心的是依宪立法。深入学习、全面掌握宪法的精神和内容是做好立法工作的前提和基础。我们要以习近平总书记关于宪法的重要论述为指导,聚焦宪法修改的重要内容,准确把握宪法修改的核心要义。要牢固树立宪法意识,无论是审议修改法律案、开展立法调研,还是进行制度设计、研究重大问题,始终坚持以宪法为依据,坚决把宪法精神贯彻到立法工作的各方面和全过程,努力使每一项立法都符合宪法精神。

三是要加强宪法解释。宪法解释是贯彻实施宪法的重要途径,也是合宪性审查的前提和基础,对于及时解决改革发展面临的新情况新问题具有重要意义。宪法具有最高法律效力,需要具有长期稳定性,不宜经常变动。但随着国家和社会发展,出现了一些宪法中没有明确规定的情形,出现了一些与宪法条款的字面含义不尽一致的新情况、新问题,甚至出现与宪法规范内涵相抵触的现象。特别是依据宪法决定处理重大问题,也会涉及对宪法规定的理解和认识。这就需要在宪法上作出回应,通过宪法解释作出客观、权威、统一而明确的阐释和说明。根据宪法,全国人大常委会负责解释宪法,解释的形式有两种:一种是通过立法和有关决议决定,明确宪法规定的具体的内涵;一种是就宪法规定专门解释。前一种在立法实践中经常涉及,比如中医法关于中医药的界定、预算法关于审查中央预算的规定、人民银行法关于行长为国务院组成人员的规定、全国人大常委会关于安全机关行使公安机关职权的决定等;后一种在实践中还没有出现过。党的十八届四中全会决定提出,"健全宪法解释程序机制"。宪法解释是全面贯彻实施宪法的重要制度保障,要健全宪法解释工作程序,做好解释工作,积极回应对宪法有关问题的关切,努力实现宪法的稳定性和适应性的统一,维护宪法权威。

四是要积极稳妥推进合宪性审查。在党的十八大以来推进宪法实施和监督实践探索的基础上,目前有关方面正按照党的十九大的要求,积极稳妥地推进合宪性审查工作。全国人大及其常委会通过的法律和作出的决定决议,首先应当确保符合宪法规定、宪法精神,为各方面、各地方作出表率。有关方面、有关地方拟出台的法规规章、重要政策和重大举措,凡涉及宪法有关规定如何理解、如何适用的,都应当事先经过全国人大常委会合宪性审查,必要时通过适当方式作出合宪性安排,确保与宪法规定、宪法精神相符合。其他国家机关,包括各省、自治区、直辖市人大及其常委会,如果发现规范性文件可能存在合宪性问题时,要及时报告全国人大常委会或者依法提请全国人大常委会审查。

五是加强规范性文件备案审查。规范性文件备案审查,是维护宪法法律权威、保障宪法法律实施、保障国家法制统一的重要宪法监督制度。要进一步加强备案审查制度和能力建设,完善备案审查程序,健全备案审查衔接联动机制,把所有的法规、规章、司法解释等各类规范性文件依法依规纳入备案审查范围,实行有件必备、有备必审、有错必纠,坚决维护宪法法律的权威和尊严。加快建设全国统一的备案审查信息平台,积极推进国家法律法规数据库建设,完善各级人大常委会备案审查机构设置,加强专业人才培养和力量配备,为备案审查工作奠定坚实基础。进一步加强和改进备案审查工作,对报送全国人大常委会备案的行政法规、地方性法规和司法解释加大审查工作力度,认真研究处理国家机关、社会团体、企事业组织以及公民提出的审查要求和建议,及时按照规定反馈审查研究情况,积极稳妥做好向社会公开工作,回应社会关切。

参考文献

（一）

习近平:《中国特色社会主义是由道路、理论体系、制度三位一体构成的》,《人民代表大会制度重要文献选编》(四),中国民主法制出版社、中央文献出版社2015年5月第1版

习近平:《在首都各界纪念现行宪法颁布三十周年大会上的讲话》,《人民代表大会制度重要文献选编》(四),中国民主法制出版社、中央文献出版社2015年5月第1版

习近平:《在第十二届全国人民代表大会第一次会议上的讲话》,《人民代表大会制度重要文献选编》(四),中国民主法制出版社、中央文献出版社2015年5月第1版

习近平:《关于〈中共中央关于全面深化改革若干重大问题的决定〉的说明》,《人民代表大会制度重要文献选编》(四),中国民主法制出版社、中央文献出版社2015年5月第1版

习近平:《把完善和发展中国特色社会主义制度,推进国家治理体系和治理能力现代化作为全面深化改革的总目标》,《人民代表大会制度重要文献选编》(四),中国民主法制出版社、中央文献出版社2015年5月第1版

习近平:《在庆祝全国人民代表大会成立60周年会上的讲

话》,《人民代表大会制度重要文献选编》(四),中国民主法制出版社、中央文献出版社 2015 年 5 月第 1 版

习近平:《在庆祝全国人民政治协商会议成立 65 周年大会上的讲话》(2014 年 9 月 21 日),人民出版社 2014 年 10 月版

习近平:《关于〈中共中央关于全面推进依法治国若干重大问题的决定〉的说明》,《人民代表大会制度重要文献选编》(四),中国民主法制出版社、中央文献出版社 2015 年 5 月第 1 版

习近平:《坚定不移走中国特色社会主义法治道路》,《人民代表大会制度重要文献选编》(四),中国民主法制出版社、中央文献出版社 2015 年 5 月第 1 版

习近平:《在庆祝中国共产党成立 95 周年大会上的讲话》(2016 年 7 月 1 日),人民出版社 2016 年 7 月版

习近平:《决胜全面建成小康社会 夺取新时代中国特色社会主义伟大胜利——在中国共产党第十九次全国代表大会上的报告》(2017 年 10 月 18 日),人民出版社 2018 年 4 月版

习近平:《加强党对全面依法治国的领导》,《求是》2019 年第 4 期

习近平:《在中央人大工作会议上的讲话》,《求是》2022 年第 5 期

(二)

马克思、恩格斯:《共产党宣言》,《中央党校马克思主义著作选编》,中共中央党校出版社 1994 年 8 月第 1 版

列宁:《国家与革命》,《中央党校马克思主义著作选编》,中共中央党校出版社 1994 年 8 月第 1 版

毛泽东:《中国社会各阶级的分析》,《毛泽东选集》(第一卷),人民出版社1991年6月第2版

毛泽东:《中国的红色政权为什么能够存在》,《毛泽东选集》(第一卷),人民出版社1991年6月第2版

毛泽东:《中国革命和中国共产党》,《毛泽东选集》(第二卷),人民出版社1991年6月第2版

毛泽东:《新民主主义论》,《毛泽东选集》(第二卷),人民出版社1991年6月第2版

毛泽东:《新民主主义的宪政》,《毛泽东选集》(第二卷),人民出版社1991年6月第2版

毛泽东:《在陕甘宁边区参议会的演说》,《毛泽东选集》(第三卷),人民出版社1991年6月第2版

毛泽东:《评国民党十一中全会和三届二次国民参政会》,《毛泽东选集》(第三卷),人民出版社1991年6月第2版

毛泽东:《论联合政府》,《毛泽东选集》(第三卷),人民出版社1991年6月第2版

毛泽东:《在新政治协商会议筹备会上的讲话》,《毛泽东选集》(第四卷),人民出版社1991年6月第2版

毛泽东:《论人民民主专政》,《毛泽东选集》(第四卷),人民出版社1991年6月第2版

毛泽东:《关于各地召开各界代表会议的指示》,《毛泽东文集》(第五卷),人民出版社1996年8月第1版

毛泽东:《开好县的各界代表会议》,《毛泽东文集》(第五卷),人民出版社1996年8月第1版

毛泽东:《中国人从此站立起来了》,《毛泽东文集》(第五卷),人民出版社1996年8月第1版

毛泽东:《中国人民大团结万岁》,《毛泽东文集》(第五卷),人民出版社1996年8月第1版

毛泽东:《人民英雄永垂不朽》,《毛泽东文集》(第五卷),人民出版社1996年8月第1版

毛泽东:《中华人民共和国中央人民政府公告》,《毛泽东文集》(第六卷),人民出版社1999年6月第1版

毛泽东:《开好县的各界人民代表会议是一件大事》,《毛泽东文集》(第六卷),人民出版社1999年6月第1版

毛泽东:《必须充分注意召开市县各界人民代表会议》,《毛泽东文集》(第六卷),人民出版社1999年6月第1版

毛泽东:《关于召开全国人民代表大会的几点说明》,《毛泽东文集》(第六卷),人民出版社1999年6月第1版

毛泽东:《宪法起草工作计划》,《毛泽东文集》(第六卷),人民出版社1999年6月第1版

周恩来:《关于人民政协的几个问题》,《人民代表大会制度重要文献选编》(一),中国民主法制出版社、中央文献出版社2015年5月第1版

周恩来:《人民政协共同纲领草案的特点》,《人民代表大会制度重要文献选编》(一),中国民主法制出版社、中央文献出版社2015年5月第1版

周恩来:《关于人民代表大会的召开和实行普选》,《人民代表大会制度重要文献选编》(一),中国民主法制出版社、中央文献出版社2015年5月第1版

刘少奇:《关于人民代表大会问题》,《人民代表大会制度重要文献选编》(一),中国民主法制出版社、中央文献出版社2015年5月第1版

刘少奇:《在北京市第三届人民代表会议上的讲话》,《人民代表大会制度重要文献选编》(一),中国民主法制出版社、中央文献出版社2015年5月第1版

刘少奇:《关于中华人民共和国宪法草案的报告》,《人民代表大会制度重要文献选编》(一),中国民主法制出版社、中央文献出版社2015年5月第1版

朱德:《建立与健全人民代表大会制度是国家建设事业必不可少的保证》,《人民代表大会制度重要文献选编》(一),中国民主法制出版社、中央文献出版社2015年5月第1版

董必武:《〈中华人民共和国中央人民政府组织法〉的草拟经过及其基本内容》,《人民代表大会制度重要文献选编》(一),中国民主法制出版社、中央文献出版社2015年5月第1版

邓小平:《党与抗日民主政权》,《邓小平文选》(第一卷),人民出版社1994年10月第2版

邓小平:《解放思想,实事求是,团结一致向前看》,《邓小平文选》(第二卷),人民出版社1994年10月第2版

邓小平:《坚持四项基本原则》,《邓小平文选》(第二卷)人民出版社1994年10月第2版

邓小平:《民主和法制两手都不能削弱》,《邓小平文选》(第二卷),人民出版社1994年10月第2版

邓小平:《党和国家领导制度的改革》,《邓小平文选》(第二卷),人民出版社1994年10月第2版

邓小平:《建设有中国特色的社会主义》,《邓小平文选》(第三卷),人民出版社1993年10月第1版

邓小平:《改革是中国的第二次革命》,《邓小平文选》(第三卷),人民出版社1993年10月第1版

邓小平:《在全体人民中树立法制观念》,《邓小平文选》(第三卷),人民出版社1993年10月第1版

邓小平:《怎样评价一个国家的政治体制》,《邓小平文选》(第三卷),人民出版社1993年10月第1版

邓小平:《关于〈中华人民共和国全国人民代表大会及地方各级人民代表大会选举法(草案)〉的说明》,《人民代表大会制度重要文献选编》(一),中国民主法制出版社、中央文献出版社2015年5月第1版

邓小平:《民主是解放思想的重要条件》,《人民代表大会制度重要文献选编》(二),中国民主法制出版社、中央文献出版社2015年5月第1版

邓小平:《关于政治体制改革问题》,《人民代表大会制度重要文献选编》(二),中国民主法制出版社、中央文献出版社2015年5月第1版

江泽民:《坚持和完善人民代表大会制度》,《人民代表大会制度重要文献选编》(三),中国民主法制出版社、中央文献出版社2015年5月第1版

江泽民:《关于坚持人民民主专政》,《人民代表大会制度重要文献选编》(三),中国民主法制出版社、中央文献出版社2015年5月第1版

江泽民:《把坚持党的领导、充分发扬人民民主、严格依法办事统一起来》,《人民代表大会制度重要文献选编》(三),中国民主法制出版社、中央文献出版社2015年5月第1版

胡锦涛:《在首都各界纪念中华人民共和国宪法公布施行二十周年大会上的讲话》,《人民代表大会制度重要文献选编》(四),中国民主法制出版社、中央文献出版社2015年5月第

1版

胡锦涛:《在首都各界纪念全国人民代表大会成立五十周年大会上的讲话》,《人民代表大会制度重要文献选编》(四),中国民主法制出版社、中央文献出版社2015年5月第1版

(三)

叶剑英:《尽快完善我国的法制》,《人民代表大会制度重要文献选编》(二),中国民主法制出版社、中央文献出版社2015年5月第1版

叶剑英:《法律要有极大的权威》,《人民代表大会制度重要文献选编》(二),中国民主法制出版社、中央文献出版社2015年5月第1版

叶剑英:《在宪法修改委员会第一次全体会议上的讲话》,《人民代表大会制度重要文献选编》(二),中国民主法制出版社、中央文献出版社2015年5月第1版

彭真:《彭真文选(一九四一——一九九〇年)》,人民出版社1991年5月第1版

彭真:《关于七个法律草案的说明》,《人民代表大会制度重要文献选编》(二),中国民主法制出版社、中央文献出版社2015年5月第1版

彭真:《关于中华人民共和国宪法修改草案的报告》,《人民代表大会制度重要文献选编》(二),中国民主法制出版社、中央文献出版社2015年5月第1版

《彭真传》编写组:《彭真传》,中央文献出版社2012年10月第1版

乌兰夫:《关于民族区域自治问题》,《人民代表大会制度重要文献选编》(一),中国民主法制出版社、中央文献出版社2015年5月第1版

万里:《万里文选》,人民出版社1995年9月第1版

万里:《发挥人大作用,搞好民主法制建设》,《人民代表大会制度重要文献选编》(三),中国民主法制出版社、中央文献出版社2015年5月第1版

乔石:《乔石谈民主与法制(上、下册)》,人民出版社2012年6月版

乔石:《在首都各界纪念人民代表大会成立四十周年大会上的讲话》,《人民代表大会制度重要文献选编》(三),中国民主法制出版社、中央文献出版社2015年5月第1版

王汉斌:《王汉斌访谈录》,中国民主法制出版社2012年2月版

李鹏:《立法与监督——李鹏人大日记》(上、下册),新华出版社2006年1月第1版

李鹏:《进一步搞好立法和监督工作》,《人民代表大会制度重要文献选编》(三),中国民主法制出版社、中央文献出版社2015年5月第1版

李鹏:《为初步形成有中国特色社会主义法律体系而继续努力》,《人民代表大会制度重要文献选编》(三),中国民主法制出版社、中央文献出版社2015年5月第1版

吴邦国:《坚持和完善人民代表大会制度,为人民行使好国家权力》,《人民代表大会制度重要文献选编》(四),中国民主法制出版社、中央文献出版社2015年5月第1版

吴邦国:《坚持正确政治方向是做好人大工作的根本》,《人

民代表大会制度重要文献选编》(四),中国民主法制出版社、中央文献出版社2015年5月第1版

吴邦国:《形成中国特色社会主义法律体系的重大意义和基本经验》,《人民代表大会制度重要文献选编》(四),中国民主法制出版社、中央文献出版社2015年5月第1版

王兆国:《关于〈反分裂国家法(草案)〉的说明》,《人民代表大会制度重要文献选编》(四),中国民主法制出版社、中央文献出版社2015年5月第1版

王兆国:《关于〈中华人民共和国全国人民代表大会和地方各级人民代表大会选举法修正案(草案)〉的说明》,《人民代表大会制度重要文献选编》(四),中国民主法制出版社、中央文献出版社2015年5月第1版

张德江:《在第十二届全国人民代表大会第一次会议上的讲话》,《人民代表大会制度重要文献选编》(四),中国民主法制出版社、中央文献出版社2015年5月第1版

张德江:《在第十二届全国人大常务委员会第一次会议上的讲话》,《中华人民共和国全国人民代表大会常务委员会公报》(2013)第三号

张德江:《在新形势下加强和改进立法工作》,《人民代表大会制度重要文献选编》(四),中国民主法制出版社、中央文献出版社2015年5月第1版

张德江:《牢牢把握加强人民代表大会制度理论的基本要求》,《人民代表大会制度重要文献选编》(四),中国民主法制出版社、中央文献出版社2015年5月第1版

张德江:《人民代表大会制度六十年的实践经验》,《人民代表大会制度重要文献选编》(四),中国民主法制出版社、中央文

献出版社2015年5月第1版

张德江:《完善以宪法为核心的中国特色社会主义法律体系》,《人民日报》2014年10月31日

张德江:《深入开展宪法宣传教育,牢固树立宪法法律权威》,《十八大以来重要文献选编》(中册),中央文献出版社2016年6月版

李建国:《关于〈中华人民共和国立法法修正案(草案)〉的说明》(2015年3月8日),《中华人民共和国全国人民代表大会常务委员会公报》(2015)第二号

李建国:《关于〈中华人民共和国监察法(草案)〉的说明》(2018年3月13日),《人民日报》2018年3月14日

栗战书:《使全体人民成为宪法的忠实崇尚者自觉遵守者坚定捍卫者——在深入学习宣传和贯彻实施宪法座谈会上的讲话》,《中国人大》2018年第7期

栗战书:《以法律的武器治理污染 用法治的力量保卫蓝天——在大气污染防治法执法检查组第一次全体会议上的讲话》,《中国人大》2018年第10期

栗战书:《以新担当新作为书写新时代立法工作新篇章——在全国人大常委会立法工作会议上的讲话》,《中国人大》2018年第18期

栗战书:《加强理论武装 增强"四个意识" 推动新时代人大制度和人大工作完善发展——在深入学习贯彻习近平总书记关于坚持和完善人民代表大会制度的重要思想交流会上的讲话》,《中国人大》2018年第19期

栗战书:《在第五个国家宪法日座谈会上的讲话》,《中国人大》2018年第23期

栗战书:《在水污染防治法执法检查组第一次全体会议上的讲话》,《中国人大》2019年第7期

王晨:《以习近平新时代中国特色社会主义思想为指导发展社会主义民主政治》,《人民日报》2017年12月29日

王晨:《以习近平新时代中国特色社会主义思想为指导 奋力谱写法学会事业发展新篇章——在中国法学会第八次全国会员代表大会闭幕式上的讲话》,《中国人大》2019年第7期

王晨:《为建设创新型国家提供有力法治保障——在科技界科技进步法修改工作座谈会上的讲话》,《中国人大》2019年第8期

王晨:《加强新时代地方立法工作 以高质量立法推动高质量发展——在上海调研地方立法工作时的讲话》,《中国人大》2019年第12期

杨振武:《以对人民高度负责的精神,扎实做好代表建议办理工作——在十三届全国人大一次会议代表建议、批评和意见交办会上的讲话》,《中国人大》2018年第8期

杨振武:《推动代表建议办理工作提质增效,努力做到民有所呼、我有所应——在十三届全国人大二次会议代表建议、批评和意见交办会上的讲话》,《中国人大》2019年第8期

(四)

本书编委会:《全国人民代表大会常务委员会大事记(1954—2014)》,中国民主法制出版社2014年9月版

张友渔:《张友渔文选》(上、下卷),法律出版社1997年2月版

许崇德:《中华人民共和国宪法史》(上下册),福建人民出版社 2005 年 5 月版

顾昂然、杨景宇:《中华人民共和国宪法讲话》,法律出版社 2015 年 1 月版

顾昂然:《新中国改革开放三十年的立法见证》,法律出版社 2008 年 11 月版

杨景宇:《法治实践中的思考》,中国法制出版社 2008 年 3 月版

胡康生:《对中国特色社会主义法律体系几个问题的研讨》,《中国人大》2010 年第 19 期

胡康生:《加深对形成和完善中国特色社会主义法律体系的认识》,《中国人大》2011 年第 3 期

刘政、程湘清:《民主的实践——全国人民代表大会及其常委会的组织和运作》,人民出版社 1999 年 3 月版

刘政:《人民代表大会制度的历史足迹(增订版)》,中国民主法制出版社 2014 年 10 月版

程湘清等:《国家权力机关的监督制度和监督工作》,中国民主法制出版社 1999 年 3 月版

张春生:《对全国人大专属立法权的理论思考》,《行政法学研究》2000 年第 3 期

周成奎:《浮光集》,中国民主法制出版社 2006 年 3 月版

王万宾:《人大读书笔记:百年抉择》,中国民主法制出版社 2017 年 6 月版

乔晓阳主编:《中华人民共和国立法法讲话》,中国民主法制出版社 2008 年 1 月版

乔晓阳主编:《立法法导读与释义》,中国民主法制出版社

2015年4月版

乔晓阳：《改革开放以来我国社会主义民主和法制建设的巨大成就》，学习出版社1998年7月版

李适时等：《完善中国特色社会主义法律体系问题研究》，中国民主法制出版社2015年5月版

李适时主编：《地方组织法、选举法、代表法导读与释义》，中国民主法制出版社2015年12月版

李适时：《充分发挥立法在国家治理现代化中的引领和推动作用》，《求是》2014年第6期

李飞主编：《中国特色社会主义法律体系辅导读本》，中国民主法制出版社2011年5月版

廖晓军：《规范完善人民代表大会预算审查监督制度，依法加强对政府全口径预算决算审查监督》，《中国财政》2015年第1期

信春鹰等：《车之两轮鸟之双翼》，社会科学文献出版社2004年2月版

信春鹰：《中国的法律制度及其改革》，法律出版社1999年3月版

信春鹰：《改革开放40年全国人大及其常委会的立法工作》，《求是》2019年第4期

信春鹰：《地方立法权与国家治理体系和治理能力建设》，《地方立法研究》2016年第1期

信春鹰：《深入推进科学立法、民主立法》，《中国人大》2014年第23期

信春鹰：《中国特色社会主义法律体系及其重大意义》，《法学研究》2014年第6期

沈春耀:《坚持走中国特色社会主义政治发展道路和积极稳妥推进政治体制改革》,《求是》2012年第24期

沈春耀:《推动人民代表大会制度与时俱进》,《中国人大》2013年第23期

沈春耀:《民主政治展现新境界 依法治国开启新征程——深入学习习近平总书记关于社会主义民主法治的重要论述》,《中国人大》2016年第7期

沈春耀:《党的十八大以来人民代表大会制度的新发展》,《中国人大》2017年第17期

沈春耀:《人民代表大会制度的创新发展》,《人民论坛》2018年第4期

韩晓武:《以十八大精神为指导,努力改进和加强人大监督工作》,《中国人大》2012年第24期

尹中卿:《中国人大组织构成和工作制度》,中国民主法制出版社2010年6月版

陈斯喜:《人民代表大会制度概论》,中国民主法制出版社2016年10月版

陈斯喜:《监督法:民主立法科学立法的典范》,《中国人大》2006年第17期

阚珂:《监督法草案出台的前前后后》,《瞭望》2000年第35期

许安标:《努力打造中国特色社会主义法律体系的升级版》,《中国人大》2014年第9期

许安标:《人大监督工作的发展与创新》,《中国人大》2007年第16期

许安标:《与时代同步 与改革同频——现行宪法与改革开

放四十年》,《地方立法研究》2018年第6期

武增:《2015年〈立法法〉修改背景和主要内容解读》,《中国法律评论》2015年第1期

韩大元:《1954年宪法与中国宪政》,武汉大学出版社2008年12月版

王振民:《"一国两制"与基本法:二十年回顾与展望》,江苏人民出版社2017年7月版

王振民:《中国违宪审查制度》,中国政法大学出版社2004年2月版

全国人大常委会办公厅研究室三局:《专题询问增强人大监督力度和时效——十一届全国人大常委会开展专题询问综述》,《中国人大》2012年第16期

法言:《光辉的历程:话说中国特色社会主义法律体系的形成(一)—(九)》,《中国人大》2011年第11—19期